KB163464

0원으로 하는

인스타그램

#해시태그 마케팅

INSTAGRAM MARKETING

| 조영빈 · 김수빈 저

저자 약력

조 영 빈 passionvip@naver.com

8년차 SNS마케터. 위드위너스 온라인 종합 광고 대행사 소속으로, 파인트리 오픈클래스에서 인스타그램 강의를 담당하고 있다. 국내 최초로 인스타그램 강의를 시작하여 유일하게 "해시태그 마케팅" 강의를 진행 중인 강사.
실험(?)하는 것을 좋아해서 마케팅 대행 외 본인의 쇼핑몰과 SNS를 직접 운영하면서 이것저것 테스트 해보는 테스트 중독자. 대행을 통한 기록과 본인의 돈으로 쇼핑몰과 SNS를 테스트 해본 결과물들을 블로그(http://passionvip.blog.me)에 담아내고 있다.

김 수 빈

10년차 브랜딩 기획 마케터. 현재 위드위너스 광고 컨설팅 회사의 대표로써 수많은 업종의 광고주외 사람들에게 신정성 있는 마케팅을 하기 위한 노력을 하고 있다.
다수의 브랜드나 강의, 컨설팅에서 광고 홍보 방법보다는 그 본질과 진정성을 고객들에게 전달하고자 하는 WHY를 찾아 드리는 것에 대해 사명감을 가지고 있다. 더불어 고객들의 시선에서 냉정하게 바라본 뒤에 "어떻게 하면 광고주들의 경쟁력을 찾을 수 있을까"에 대해 우선시 생각하고 연구한다.

0원으로 하는 인스타그램
#해시태그 마케팅

| 만든 사람들 |
기획 IT·CG기획부 | 진행 양종엽 | 집필 조영빈 · 김수빈 |
책임편집 D.J.I books design studio | 표지 디자인 원은영 | 편집 디자인 studio Y

| 책 내용 문의 |
도서 내용에 대해 궁금한 사항이 있으시면
저자의 홈페이지나 디지털북스 홈페이지의 게시판을 통해서 해결하실 수 있습니다.
디지털북스 홈페이지 www.digitalbooks.co.kr
디지털북스 페이스북 www.facebook.com/ithinkbook
디지털북스 카페 cafe.naver.com/digitalbooks1999
디지털북스 이메일 digital@digitalbooks.co.kr
저자 이메일 passionvip@naver.com

| 각종 문의 |
영업관련 hi@digitalbooks.co.kr
기획관련 digital@digitalbooks.co.kr
전화번호 (02) 447-3157~8

2016년 5월부터 해시태그 마케팅 사례를 정리해 놓은 100페이지짜리 원고가 책이 되었습니다. 1년에 가까운 작업 기간 만에 원고를 책으로 만들 수 있었습니다. 책을 집필한 1년 동안 많은 브랜드의 사례를 공부하고, 연구하며 제 책의 내용도 계속해서 발전시켜 나갔지만 전하고자 하는 내용을 전부 담아내지 못한 것 같아 너무 아쉽습니다. 사례 중심의 책이다 보니 틀린 내용을 전달해서는 안 되고, 소개 브랜드와의 사소한 이슈도 있어 출판되기까지 우여곡절이 많았습니다. 해시태그 마케팅을 활용하고 있는 브랜드들은 어떠한 방법으로 해시태그 마케팅을 진행하고 있는지에 대해 최대한 전달하고자 하는 내용을 모두 전달했습니다. 다만 특정 브랜드만의 노하우는 모두 공개할 수 없어 책의 중간중간 부분부분마다 조금씩 힌트를 넣는 것 정도 밖에 전해드릴 수 없어 너무 아쉽습니다. 제 책을 정독해서 읽으시면서 제가 전달하고자 하는 내용을 모두 이해하실 수 있었으면 좋겠습니다.

책의 앞부분은 소설을 읽듯 가볍게 읽어주시고, 해시태그 마케팅에 대해서 궁금하신 분들은 목차8부터 읽어 주셔도 좋으며, 스폰서 광고 활용이 궁금하신 분들은 목차 13부터 읽어 주셔도 좋습니다. 독자들의 수준을 모두 고려하기 위해 매뉴얼을 제외한 가장 기본적인 내용부터 써 내려갔기 때문에 이미 알고 있는 내용이라면 가볍게 넘어 가셔도 책의 내용을 이해하는 데에 큰 지장은 없습니다. 이 책을 구매해주시는 모든 독자 분들, 너무 감사합니다!

"해시태그 마케팅"을 주제로 한 이 책을 위해 아낌 없는 인사이트를 제공해주신 모든 브랜드의 대표님과 직원분들께 감사 인사를 전합니다.

또한, 제 책에 사례로서 소개를 할 수 있도록 허락해주신 모든 분들께 감사 인사를 전합니다. 제 책의 사례에 소개된 로스트가든, 파인트리 오픈클래스, 빵다무르, 다노, 셀킨, 라라요상, 쥬디메르 외 20여 브랜드의 건승을 응원합니다!

이 책에 소개된 모든 브랜드의 담당자 분들의 허락이 있었기에 책이 완성될 수 있었습니다. 뜬금없는 전화와 메일에도 성의껏 답변해주시고 친절하게 대해주셔서 너무 감사합니다.

CONTENTS

PART 12

업종별 인스타그램 활용 방법

PART 13

페이스북/인스타그램
스폰서 광고 설정 및 노하우

프롤로그

누구나 미디어의 역할을 할 수 있게 된 1인 미디어 시대, 고객이 마케터다.

1인 미디어는 단순히 추종자/팔로워가 많은 인플루언서 크리에이터를 의미하는 건 아니라고 생각한다. 그 동안 매스 미디어가 보여줬던 막강한 영향력이 점차 분산되면서 개개인이 매스 미디어를 대신할 수 있게 되었다. 이제 소비자들은 TV나 신문 같은 매스 미디어로부터 나오는 정보보다 개인이면서 동시에 미디어로서의 역할을 하는 1인 미디어를 더 신뢰한다. 덕분에 팔로워가 많은 인플루언서 중심의 마케팅 활동이 활발하지만 한 유저가 생각 없이 적은 글이 누군가에겐 큰 영향력이 될 수 있음을 생각하면, 매스미디어의 영향력이 소수의 인플루언서에게 분산된 것처럼 현재 소수의 인플루언서가 가진 영향력이 다수에게 분산이 될 수 있지 않을까?

소셜 미디어 덕분에 개개인은 작은 미디어로서의 역할을 해낼 수 있게 되었다. 필자가 생각하는 마케팅은 작은 미디어 역할을 충실히 해내는 고객을 우리 브랜드의 마케터로 만드는 데에 있다고 생각한다. 고객이 우리 브랜드의 상품이나 서비스를 경험해본 후 다른 사람들에게 자발적으로 알리고 참여하도록 만드는 것. 이것이 마케팅이라고 생각한다. 이를 '인스타그램이라는 새로운 플랫폼에 어떻게 적용시킬까?'를 고민하고 연구한 것이 〈해시태그 마케팅〉이다. 국내에도 이를 잘 활용하고 있는 브랜드가 있었고, 나에게 많은 인사이트를 제공해주어 책으로도 소개할 수 있게 되었다.

아직까지는 우리나라에서 〈해시태그 마케팅〉 사례를 찾아보기 힘들지만, 설명을 위해 가능한 많은 사례를 소개하기 위해 노력했다.

누군가를 가르친 것보다 누군가에게 배움을 구한 시간이 더 많았고, 앞으로도 가르칠 것보다 배울 것이 더 많기 때문에 이 책의 원고를 모두 마감하고 프롤로그를 쓰는 지금도 앞으로 3주가 채 남지 않은 출판 당일의 기대감보다는 걱정이 앞선다.

이 책에 들어있는 사례는 가능하면 지금 당장 인스타그램에서 검색했을 때 콘텐츠들을 확인할 수 있는 사례들을 많이 사용하고자 했다. 독자들이 검색을 통해 해시태그가 어떻게 활용되고 있는지, 계정 운영을 어떻게 하고 있는지에 대해서 쉽게 파악할 수 있었으면 하는 바람이 있기 때문이다. 또한, 〈인스타그램 해시태그 마케팅〉은 실제로 해시태그 마케팅을 진행해온 브랜드를 모델로 만든 마케팅 방법 이다. 이 브랜드의 인사이트를 최대한 이 책 안에 담아내고 인스타그램을 잘 활용하고 있는 다양한 브랜드를 분석하고 공통점을 찾아내어 독자들이 쉽게 이해할 수 있도록 설명하기 위해 많은 노력을 했다.

집필하기 위해 많은 시간과 노력을 투자한 만큼, 부디 이 책을 읽는 독자들에게 큰 도움이 되었으면 좋겠다. 그리고 부디, 이 책을 구매했다면 한 번쯤은 해시태그 마케팅을 시도해보길 권하고 싶다.

책을 모두 읽은 후 궁금한 점이나 제안하고 싶은 것이 있다면 언제든지 〈passionvip@naver.com〉으로 메일을 보내주시기 바랍니다!

조영빈, 김수빈 드림

CHAPTER·01
모바일 시대와 인스타그램

스마트폰의 등장과 함께 온라인 생태계는 완전히 바뀌어 버렸다. 스마트폰이 등장한 처음에는 PC가 할 수 있는 일들의 일부를 스마트폰이 조금씩 대신하는 정도였지만, 시간이 지나면서 PC보다 휴대성이 간편한 모바일로 더욱 쉽고 편한 작업을 할 수 있게 되면서부터 아예 PC 서비스는 배제한 채 모바일 서비스만을 제공하는 경우도 많아졌다.

스마트폰은 모든 산업군에 큰 변화를 가져왔다. 특히 쇼핑, 게임, 광고 시장은 크게 흔들릴 수밖에 없었다. 더 이상 책상 앞에 앉아 컴퓨터를 켜고 필요한 옷이나 물품을 구매하지 않고 출퇴근 시간에 간단하게 아이쇼핑을 하고 결제까지 편하게 할 수 있게 되었다. PC로만 즐길 수 있었던 고사양 게임을 서서히 모바일로도 즐길 수 있게 되어 초등학생 때 컴퓨터로 했던 메이플스토리라는 게임을 10년 후 대학생이 되어 모바일에서도 PC 못지 않게 게임을 즐길 수 있게 될 정도로 발달했다. 간단한 검색이나 온라인 활동은 PC보다는 모바일에서 빠르고 쉽게 처리할 수 있어, 트래픽의 이동과 체류가 PC에서 모바일로 이동하면서 온라인 상의 광고 또한 PC보다는 모바일 환경에 맞춰졌다.

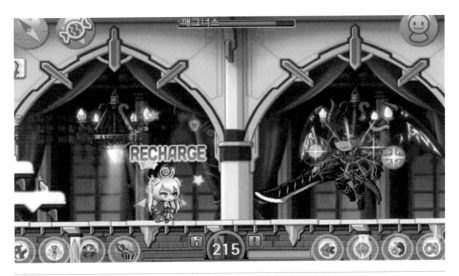
PC에서만 할 수 있었던 것들을 모바일에서도 할 수 있게 됨에 따라 PC에서의 트래픽이 모바일로 옮겨갔다.

이에 발맞추어 상품이나 게임을 판매하는 업체에서는 고객들에게 조금이라도 더 편리한 서비스를 제공하기 위해 하루하루 빠르게 변화하는 모바일 환경에 최적화된 서비스를 제공하였다. 모바일 환경에 적합한 서비스를 제공하지 못하면 이는 바로 고객의 불편으로 이어져 기존 고객들이 떠나거나 새로운 고객이 불편함을 느껴 재방문을 하지 않기 때문에 모바일 환경에 최적화하지 못하면 살아남기 어려워졌다. 스마트폰은 PC보다 훨씬 더 빠르게, 더 많이 발전하는 중이며 그에 따라 모바일과 관련한 서비스도 계속해서 발전하고 있다.

이러한 시대의 흐름에 맞추어 모바일 환경에 적합한 서비스를 시기 적절하게 내놓은 업체들은 별다른 마케팅을 하지 않아도 고객들의 꾸준한 사랑을 받을 수 있었지만, 조금이라도 트렌드의 흐름에 따라가지 못한 업체들은 자연스럽게 고객들을 놓칠 수밖에 없게 되었다.

쿠팡과 위메프의 트렌디한 UI, 잘 나가는 데는 이유가 있다.

　이런 트렌드의 흐름을 잘 따라간, 혹은 잘 이끌어간 대표적인 업체가 바로 쿠팡이나 위메프같은 소셜커머스이다. 특히 쿠팡은 가장 트렌디한 UI*^{User Interface}와 UX*^{User Experience}를 갖추고 있는 업체 중 한 곳으로 평가받고 있으며, **최근 소셜커머스가 오픈마켓보다 더 높은 성장세를 이어나가며 승승장구 하는 중이다.** (링크 http://www.ajunews.com/view/20160918074257977)

> **UI** 사용자가 데이터베이스와 정보를 주고 받기 위한 수단. 주로 유저들이 접하는 화면 구성(환경)을 의미한다.
>
> **UX** User Experience의 줄임말로, UI를 통해 유저가 느끼는 만족이나 감정을 뜻하며, UX를 개선한다는 것은 유저들을 관찰하여 그들의 필요나 요구를 충족시켜주거나 그들의 경험에 불편함이 되는 요소를 개선하는 것을 의미한다.

모바일 환경에 빠르게 적응하고 변화를 꾀하여 큰 이득을 본 쿠팡과 위메프와는 달리 모바일 시대의 흐름에 따라가지 못하여 위기를 직면한 사례도 많다. 1999년 서비스를 시작한 토종 SNS이면서 동시에 1세대 SNS라고 할 수 있는 싸이월드가 바로 대표적인 예시이다. 싸이월드의 인기가 절정이었을 때(2005년~2006년)는 무려 대한민국 인구의 절반 이상인 3500만명의 사용자 수를 기록할 정도로 인기가 많은 서비스였다. 하지만 글로벌 서비스로의 발전이 이뤄지지 못했던 점, 과도한 유료 정책, 개인정보 유출 등 여러 한계점이 드러나면서 싸이월드는 점차 사용자들에게 버림 받게 되었다. 뿐만 아니라 2010년 모바일이 급속도로 대중화되기 시작하면서 모바일 환경에 맞춘 서비스에 대한 필요가 계속해서 늘어났지만 싸이월드는 PC 버전만을 고집하여 유저들의 이탈 또한 증가할 수밖에 없었다. 싸이월드는 빠르게 변화하는 모바일 환경의 변화의 흐름에 따라가지 못하여 결국 트위터나 페이스북과 같은 다른 SNS에 유저를 빼앗기며 위기를 맞아 아직까지도 극복해내지 못하고 있으며, **우리의 추억이 담긴 싸이월드 서비스가 종료될 것이라는 루머마저도 돌았다.** (링크 http://www.newsls.com/ar_detail/view.html?ar_id=NISX20150914_0010286914&cID=10401&pID=10400)

싸이월드가 추락하는 와중에도 트위터와 페이스북은 서비스를 시작한 이후 꾸준한 성장을 보이고 있다. 특히 페이스북은 런칭 이후 지금까지 쭉 전 세계의 주목을 받고 있다. 아직 스마트폰이 대중화되지 않았던 2004년에 창립한 페이스북은 초창기에는 모바일보다는 PC로 활용하는 것이 더 편했다. 하지만 점차 모바일이 발전하면서 페이스북은 싸이월드와는 달리 변화하는 모바일 트렌드에 맞추어 PC와 모바일 모두 유저들이 사용하기에 편리하게끔 발전시켰다.

인스타그램 모바일이 대중화 되는 시점에 서비스를 오픈한 인스타그램은 서비스 시작 1주일 만에 10만 명의 회원을 모집할 수 있었다.

인스타그램의 창업자인 케빈 시스트롬과 마이크 크리거는 본격적으로 스마트폰의 보급이 시작된 2009년 ~ 2010년에 타이밍 좋게 서비스를 시작하였다(창립일은 2010년 10월 6일이다). 인스타그램은 애초부터 모바일(아이폰) 전용 앱으로 등장하여 모바일 유저들을 공략했다. 스마트폰 보급률이 점차 높아지면서 자연스럽게 인스타그램을 이용하는 유저수도 수직 상승했다. 서비스를 시장에 내놓은지 1주일 만에 10만 명의 유저가 다운을 받았고, 최근 가장 주목 받는 SNS가 되었다.

모바일 서비스가 발전하면서 모바일이 PC의 다양한 기능을 해낼 수 있음은 물론, 웬만한 카메라보다 더 좋은 화질로 사진을 촬영할 수 있게 되자 유저들은 추억을 카메라가 아닌 스마트폰에 담아내기 시작했다. 이러한 흐름에 따라 사진을 예쁘게 찍을 수 있도록 해주는 보정 어플리케이션의 수요가 증가했고, 그 중심에는 인스타그램이 있었다. 본래 인스타그램은 버븐(Burbn)이라는 위치공유 서비스 어플리케이션에서부터 시작되었는데, 버븐을 이용하는 유저들이 주로 사용하는 기능이 사진 공유와 사진 필터 기능이라는 것을 발견한 창업자 시스트롬은 다른 기능들은 배제하고 사진 공유와 사진 필터 기능에 집중하여 버븐을 인스타그램이라는 서비스로 발전시켰다.

인스타그램 필터 인스타그램의 보정 기능은 인스타그램의 유저를 모으는 데 엄청난 역할을 하였다.

　인스타그램을 열고 필터를 선택한 뒤 사진을 촬영하고 몇 번의 간단한 터치만으로 보정하여 새로운 콘텐츠를 생성하고, 공유할 수 있게 되면서 사람들은 필터 기능을 활용하여 찍은 사진을 자랑하고 주변의 지인들에게 인스타그램을 활용할 수 있도록 추천하기까지 하였다.

　스마트폰 덕분에 촬영부터 편집까지의 과정이 매우 간단해지면서 떠오르게 된 키워드 중 하나가 바로 "실시간"이다. PC를 통해 가공된 콘텐츠에 질릴 대로 질려버린 유저들이 모바일로 사진을 찍어 실시간으로 지인이나 온라인 상의 친구들과 소통하는 것을 즐기면서 인위적으로 가공되지 않은, 지금 그대로의 날것을 담은 이미지와 동영상이 인기를 끌기 시작했다. 인스타그램이 추구하는 "세상의 순간들을 포착하고 공유하는" 유저들이 점점 많아진 것이다.

CHAPTER·02
개방형 SNS에 질린 유저들

인스타그램이 서비스하기 이전부터 서비스를 시작한 트위터나 페이스북과 같은 SNS는 모두 PC에 적합한 SNS로 시작하였다. 이들은 변화하는 모바일 환경에 맞추어 서비스를 개편하고 발전시켜 기존의 유저를 유지하기 위해 노력하였다.

PC를 활용할 수 있는 SNS에는 공통점이 있는데, 바로 콘텐츠를 가공할 수 있다는 점이다. (물론 최근에는 필터나 보정 어플리케이션이 많아 모바일로도 충분히 가공이 가능하긴 하지만 아직까지 PC의 기술을 따라가기엔 2% 부족하다.) 그렇기 때문에 PC를 활용해 하나의 이미지를 올리더라도 포토샵을 이용해서 사진을 편집하거나 과장하여 이미지를 포장할 수 있다.

또한, 이미지 기반의 인스타그램과는 달리 기존의 SNS는 트위터처럼 텍스트 기반이거나 페이스북처럼 텍스트와 이미지 기반의 플랫폼이었다. 하나의 콘텐츠라고 할지라도 이미지나 동영상보다 먼저 보이는(혹은 텍스트만 보이는) 텍스트로 인해 콘텐츠 자체의 의미가 왜곡되거나 과장되는 경우가 많아 이에 따른 부작용이 많았다. 특히 SNS의 장점이자 단점인 엄청난 파급력은 거짓 루머가 마치 사실인 것처럼 퍼지거나, 죄 없는 피해자가 마치 가해자인 것처럼 그려져 가해자가 아닌 피해자의 신상이 노출되어 추가적인 피해를 입는 등의 문제가 발생되기도 하였다. 이는 항상 스포트라이트를 받는 연예인들에게 더 큰 부작용으로 나타나 유명 연예인이 하루 아침에 정상적으로 연예계 활동을 하지 못하는 등의 문제가 발생하기도 했다.

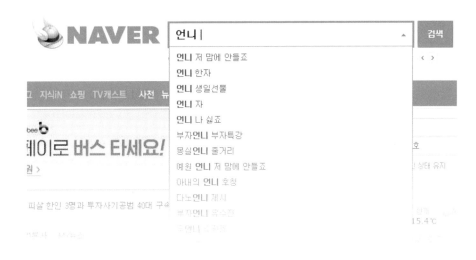

"언니 저 맘에 안들죠" 사건이 발생한 지 18개월이 지났음에도 네이버에 언니를 입력하면 자동완성 검색어로 '언니 저 맘에 안들죠'가 나온다.

　"언니 저 맘에 안들죠?"로 구설수에 오른 연예인 A씨와 B씨의 경우 '후배 연예인 A 씨가 반말하지 않았는데 선배 연예인 B씨가 욕했다'라는 식으로 B씨가 A씨에게 욕을 하는 장면만 교묘하게 편집된 동영상이 SNS 상에서 큰 화제가 되었다.

　왜곡되고 과장된 내용이 SNS와 카카오톡으로 퍼지면서 한 쪽의 일방적인 잘못으로 만 비춰지는, 사실이 아닌 내용이 마치 사실인 것처럼 일파만파 퍼지는 해프닝이 발생하기도 했다. 남자 연예인의 성관계 몰래카메라 사건, 성폭행 무고죄 사건 등 이미지로 먹고 산다고 해도 과언이 아닌 연예인이 이처럼 확인되지 않은 사실로 인해 이미지가 실추되어 명예를 잃는 사건이 비일비재하게 일어나고 있다.

　이처럼 어디서부터 시작됐는지 모를 거짓 정보 때문에 연예인들이 방송을 중단하게 되는 경우와 더불어 최근에는 SNS 상에서의 유저들은 진실이 아닌, 보이는 것만 믿을 수밖에 없는 사실을 교묘하게 이용하는 경우도 있었다.

한 예로 어떤 할머니가 리어카를 끌고 가다가 실수로 가게를 운영하는 업주의 차를 긁었는데, 업주가 할머니의 실수를 봐주고 보험처리하여 할머니의 걱정을 덜어드림은 물론, 매일같이 가게의 박스와 캔을 가져가라고 말하기까지 하는 선행을 베풀었다는 내용이 담긴 콘텐츠가 '페이스북 리어카 할머니'라는 이름으로 다양한 SNS에 퍼졌다. 이 콘텐츠 덕분에 선행을 베푼 업주의 개인 계정 팔로워 수가 3,000명이 늘고, 최초로 이 콘텐츠를 올린 게시물의 좋아요가 21만을 넘어갔다. 하나의 콘텐츠만으로도 엄청난 파급력을 불러왔으며 이와 더불어 이런 훈훈한 소식을 알리고자 이 콘텐츠를 본 유저들은 이 소식을 자신의 타임라인에 공유했다. 다른 거대 페이지 운영자들 역시 자신들의 팬에게 이 소식을 전해 엄청난 파급 효과를 가지고 와 업주가 운영하는 가게가 하루 아침에 웬만한 맛집이나 유명 연예인이 운영하는 식당만큼이나 유명해졌다.

방송에서는 이런 아름다운 선행을 더 많은 사람들에게 알리고자 방영하여 더욱 많은 사람들에게 알려졌다. 하지만 가게 내부 직원의 양심적 고발로 인해 위의 모든 선행이 주작글(자작극+글의 합성어로 SNS상에서는 흔히 '주작'이라고도 한다.)임이 드러났고, 업주는 자신의 가게 홍보를 위해서 교묘하게 선행을 베푼 척하고 자신의 페이스북에 콘텐츠를 올렸다고 자백했다고 한다.

부끄럽지만 필자 또한 리어카 할머니 콘텐츠를 보고 "훈훈하구나"라는 텍스트와 함께 위의 게시물을 공유하기도 했었다. 이러한 일이 자꾸 생기다 보니 사람들은 이제 더 이상 예전만큼 속지는 않는 것 같다.

하지만, 이와는 다른 형태로 '좋아요를 누르면 무엇을 하겠다'라는 지키지 못할 공약 등을 내세워 사람들의 관심을 이끌어 팔로워를 모으고, 높은 도달을 무기 삼아 돈을 벌거나 자신의 업체를 홍보하려는 사람들은 계속해서 생겨나고 있다.

SNS 상에서 사람들은 보이는 것만을 믿는다. 정확히는, 믿을 수밖에 없다. 유저가 단순히 일방적으로 정보를 받아들이기만 하는 경우엔 더욱 그러한 경향을 보이기 때문에 앞에서와 같은 예시가 계속해서 발생할 수밖에 없다. 특히나 텍스트가 가장 먼저 보이는 구조의 트위터나 페이스북은 똑같은 이미지 콘텐츠여도 어떠한 의견이나 사실, 혹은 거짓을 담고 있는 텍스트를 입력하느냐에 따라서 유저들은 콘텐츠를 다르게 받아들일 수밖에 없다. 콘텐츠 제작자가 있는 그대로의 사실을 담고 있는 콘텐츠를 제공할 수도 있지만 사실이 확인되지 않은 내용이나 가공을 통해 왜곡된 콘텐츠를 노출시킬 수도 있다. 이 때문에 유저들은 왜곡되었는지 아닌지를 떠나 보이는 그대로의 콘텐츠를 사실이라고 생각하고 받아들일 수도 있다.

트위터와 페이스북이 등장한 이후로 SNS의 주도권은 개방형 SNS가 쥐고 있었다. 개방형 SNS는 내 뉴스피드에 내가 좋아하는 콘텐츠만 올라오거나, 내가 좋아하는 콘텐츠만 골라서 소비할 수 있는 구조가 아닌 내가 좋아하건 싫어하건 일단 내 뉴스피드에 다양한 콘텐츠가 뜨도록 되어있는 구조를 의미한다.

페이스북은 엣지랭크* 알고리즘을 도입하는 등 계속해서 페이스북의 뉴스피드를 가능한 유저들 개개인의 입맛에 맞는 퍼스널 콘텐츠만 올라가도록 구성하려 하지만 여전히 어뷰징*이나 각종 광고성 콘텐츠로 인해 이러한 노력이 무색할 만큼 보기 싫은 콘텐츠들이 너무 많이 올라오고 있다. 이로 인해 유저들이 피로감을 느끼는 것을 완벽히 차단해내지 못했다.

엣지랭크 알고리즘 페이스북을 이용하는 모든 유저들이 보는 뉴스피드의 화면이 달라지게 보이도록 (퍼스널화) 만드는 페이스북의 핵심 알고리즘 중 하나로, 크게 Affinlty(친밀도)/Weight(가중치)/Time Decay(체류시간)의 기준을 가지고 있다.

어뷰징 의도적으로 검색량이나 트래픽을 높여 블로그의 포스팅이나 SNS의 도달을 인위적으로 높이는 것을 의미한다.

개방형 SNS를 즐겨 하던 기존 유저들은 자신들이 좋아하는 것만 보는 것이 아닌, 보기 싫은 것 혹은 싫어하는 것도 억지로 같이 소비할 수밖에 없는 개방형 구조로 인해 SNS를 이용하면서 피로감을 느꼈다. 결국 이들은 내가 좋아하는 관심사 콘텐츠만 소비할 수 있는 인스타그램과 같은 폐쇄형 SNS로 떠나가게 되었다.

개방형 SNS의 대표주자인 페이스북은 알고리즘을 계속해서 발전시키고 또 발전시켜 유저들이 좋아할만한 퍼스널 콘텐츠를 뉴스피드에 배치시켰다. 유저들의 피로도를 줄이고 페이스북의 몰입도와 재미를 높이는 등의 노력을 통해 다시 유저들을 이끌어 오는 데에 성공해 여전히 SNS 점유율 1위를 유지하고 있다. 하지만 페이스북과는 달리 시대의 흐름에 빠르게 대응하지 못한 트위터는 계속해서 하락하는 모습을 보이고 있다.

CHAPTER·03

iSNS의 등장

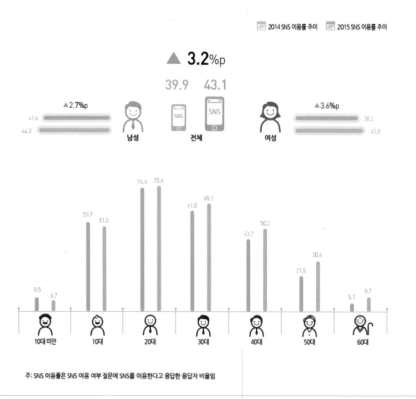

SNS이용률 유저들의 sns 이용 시간은 계속해서 증가하는 중이다. (출처 정보통신정책연구원(http://www.kisdi.re.kr/))

유저들은 트위터나 페이스북 같은 기존의 개방형 SNS를 이용하면서 느낄 수 밖에 없었던 피로감이나 스트레스가 싫었지만, 일상을 공유하고 재미있는 콘텐츠를 계속 소비하며 언제든지 시간을 보낼 수 있는 SNS를 그만두는 것은 원치 않았다.

결국 유저들은 자신들이 좋아하는 콘텐츠만을 소비할 수 있는 플랫폼을 찾아 떠났고, 그 중심에는 인스타그램이 있었다. 유저들은 해시태그나 사람을 검색해서 콘텐츠를 골라 소비할 수 있는 구조로 만들어진 인스타그램에 열광하기 시작했고 **덕분에 인스타그램은 짧은 시간 동안 엄청난 인기를 얻으며 크게 성장할 수 있었다.** (링크 http://www.businessinsider.com/chart-of-the-day-instagram-Is-Now-bigger-than-twItter-2014-12) 피로감과 스트레스를 느낄 수밖에 없던 기존의 개방형 SNS와 달리 훨씬 합리적으로 콘텐츠를 취사선택할 수 있는 폐쇄형 SNS의 시대가 온 것이다.

유저가 좋아하는 해시태그만 검색해서 콘텐츠를 골라볼 수 있는 폐쇄형 구조의 인스타그램

폐쇄형 SNS도 개방형 SNS와 마찬가지로 사생활 침해에 우려가 있으며, 어쩔 수 없이 내가 좋아하지 않는 콘텐츠를 소비할 수도 있고, 내가 원치 않는 사람과 소통할 수도 있다. 하지만 개방형 SNS에 비하자면 콘텐츠와 사람에 대한 취사선택이 훨씬 효율적이다. 사람들은 피로감이 상대적으로 적은 폐쇄형 SNS를 이용하기 시작했다. 이런 폐쇄형 SNS를 다른 말로 iSNS라고 하는데, Interest SNS를 의미하는 말로 한국말로 하면 관심사Interest 중심의 SNS라고 한다. 요즘 대부분의 SNS는 유저 개개인의 관심사에 맞추어 콘텐츠를 소비할 수 있도록 알고리즘과 구조를 바꾸어나가고 있다.

인스타그램 역시 **최근** 알고리즘을 계속해서 개편하여 홈 피드 영역을 **최신순**이 아닌 정확도순으로 노출시켜 유저가 평소에 더 자주, 오랫동안 보는 콘텐츠를 우선적으로 노출시키는 개인화를 위한 변화를 주고 있는 중이다. (링크 http://blog.instagram.com/post/141107034797/160315-news)

인스타그램
성장의 이유

CHAPTER·01

사생활 공유가 자연스러운 인스타그램

사생활 공유를 잘 하지 않는 페이스북 유저들이 고민이라는 마크 저커버그

    페이스북 최고경영자(CEO)인 마크 저커버그^{Mark Elliot Zuckerberg}는 페이스북을 이용하는 이용자들이 개개인의 사생활을 페이스북을 통해 노출하는 것을 꺼려하는 분위기가 고민이라고 전했다. 실제로 페이스북에 자신의 사생활을 공유하는 이용자의 수는 지난 해 중반에 비해 1년간 약 21%나 떨어졌다고 한다. 어떠한 이유 때문에 페이스북에 자신의 사생활을 공유하는 유저들이 1년 동안 무려 21%나 떨어졌을까?

    언제부터인가 페이스북의 타임라인에는 이용자의 얼굴이 담긴 사진 1장보다는 지인들과 함께 공유하기 좋은 정보성, 스낵형 콘텐츠나 사회적인 이슈가 더 잘 어울리는 환경이 되었다. 이용자의 지인들이 업로드 하는 사진보다는 지인들이 '좋아요'나 '공유'를 눌렀던 페이지에서 발행하는 콘텐츠들이 더 많아진 것이다.

SNS를 잘 모르는 사람이라면 페이스북 이용자가 페이스북을 통해 사생활을 노출하는, 혹은 공유하는 행동이 적어졌다는게 왜 저커버그의 고민인지 이해되지 않을 수도 있다. 하지만 이는 SNS의 가장 근본적인 기능의 부재이다.

SNS란 Social Network Service 의 줄임말로 오프라인을 통해서만 인적 관계를 가졌던 한계를 넘어 온라인에서도 인적(사회적)관계를 가질 수 있도록 해주는 서비스를 의미한다. SNS는 근본적으로 사람과 사람간의 관계를 이어주는 플랫폼으로서의 역할을 수행하기 위해 만들어진 서비스이다. 하지만 어느새부터인가 현재 SNS를 대표하고 있는 페이스북에 사람들은 자신들의 일상을 공유하는 것을 꺼려하고 있다. 페이스북은 점점 개개인의 일상을 공유하고 정보를 나누던 초창기의 모습에서 멀어지고 있다. 이게 좋은 변화인지, 좋지 않은 변화인지는 앞으로 두고 봐야 알겠지만 저커버그는 사용자들의 사생활 공유를 활성화시키는 것을 원하고 있음을 알 수 있다.

2006년 페이스북이 뉴스피드 서비스를 시작한 이후 10년 동안 꾸준히 이용자가 일상을 공유하는 횟수가 줄었고, 지금은 자신의 일상을 공유하는 것 자체를 꺼려하는 분위기가 되었다. 이와는 달리 서비스를 시작한 이래로 이용자들의 사생활 공유가 꾸준히, 그리고 활발히 이루어지고 있는 SNS가 바로 인스타그램이다. 실제로 여행지에서 사진을 남기는 여행자들이 SNS에 사진을 업로드할 때 대부분이 페이스북이 아닌 인스타그램에 올릴 정도로, 자신의 일상을 페이스북이 아닌 인스타그램에 업로드하는 걸 쉽게 찾아볼 수 있다. 필자는 항상 강의와 컨설팅에서 사람들이 찍게 만들 수 있는 장치를 마련하라고 강조한다. 사람들이 사진을 찍으면 SNS에 올리기 때문이다. 이때 재미있는 사실은 사진을 찍어 SNS에 업로드하는 유저들의 대부분은 페이스북이 아닌 다른 SNS에 사진을 올린다. 그 다른 SNS에는 인스타그램의 비율이 가장 많다.

페이스북은 주로 지인과 소통하기 위해서 많이 활용하는 SNS이다. 페이스북에 올리는 콘텐츠는 대부분 지인들에게 보여주기 위한 콘텐츠이며, 따라서 지인들이 우선적으로 콘텐츠를 소비하게 되어있다. 온라인만이 아닌 오프라인에서도 관계를 가지고 있는 사람들과 소통하는 경우가 많기 때문에 유저들은 자신들의 일상을 나를 잘 알고 있는 지인들에게 보이는 것을 꺼려한다. 반면 인스타그램은 오프라인에서는 관계가 없지만 공통되는 관심사를 가진 온라인 유저와 소통하는 경우가 많다. 어떠한 콘텐츠를 올린다고 한들 크게 부담스럽지 않기 때문에 유저들은 페이스북이 아닌 인스타그램에 일상을 올리는 것을 선호하는 경향을 보인다.

페이스북은 몇 차례 크게 '위기설'이 있었다. 2017년에는 페이스북의 유저 80%가 떠날 것이다'라는 극단적인 분석을 내 놓을 정도로 주춤했던 시기도 있었다. 그 중에서도 페이스북을 가장 주춤하게 만들었던 것은 다름 아닌 "스마트폰"이었다. 지금처럼 스마트폰이 활발하게 보급이 되지 않았던 때에, 오직 PC에서만 사용 가능한 서비스를 시작한 페이스북은 철저히 PC를 위한 서비스였다. 때문에 PC에서 모바일로 넘어가는 과도기에도 페이스북은 모바일보다는 PC에서 이용하는 것이 더 편하게 설계되어 있었다. 유저들도 기존의 습관 때문에 모바일보다는 PC가 더 편하다는 반응을 보였다. 자연스럽게 페이스북은 모바일에서는 불편하다는 인식이 생기게 되었고, 모바일이 불편하다고 느낀 유저들은 자연스레 페이스북을 이탈했다. (물론, 이러한 변화에 빠르게 대응하여 지금은 페이스북을 이용하는 거의 모든 유저들이 PC보다는 모바일을 선호한다.)

이와 반대로 인스타그램은 PC 시대에서 모바일 시대로 넘어가는 과도기에 서비스를 시작했고 철저히 모바일을 위한 서비스를 제공했다. 간단하고 심플한 UI 덕분에 모바일에서의 사용이 매우 간편했으며, 시간이 지남에 따라 PC보다는 모바일을 통해 SNS를 이용하는 유저가 늘어나면서 자연스레 인스타그램 유저도 늘어나게 되었다.

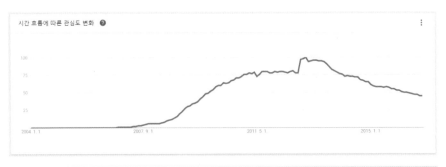

구글트랜드 FACEBOOK 검색 결과 모바일로 인해 큰 위기를 맞이했던 페이스북은 위기 때마다 현명하게 대처하여 잘 넘겨냈다. (출처 구글트렌드 https://www.google.com/trends/explore?date=all&q=facebook)

구글 트렌드에 'FACEBOOK'을 검색하면 지난 몇 년간의 구글 이용자들이 FACEBOOK을 검색한 검색 쿼리를 확인할 수 있다. 구글트렌드에 따르면 FACEBOOK의 검색량은 2012년 12월 정점을 찍고 점점 떨어지는 모습을 확인할 수 있는데, 이 때의 기점을 전후로 페이스북의 부정적인 전망이 가장 많이 나오던 시기임과 동시에 스마트폰의 보급이 빠르게 확산되는 시기이다.

페이스북은 이 때의 위기를 현명하게 대처했는데, 그 중 가장 눈에 띄는 방법은 인수를 통해 위기를 극복해 나가는 것이었다. 유저들은 점차 간편하게 이용할 수 있는 SNS, 모바일로 손 쉽게 접속하고 지인들과 소통할 수 있는 SNS를 이용하기 시작했다. 덕분에 유저들은 모바일보다는 PC 환경이 더 익숙한 페이스북은 자연스레 떠나게 되었고, 위기 의식을 느낀 페이스북은 당시 경쟁사였던 인스타그램과 글란시(위치기반 서비스), 태그타일(고객관리 서비스) 등 페이스북을 위협하는, 혹은 위협이 될만한 요소를 가진 서비스를 인수하여 페이스북의 서비스로 흡수하는 동시에 페이스북 모바일 서비스를 강화하는 데 투자를 아끼지 않았다.

여기서 재미있는 건 **페이스북이 다양한 서비스를 인수한 형태의 대부분은 '재능 인수'라는 점이다.** (링크 http://mushman.co.kr/2691914) 페이스북에 인수된 대부분의 서비스들은 사라졌지만 페이스북은 사라진 서비스를 흡수하고 개선하여 페이스북이라는 플랫폼 자체를 키워나가는 데에 집중했다. 서비스가 사라짐으로서 페이스북의 경쟁사가 사라짐은 물론, 사라진 서비스를 페이스북에 통합하여 페이스북이라는 플랫폼의 자체 역량을 늘려가는 전략을 취한 것이다.

하지만 페이스북에서 가장 비싸게 인수한 인스타그램은 독립적인 기관으로 남아 플랫폼을 유지하고 있으며 인수 이후 인스타그램 특유의 감성과 유저들의 자유로운 사생활 공유, 그리고 함께 페이스북의 알고리즘, 광고 도달이라는 장점을 더해 새로운 형태의 플랫폼으로 진화하고 있는 중이다.

지난 2016년 8월 페이스북에서 메신저를 기반으로 한 커머스 서비스인 'F-커머스'를 실행하겠다고 발표했다. F-커머스는 FACEBOOK과 E-커머스의 합성어로, 페이스북을 이용한 전자상거래 모델을 지칭한다. 사실 페이스북에서 커머스에 도전하는 것은 이번이 처음은 아니다. 이미 몇 번의 테스트와 시도를 거쳐 페이스북에 적합한 쇼핑 환경을 만들어가고 있는 중이다.

F-커머스의 장점은 페이스북에서 마음에 드는 상품을 발견하고, 페이스북 친구들과 상품에 대해 의견을 나눈 후 페이스북 메신저를 통해, BUY 버튼으로 간단하게 상품을 구매할 수 있는 구조이다. 기존의 쇼핑 형태는 상품을 구매한 후 자신의 SNS를 통해 상품을 구매한 것을 자랑하는 구조였지만, 새로 도입되는 F커머스의 형태에서는 내가 구입을 하면 자연스럽게 페이스북 친구들에게도 알려지는 방향으로 개선될 듯

제품 태그를 통해서 판매하고 있는 상품을 노출시킬 수 있게 된 페이스북.

하다. 하나의 상품을 구매한 뒤 추가적이고 자연스런 바이럴 소셜도달이 생겨 페이스 북에서 스폰서 광고나 홍보를 하고 있는 업체에게 매우 활용도 높은 채널이 될 가능 성이 높다. 현재 적용된 F-Commerce의 모습은 페이스북 페이지의 메뉴탭에 "샵" 섹 션이 생겨 마치 오픈마켓에서 상품을 등록한 것처럼 상품을 진열할 수 있는 기능과, 상품 판매를 위한 광고 콘텐츠 하단 부분에 상품의 이미지와 가격을 노출시킬 수 있 는 기능이 있다.

> **소셜도달** 'oo님이 좋아했습니다'와 같은 친구 관계의 유저의 좋아요, 덧글, 공감을 통한 활동이 내 뉴스피 드에 알림 형태로 콘텐츠와 함께 노출되는 것을 의미하며, 유기적 도달과 같은 의미로 사용되고 한다.

현재의 모습은 단순히 게시물 아래 상품을 태깅하여 랜딩 페이지로 넘어가는 구조 이지만, 핀테크 서비스를 결합하여 페이스북에서 결제까지 가능한 시스템을 구축할 것으로 보인다.

F-커머스 서비스가 본격적으로 시작되면 더 이상 페이스북을 단순한 SNS라고 이 야기하기는 어려울 것으로 보인다. 페이스북은 이미 너무나 상업적인 정보가 넘쳐나 고 있다. 이에 인적 네트워크를 만들고 관계를 유지하는 SNS의 근본적인 모습과는 점 차 멀어져 갈 것으로 보인다. 아마도 마크 저커버그가 고민하는 "사생활 공유"는 앞으

로도 페이스북이 아닌 인스타그램에서 훨씬 더 활발히 이루어질 것으로 보인다.

페이스북의 F커머스를 본보기로 앞으로 다양한 SNS와 커뮤니티에서는 콘텐츠를 소비함과 동시에 쇼핑도 할 수 있는, 기존의 SNS의 개념과 모바일 쇼핑의 개념이 모두 합쳐진 복합적인 플랫폼이 늘어날 것으로 보인다. 페이스북이 이와 같은 변화를 취하게 될 경우 SNS의 근본적인 역할을 하는 이상적인 SNS는 인스타그램이 대표할 것으로 보인다.

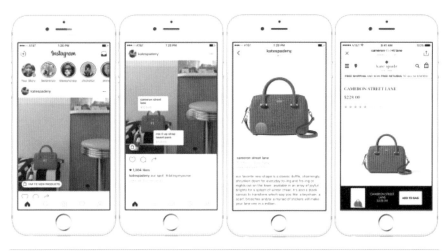

출처 http://blog.business.instagram.com/post/152598788716/shopping-coming-to-instagram

2016년 11월 2일 인스타그램에서도 페이스북과 마찬가지로 커머스 서비스를 도입한다고 선언하였다. 현재 미국에서 케이트 스페이드, 워비파커 등 20여개의 브랜드와 테스트 중이며 사진 왼쪽 아래에 '상품 보기Tap To View' 와 '구매하기Shop Now' CTACall-To-Action 버튼을 활용하여 인스타그램에서도 바로 상품 구매를 할 수 있는 커머스 서비스를 도입한다고 발표했다. (링크 http://news.naver.com/main/read.nhn?mode=LSD&mid=sec&oid=018&aid=000366 6130&sid1=001) 현재 테스트되고 있는 방식은 기존의 "태그" 방식을 활용하는 것으로, 인스타그램에 업로드한 이미지에 상품을 태그하고 태그된 상품의 정보를 터치하면 랜딩 페이지로 넘어갈 수 있도록 한 구성이다. 아직 국내에는 테스트되고 있지 않지만 앞으로 어떠한 형태로 인스타그램 제품 태그 기능이 도입되어 나타날지 궁금하다.

CHAPTER·02
SNS다운 SNS

인스타그램Instagram 은 '즉각적인'이라는 Instant와 '전문' '전보'라는 뜻인 Telegram의 합성어로 "세상의 순간들을 포착하고 공유한다"는 슬로건을 가진 SNS이다. 언제 어디서나 찍고 공유할 수 있는 모바일 시대에 딱 어울리는 슬로건을 가지고 있다.

인스타그램을 이용하는 유저라면 누구나 아는 사실이지만, 인스타그램은 다른 SNS와는 달리 유저들이 자신의 일상을 아무런 거리낌 없이 공유하는 플랫폼이다.[*] 2013년

먹스타그램 셀스타그램 #먹스타그램 #셀스타그램 검색 결과. 유저들의 셀카를 쉽게 찾아볼 수 있다.

> **플랫폼(Platform)이란?** Platform은 원래 기차역의 사람들이 오가는 승강장을 의미한다. 마케팅에서의 플랫폼이란 사람들이 많이 오가는 승강장처럼 사람이 많은 곳을 의미하며, 온라인 상에서의 대표적인 플랫폼은 네이버나 구글과 같은 포털사이트, 페이스북이나 인스타그램과 같은 SNS 등의 트래픽이 많이 모이는 곳을 의미한다. 온라인 상에서의 트래픽은 곧 돈, 혹은 돈이 될 수 있는 가능성이기 때문에 모든 플랫폼에는 상업적인 구조가 필연적으로 따라다닌다.

영국 옥스퍼드사전에서는 '셀피SELFIE'를 올해의 단어로 꼽기도 할 정도로 인스타그램 내에 유저들의 셀카(셀프 카메라의 줄임말로, 자기 자신을 찍는 것을 의미함)가 넘쳐 난다. 자기 자신을 스스로 촬영하여 SNS에 올리는 것이 그만큼 많아졌음을 의미하며, 사생활을 공개하는 부분 중 가장 조심스러운, 나의 얼굴을 노출시키는 것에 대한 거부감이 크지 않음을 의미한다.

인스타그램은 다른 SNS와는 달리 내 얼굴, 내 일상을 공유하는 데 전혀 거리낌이 없다. 오히려 내 사진을 활용한 콘텐츠가 다른 콘텐츠보다 훨씬 인기가 많다. 그러다 보니 유저들은 조금이라도 더 많은 좋아요와 관심을 얻기 위해 다른 콘텐츠보다도 자신의 얼굴과 일상을 더욱 자주 노출시키고 있다. 인스타그램에서 가장 많이 사용되는 해시태그인 '#먹스타그램', '#셀스타그램'은 유저들의 일상을 대표하는 해시태그이기도 하다. #먹스타그램은 내가 먹은 음식, 혹은 내가 먹고 있는 음식을 자랑하기 위해 찍어서 인스타그램에 업로드하기 위해 사용하는 해시태그이며, #셀스타그램은 내 얼굴을 보여주기 위해서 사용하는 해시태그이다.

SNS란 사람들 간의 인적 관계를 다지기 위해 만들어진 서비스이다. 그 서비스에서 "사람"이라는 콘텐츠가 빠져버린다면 근본적인 SNS의 의미가 무뎌지기 때문에 마크 저커버그는 사람들이 일상을 공유하지 않는 것을 걱정하는 것이라 생각한다. 하지만 이런 고민이 무색하리만큼 인스타그램에서는 단순히 일상을 공유하는 것을 넘어 일상을 자랑하는 수준에까지 이르렀다. 인스타그램 유저들끼리 누가 누가 더 멋진 라이프스타일을 즐기는지 내기라도 하듯 시간이 지날수록 유저들의 일상이 담긴 예쁜 이미지와 동영상 콘텐츠는 계속해서 쏟아져 나오는 중이다.

필자는 유저들이 자신들의 일상을 아무런 불편함 없이 자유롭게 올리고, 이를 서로 장려하고 좋아해주는 것을 보면 인스타그램은 SNS의 근본적인 기능을 극대화시킨, 사람과 사람을 연결시켜주는 가장 SNS 다운 SNS라고 생각한다!

CHAPTER·03
사람 대 사람 간의 소통 플랫폼

　인스타그램은 기본적으로 계정과 계정, 개인 대 개인이 소통하는 플랫폼이다. 모든 SNS는 개인과 개인 간의 소통을 주된 목적으로 한다. 하지만, 시간이 지남에 따라 개인과 개인의 소통 플랫폼으로서의 역할은 사라지고 정보를 수집하기 위한 형태로 바뀌는 모습을 띄고 있다.

　개인과 개인 간의 소통은 '쌍방향적 소통' 혹은 '양방향적 소통'을 의미하는데, 이는 SNS에서 매우 큰 의미를 갖는다. 흔히 페이지나 오피셜 계정을 운영할 때는 소통을 하는 팔로워가 많기보다는 관리자가 콘텐츠를 발행하고, 오피셜 계정을 팔로우 하고 있는 유저들이 피드백을 보내는 단순한 형태의 '일방향적 소통'의 모습을 보인다. 내 콘텐츠에 대해 피드백을 남긴 유저들의 타임라인을 방문하거나 콘텐츠를 소비하는 것 자체가 구조적으로 쉬운 일은 아니다 보니 '쌍방향적 소통'이 쉽게 일어나지 않으며, 이를 좋아하거나 반기는 유저도 그리 많지 않다. 오히려 광고성 행위로 간주하거나 그냥 무시해버리는 경우가 많아 팔로워 한 명 한 명의 프로필이나 타임라인을 방문하는 것은 시간 대비 효율이 많이 떨어지는 방법이다. 페이스북 페이지 운영자가 페이지를 좋아요 하고 있는 사람의 타임라인에 직접 찾아가 덧글을 남기기 위해서는 덧글을 남긴 유저들의 프로필을 일일히 클릭해야만 가능하다. 검색 기능이 제한적이기 때문에 내 잠재 고객이 좋아할 만한 검색어를 입력해서 검색해도 콘텐츠를 열람하는 데 한계가 있어 실행이 어렵다. 만약 이렇게 열심히 유저들과 소통한다고 한들 이를 반갑게 맞이해주는 유저는 매우 드물다.

하지만 인스타그램에서는 오피셜 계정을 운영하면서도 다른 유저들의 타임라인에 쉽게 방문할 수 있고, 콘텐츠에 대한 피드백을 남기기 쉬우며, 이러한 소통 형태가 전혀 낯설지 않다. 유저들도 오피셜 계정의 방문을 싫어하지 않는다. 오히려 그들의 방문을 통해 그들의 프로필을 접하고, 콘텐츠가 마음에 들면 꾸준히 소통하는 모습을 보인다. 그렇기 때문에 인스타그램이라는 플랫폼을 잘 이해하고 있는 유저가 오피셜 계정이나 개인 계정을 운영한다면 절대로 콘텐츠를 발행하기만 하는, 일방향적인 소통만을 하는 실수를 범하진 않는다. 인스타그램을 정말 잘 하는 사람들은 먼저 고객들에게 다가가 소통하고 공감할 수 있는 유일무이한 SNS가 바로 인스타그램이라고 이야기한다. 인스타그램에서는 다른 플랫폼과 달리 잠재 고객에게 먼저 다가가 소통하고 공감할 수 있는, "영업"을 할 수 있다.

#웨스턴돔 이라는 해시태그를 검색해 덧글을 남기는 인스타그램 계정

하나의 예로 인스타그램에 #웨스턴돔 이라는 해시태그를 입력하여 콘텐츠를 올리면 한 계정에서 이모지를 활용하여 덧글을 남긴다. 사용하는 이모지가 매일 바뀌는 것으로 보아 프로그램을 활용하여 #웨스턴돔 해시태그를 입력한 유저 모두에게 복사 붙여넣기 형태로 입력하는 것이 아니라 이 계정을 운영하고 있는 관리자가 직접 덧글을 남기는 것으로 보여진다. 인스타그램에서는 이렇게 오피셜 계정을 운영하는 아이디로 직접 잠재 고객의 타임라인에 방문하여 좋아요와 덧글을 남기거나 DM을 보낼 수 있다는 장점이 있다.

> **이모지** 이모지란 이모티콘과 비슷하게 사용되어지는 것으로, 다양한 표정과 사물들을 그림으로 표현해 의미를 쉽게 전달할 때 쓰는 것이다. 스티커처럼 생겨 요즘의 스마트폰에는 모두 특수문자처럼 자판에 기본으로 깔려있다.

웨스턴돔은 일산의 핫플레이스 중 하나로, 업체의 사장님 혹은 직원이 인스타그램에서 #웨스턴돔 을 검색하여 직접 덧글을 남겨 자신들의 타임라인에 방문하게 한 뒤 이전에 올렸던 이미지들을 보고 매장에 방문하게끔 유도하려는 것이 목적인 것으로 보인다. 팔로워도 꽤 많고, 올린 콘텐츠에 좋아요 수도 꽤 많이 달린 것으로 보아 #웨스턴돔 해시태그를 입력한 유저들을 찾아가 일일이 덧글을 남긴 것 치고는 나쁘지 않은 마케팅 효과를 본 것으로 보여진다.

CHAPTER·04

이미지(동영상)으로 소통하는 플랫폼

좋아할 만한 동영상 동영상 소비가 증가함에 따라 인스타그램에서도 유저들이 동영상 콘텐츠를 편하게 소비하고 업로드할 수 있도록 해주고 있다.

최근 동영상 콘텐츠의 소비가 늘어나면서 콘텐츠를 제작하는 발빠른 업체들은 이미지 콘텐츠에서 벗어나 동영상 콘텐츠를 생성해나가기 시작했다. 인스타그램 또한 이러한 변화에 맞추어 인스타그램에 동영상을 업로드할 수 있게 만들어주었다. 원래는 15초까지의 영상만을 올릴 수 있도록 제한을 두었지만 최근에는 15초짜리 영상은 너무 짧다는 유저들의 피드백을 받아들여 최대 1분까지 영상을 업로드할 수 있도록 서비스를 업그레이드하여 동영상 콘텐츠가 활발히 나올 수 있도록 만들어주었다.

아직까지는 인스타그램 내에 동영상보다는 이미지 콘텐츠가 더 많이 쌓이고 소비되고 있지만, 동영상 콘텐츠에 대한 수요가 계속해서 증가함에 따라 앞으로는 이미지 콘텐츠보다 동영상 콘텐츠가 더 많이 올라올 것으로 보인다. 현재 트렌드를 보아, 동영상 콘텐츠가 계속해서 쌓이지 않는다면 인스타그램을 포함한 모든 SNS는 유튜브나 페이스북처럼 동영상 서비스를 제공하고 있는 다른 플랫폼에 밀려 기존 유저들을 잃을 것으로 보인다. 또한 최근에는 동영상 기반의 커뮤니케이션 플랫폼인 스노우의 엄청난 국내외 성장세 등을 미루어 보아 SNS에서의 동영상 콘텐츠 제작 및 유통에 대한 변화는 계속해서 이루어질 것으로 보인다. (링크 http://www.etoday.co.kr/news/section/newsview.php?idxNo=1362807) 이러한 트렌드에 맞추어 인스타그램에서는 둘러보기 섹션에 [회원님이 좋아할 만한 동영상]을 최상단에 배치하여 동영상 콘텐츠 소비가 꾸준히 일어날 수 있는 분위기를 제공하고 있다.

인스타그램 #패션 검색 결과 콘텐츠만 보아선 어떤 게 홍보를 위한 게시물인지 구분이 잘 되지 않는다.

인스타그램에서 #패션 과 같은 하나의 해시태그를 검색하면 나타나는 모습이다. 인스타그램에서는 해시태그를 검색하면 텍스트가 보이지 않는다. 이미지만 주욱 나열되는 구조로 되어 있다. 이러한 콘텐츠 배열 덕분에 홍보를 위해 제작된 콘텐츠도 전혀 홍보처럼 느껴지지 않을 수 있다는 장점이 있어 홍보나 마케팅을 목적으로 인스타그램을 이용하는 유저들에게 아주 유용하게 활용되는 중이다.

앞의 이미지에서 보이는 콘텐츠 중 5개 이상은 상품 판매를 위해 제작된 콘텐츠이다. 하지만 이미지만 주욱 보이는 인스타그램의 구조상 홍보 콘텐츠라는 인식이 적어 콘텐츠에 대한 거부감이 덜 생긴다. 콘텐츠를 받아들일 때 "광고구나!"하고 받아들이는 것과 "광고인가?" 혹은 광고 콘텐츠라는 것 자체를 의심하지 않고 보는 것과 큰 차이가 있다. 광고 콘텐츠라는 것을 확신하고 콘텐츠를 볼 때에는 거부감이 느껴지지만, 확신이 없거나 의심조차 들지 않는다면 평범한 유저의 평범한 콘텐츠로서 받아들일 수 있다. 또한, 텍스트(캡션)를 보기 위해서는 이미지를 눌러 확인해보아야 한다. 일반적으로 유저들은 마음에 드는 이미지를 선택하여 보기 때문에 한 번 생겨난 호기심이나 호감을 가지고 이미지를 터치했을 때 나타나는 캡션이 광고용 캡션이어도 주의깊게 보게 된다.

인스타그램은 이미지 중심으로 운영되기 때문에 매우 매력적인 플랫폼이다. 하나의 해시태그 검색 시 텍스트가 같이 노출되지 않고 이미지만 보여지기 때문에 광고성 콘텐츠를 보고 받아들이는 데에 있어 큰 거부감이 들지 않는다. 인스타그램은 광고성 콘텐츠도 일반 유저들이 올리는 평범한 콘텐츠처럼 보이는 자연스러운 네이티브 구조이기 때문에 광고 같지 않은 광고 콘텐츠를 제작하면 인스타그램 마케팅에 큰 도움이 된다.

또한, 이미지로 소통하는 플랫폼이라는 점의 다른 특징은 브랜드 이미지를 인스타그램에 보이는 이미지 콘텐츠를 통해서 어필할 수 있다는 점이다. "자연주의" "청정제주"라는 브랜드 이미지를 내세우는 I 뷰티브랜드의 경우 제주도 자연 그대로의 깨끗한 원료를 활용하여 화장품을 만든다는 메시지를 인스타그램의 콘텐츠를 통해서 전달하고 있다. 이 브랜드는 인스타그램 계정 운영을 정말 잘 하는 브랜드로 손꼽히는데, 인스타그램에 업로드할 콘텐츠를 제작할 때 제주도 자연과 제주도 생활의 일부분을 배경으로 활용하여 브랜드의 제품을 촬영한다. 이렇게 촬영한 이미지들은 모두 비슷한 색감과 보정을 통해 일관적인 브랜드의 이미지를 전달하는 데 큰 도움이 되었고, '자연주의'라는 메시지가 인스타그램에 업로드 되는 콘텐츠를 통해 고객들에게 고스란히 전달되었다.

CHAPTER·05
인스타그램 마케팅 성공사례는 없다?!

인스타그램은 가만히 있어도 다양한 정보를 쉽게 볼 수 있는 개방형 SNS와는 달리 관심 기반의, 좋아하는 해시태그만 검색해서 정보를 찾아볼 수 있는 폐쇄형 SNS이다. 때문에 인스타그램에서의 성공사례를 찾기 위해서는 다양한 해시태그를 검색하여 인스타그램을 잘 활용하고 있는 업체를 찾아보는 것 말곤 방법이 없다.

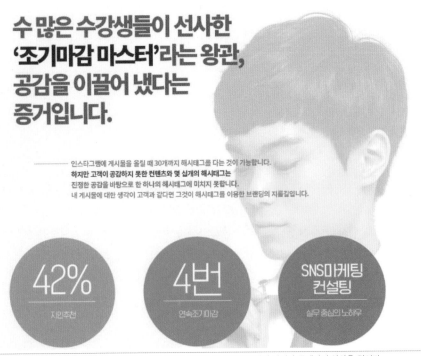

수 많은 수강생들이 선사한
'조기마감 마스터'라는 왕관,
공감을 이끌어 냈다는
증거입니다.

인스타그램에 게시물을 올릴 때 30개까지 해시태그를 다는 것이 가능합니다.
하지만 고객이 공감하지 못한 컨텐츠와 몇 십개의 해시태그는
진정한 공감을 바탕으로 한 하나의 해시태그에 미치지 못합니다.
내 게시물에 대한 생각이 고객과 같다면 그것이 해시태그를 이용한 브랜딩의 지름길입니다.

42%
지인추천

4번
연속조기마감

SNS마케팅
컨설팅
실무 중심의 노하우

파인트리 조영빈 강사 인스타그램 마케팅의 성공사례가 없다면 인스타그램 강의 자체가 존재하지 않았을 것이다.

인스타그램이 마케팅 채널로서 각광받은 지 꽤 오랜 시간이 지났는데도, 여전히 인스타그램에서의 성공사례는 아직 없다고 이야기하는 사람이 많다. 참 아이러니한 이야기이다. 인스타그램이 마케팅 채널로서 인정받고 있지만, 성공사례는 없다는 것은 앞뒤가 맞지 않다. 일반적으로 새로운 플랫폼이 생겨나면 사람들이 모여들기 마련이며, 모여든 사람들을 대상으로 한 광고나 홍보 행위는 당연한 시장의 원리이다. 이 때의 광고나 홍보가 시원치 않으면 다른 플랫폼을 찾아가기 마련이다. 하지만 최근 인스타그램은 마케팅 채널로서 최고의 효과를 보여주는 플랫폼으로 자리를 잡았다. 그럼에도 불구하고 인스타그램을 통해 매출을 극대화 시켰다는 성공사례는 찾아보기가 어려운 이유는 무엇일까?

또한, 인스타그램의 성공사례가 없는데도 불구하고 마케터들이 인스타그램을 주목할 이유가, 독자가 이 책을 읽을 이유가, 불과 1년 전에는 찾아보기 힘들던 인스타그램 마케팅 강의가 최근 많아진 이유가 있을까? 진짜 인스타그램 성공사례가 없었다면 마케터들이 주목을 할 이유가, 인스타그램 관련 서적이 나올 이유가, 인스타그램 마케팅 강의 자체에 대한 수요가 없었을 것이다.

브랜딩이건, 매출 상승이건 인스타그램 덕분에 좋은 결과물을 창출한 성공사례는 많다. 하지만, 성공사례를 가진 이들은 조용하다. 자신들의 성공사례를 외부에 노출시키려 하지 않았다. 왜 이들은 자신들의 성공사례를 알리지 않았을까? 이유는 간단하다. 우리 업체의 노하우를 굳이 다른 사람들에게 공개할 이유는 없으니까. 만약 경쟁사에게 알려지면 우리의 노하우를 그들의 입맛에 맞게 살짝 바꾸어 따라할 것이 분명하기 때문에 우리 업체의 입장에선 좋을 것이 없다. 그래서 인스타그램을 통해서 매출을 끌어올리고 있는 브랜드는 조용하다. 아니, 이는 인스타그램을 떠나 모든 플랫폼에서 성공사례를 가지고 있는 브랜드라면 모두 마찬가지이다. 특히나 국내에서 서비스가 활성화된 지 얼마 되지 않은, 폐쇄형 구조를 가지고 있는 인스타그램에는 아직까지 발견되지 않은 성공사례가 많을 수밖에 없다. 특히 유저들과의 꾸준한 소통을 통해 차근차근히 브랜딩이 이뤄지는 인스타그램 해시태그 마케팅의 경우에는 대기업보다는 중소기업이나 소상공인들의 사례가 많기 때문에 쉽게 사례를 발견하기도 어렵다. 눈에 띄는 사례가 없다고 해서 '인스타그램에는 성공사례가 없다'고 말하는 것은 아직 인스타그램을 잘 모르거나, 모니터링을 많이 하지 않은 사람들이 하는 말이라고 하고 싶다.

인스타그램 마케팅의 성공사례를 찾아내기 위해서는 이미 알려져 있는 성공사례를
분석하거나 인스타그램 내의 검색을 통해서 다양한 업체들이 어떻게 인스타그램을
활용하고 있는지, 성공사례라고 할만한지에 대해 분석할 필요가 있다.

다양한 이유로 인해 인스타그램을 통한 마케팅에 대한 교과서적인 방법은 아직까
지 공개되지 않았다. 소수의 업체 몇몇 군데를 제외하곤 인스타그램이라는 플랫폼을
제대로 활용하지 못하기 때문이기도 하지만 성공사례라고 할 수 있는 브랜드의 사례
조사가 충분하지 않았기 때문이라고 생각한다. 이 책에서는 〈해시태그 마케팅〉 성공
사례를 가지고 있는 30여 개의 브랜드나 업체는 어떠한 노하우가 있는지에 대해 방법
론과 함께 소개하는 책임을 이야기하고 싶다.

책 편집 과정 중 사례를 소개를 원치 않은 브랜드가 있어 직접적인 사례로서 소개는 하지 못하게 되었습니
다. 그래도 가능한 많은 노하우와 인사이트를 담아내기 위해 노력하였습니다.

CHAPTER · 06

변질된 바이럴 마케팅

인스타그램 해시태그 마케팅의 근간은 바이럴 마케팅이다. 기존에 많은 사람들에게 알려진(인위적인) 바이럴 마케팅이란 아직 시장에 알려지지 않았거나 인지도가 많이 떨어지는 상품이나 서비스에 대해 타겟군이 몰려 있는 시장(플랫폼)에 인위적인 입소문(바이럴)을 형성하는 마케팅 방법이지만, 실제 바이럴 마케팅은 이러한 마케팅이 아닌 유저들의 "자발적인" 입소문을 형성하는 것을 목적으로 한다.

아직까지 온라인 마케팅하면 가장 먼저 생각나는 것이 바이럴 마케팅이라고 할 정도로 바이럴 마케팅의 영향력은 무시하지 못할 정도이지만 그만큼 마케터가 아닌 사람들도 바이럴 마케팅에 대해서 알고 있고, 아는 만큼 인위적인 바이럴 마케팅에 대한 효율은 점점 떨어지고 있는 중이다.

우리나라에서 검색엔진을 갖춘 포털사이트는 **네이버라는 거대 공룡이 50% 이상의 점유율을 차지하여 독주하고 있기** 때문에 마케팅 방법도 매우 단순하고 어렵지 않다. (링크 http://www.bizwatch.co.kr/pages/view.php?uid=26177) 하지만 바이럴 마케팅은 잘못된 방식으로 접근할 경우 자칫 브랜드의 이미지에 큰 타격을 입을 수도 있기 때문에 접근이 쉽지 않은 것 또한 사실이다.

우리나라에서 가장 큰 점유율을 가지고 있는 포털사이트인 네이버는 온라인을 통해 상업적인 활동을 하고 있는 사람이라면 무조건 마케팅을 진행해야하는 플랫폼이다. 아니, 진행할 수밖에 없는 플랫폼이라는 표현이 더 적절하다. 다양한 네이버 마케팅 중에서도 가장 많이 알려진 마케팅 방법이 바로 네이버 블로그 마케팅이다. 그러다보니 네이버 블로그 섹션에는 점차 유저들이 필요로 하는 정보성 글보다는 업체의 홍보를 위한 홍보성 글이 많아지면서 네이버 검색 자체의 신뢰도가 많이 떨어져 유저들이 필요한 정보를 검색할 때 네이버를 찾는 일이 적어졌다.

네이버와 블로그 포스팅을 올려주는 블로거는 좋은 상생 관계다. 네이버는 블로거에게 포스팅을 할 수 있는 공간을 내어주고, 높은 검색 점유율을 보유한 것을 앞세워 블로거들이 포스팅을 올렸을 때 검색 엔진에 잘 노출될 수 있도록 해준다. 네이버는 블로거들로부터 좋은 콘텐츠(포스팅)를 제공받아 검색을 하는 유저들이 계속해서 네이버로 찾아오게끔 할 수 있다. 처음 블로그 서비스는 이러한 네이버의 블로그 서비스 운영 목표를 잘 맞추었지만, 블로그 상위노출을 통한 업체의 홍보가 과해지면서 유저들이 많이 찾는 키워드를 검색했을 때 홍보용 콘텐츠가 많이 노출되어 점차 신뢰를 잃어가기 시작했다.

실제로 건대 맛집이나 홍대 맛집 등과 같은 '지역명 + 맛집'처럼 사람들이 많이 검색하는 키워드의 경우에는 대부분 블로그 지수가 높은 블로거들이 업체로부터 비용을 받고 포스팅을 하거나 업체에서 상위노출만을 목적으로 양산해내는 작업(리브라) 블로그인 경우가 매우 많다. 예전과 달리 유저들은 이런 블로그 포스팅의 대부분이 광고성 포스팅이라는 것을 알기 때문에 더 이상 네이버의 검색을 100% 믿고 블로그에서 추천하고 있는 맛집이나 장소를 찾아가지 않는다.

네이버 블로그의 필라테스복 검색 결과 상위 5개의 포스팅 중 4개가 A브랜드의 협찬을 받고 올린 포스팅이라는 것을 발견할 수 있다. 네이버 블로그가 가지고 있는 검색 노출 시스템의 알고리즘을 이용하여 자사의 브랜드 제품 리뷰가 검색 시 상단에 뜨도록 만들어 새로운 고객을 모집하는 데 이용하는 것이다. 이를 체험단 상위 노출 마케팅이라고 하며, 일반적인 체험단 마케팅에는 인위적으로 상위노출을 이끌어내는 방법보다는 평소 블로그를 꾸준히 관리해 온 블로거에게 상품을 제공해주고, 그에 대한 대가성 포스팅을 받는 형태로 이루어진다.

점유율 50% 이상을 차지하고 있다는 것은 국내 유저의 2명 중 1명 이상은 네이버를 통해 정보를 수집한다는 것을 의미하지만, 2014년과 2015년에 비하면 네이버에겐 전혀 만족스럽지 않은 수치다. 2014년에 네이버는 검색 시장 점유율의 76% 이상을 차지했기 때문이다. 10명 중 7~8명이 네이버를 이용했다면, 지금은 10명 중 5명이 네이버를 이용한다는 통계다. 불과 2년 새에 7명의 유저 중 2~3명이 빠져나간 것이다. 블로그 뿐만이 아니라 네이버를 대표하는 서비스인 카페, 지식인, 뉴스도 모두 정보를 수집하기 위한 공간에서 광고판으로 바뀌어가고 있다. 이로인해 검색 시장 점유율의

네이버 블로그 '필라테스복' 검색 결과, 유난히 눈에 띄는 브랜드가 있다.

76%를 차지하던 네이버는 점차 유저들의 신뢰를 잃어가면서 구글에게 점유율을 빼앗기고 있는 중이다. 네이버는 떨어지는 신뢰와 점유율을 회복하기 위해 계속해서 알고리즘을 변화시키며 노력하는 중이다.

이와 달리 인스타그램에서는 해시태그 검색 시 최근에 올라온 콘텐츠를 나열해 보여주기 때문에 네이버와 같이 상위노출을 통해 고객을 모으려 하는 꼼수는 통하지 않는다. 물론 인스타그램에도 네이버의 상위노출과 비슷한 개념의 〈인기 게시물〉 섹션이 존재하긴 하지만, 시간대마다 계속해서 순서가 바뀌고 있다. 최근 변화된 알고리즘에 의하면 유저 개개인마다 노출되는 인기 게시물의 화면이 모두 다르고 앞으로 계속해서 '퍼스널화'될 예정이기 때문에 지금만큼의 인기 게시물을 통한 마케팅 효과를 보기에는 어려울 것으로 보여진다.

CHAPTER 07

실시간 콘텐츠의 장점과 신뢰성

SNS를 활용하여 이슈를 널리 확산시키기 위해서는 두 가지 조건이 필요하다. 첫 번째로는 많은 노출이 필요하다. 두 번째로는 급속도로 퍼져나갈 수 있을 만큼 실시간으로 콘텐츠를 생산해 낼 수 있어야 한다는 것이다.

첫 번째 조건을 잘 충족하고 있는 가장 대표적인 SNS가 바로 페이스북이다. 개방형 플랫폼이면서 동시에 소셜 도달이 활발히 이루어지기 때문에 짧은 시간 안에 좋아요가 빠르게 쌓일수록 많은 도달과 노출이 이뤄져 불특정 다수의 페이스북 유저에게 콘텐츠가 보이게 된다.

두 번째 조건을 잘 충족하고 있는 가장 대표적인 SNS는 바로 트위터이다. 텍스트 기반의 플랫폼으로, 이미지나 동영상 없이 텍스트만 입력해 빠르게 하나의 콘텐츠를 생성해낼 수 있으며, 여러 개의 해시태그를 통해서 다양한 의견을 낼 수 있다. 또한 트위터는 물론 다른 포털사이트의 검색 엔진에도 검색 결과가 실시간으로 노출된다는 장점이 있다. 트위터가 '확산력이 가장 빠른 SNS'로 평가받는 이유이다.

그리고 페이스북과 트위터의 두 가지 장점을 모두 가지고 있는 플랫폼이 바로 인스타그램이다. 인스타그램은 페이스북, 트위터와는 달리 개방형 SNS가 아니기 때문에 소셜 도달이나, 불특정 다수를 대상으로 한 도달이 상대적으로 약하지만, 실시간으로 빠르게 콘텐츠를 업로드할 수 있다는 장점이 있다. 어느 한 이슈에 대한 해시태그가 퍼지게 되면 더욱 많은 사람들에게 알려지게 된다. 이러한 이슈거리는 일상에서도 쉽게 찾을 수 있는 소재거리로, 필자는 #시위 나 #시위중 이라는 해시태그를 검색해 최근 어떠한 문제로 인해 시위가 진행되고 있는지 알아보기도 한다. 조용한 시위나, 많은 사람들에게 알려지지 않은 시위는 페이스북이나 포털사이트에서는 좀처럼 찾아보기 힘들지만 인스타그램과 트위터를 통해 찾아보면 금세 어떤 시위가 진행중인지, 혹은 예정인지 알 수 있다.

최근 사람들은 맛있는 음식을 먹을 때 입으로만 먹지 않고 눈으로도 먹는다. 음식의 맛과는 별개로 일단 최대한 음식을 예쁘게 촬영한 후 음식이나 매장이 마음에 든다면 자신의 SNS에 자랑한다. 정말로 음식이 맛있는 맛집은 굳이 마케팅을 하지 않아도 손님들이 모여들어 사진을 찍고 자신의 SNS에 맛집이라고 추천해주기 때문에 자연스러운 바이럴을 통한 확산 효과가 생겨난다. 때문에 최근 맛집의 트렌드는 음식의 맛이 중요해야 함은 물론 음식의 맛 이상으로 멋도 굉장히 중요해졌다.

실시간으로 올라오는 콘텐츠 덕분에 정말 맛있는 맛집을 찾기에 좋은 인스타그램

홍대에서 삼겹살 맛집을 찾을 경우 검색해볼 수 있는 가장 대표적인 해시태그는 바로 #홍대삼겹살 이다. 대부분의 유저들은 맛이 없으면 업로드를 하지 않는 경향을 보이며, 정말 맛이 있다면 "정말 맛있다" "추천한다"라는 캡션과 함께 위치정보를 등록하고, 해시태그로 #매장명 까지 입력하여 내가 올린 콘텐츠를 본 유저들도 찾아갈 수 있도록 배려한다.

정말 솔직한 유저들은 "맛이 없다"라는 말을 직설적으로 알려 이 콘텐츠를 본 유저들이 언급한 매장에 방문하지 않도록 하는 경우도 많기 때문에 인스타그램 검색을 통해 정보를 수집하는 유저들은 매우 신뢰성 있는 정보를 얻을 수 있다. 물론 블로그도 마찬가지로 부정적인 글을 포스팅하고, 다른 사람들이 볼 수 있지만 부정적인 글의 경우에는 기본적으로 키워드 노출이 제대로 되지 않거나 다른 광고성 포스팅에 밀려 찾아보기 어렵기 때문에 사실상 소용이 없다. 반면에 인스타그램에서의 인기 게시물 외 최근 게시물은 불필요한 노출 싸움을 하지 않기 때문에 더욱 신뢰도 높은 정보로 평가받는다.

만약 필자가 홍대에서 삼겹살 맛집을 찾던 중 '맛이 없다'라는 캡션을 보았다면 필자는 절대로 가지 않을 것이다. 홍대에서 삼겹살을 판매하는 식당이 많기 때문에 굳이 부정적인 평가가 있는 곳을 방문할 이유는 없다고 생각한다. 내가 모르는 유저의 아주 지극히 개인적인 평가이지만 홍대에서 이러한 평가를 찾아보게 된다면 찾아가고 싶은 마음이 사라질 것 같다.

만약 필자가 홍대 근처에 있을 때 '환풍이 잘 되지 않아 연기가 자욱했지만 시원했고 맛있다'라는 식의 캡션을 보았다면, 부정적인 캡션이 달린 고기집보다는 이러한 긍정적인 내용이 들어간 캡션이 달린 고기집으로 갈 것이다.

수많은 유저들이 사실적인 후기를 여과 없이 올리는 덕분에 인스타그램은 아직까지는 꽤 신뢰도 있는 플랫폼으로 남아 있다. 최근에는 체험단 이라는 마케팅 방법이 인스타그램에 도입되었다. 솔직한 후기가 아닌, 협찬을 지원해 준 업체의 긍정적인 캡션을 많이 달고 있는 모습이 보이고 있기도 하지만 이러한 후기들은 금세 밀려버림은 물론, 콘텐츠 개수가 매우 한정적이기 때문에 정말 맛있는 맛집이거나, 정말 괜찮은 상품이 아닌 이상 인스타그램에서의 자발적인 바이럴 확산을 기대하기는 어렵다. 만약 인스타그램 내에서 체험단을 통해 브랜드나 업체의 상품을 판매하고자 한다면 체험단 이후에도 꾸준히 고객들이 콘텐츠를 생성해내서 새로운 고객들을 불러올 수 있도록 유도하는 방법을 고민해야만 한다.

포털 사이트
검색 순위 조작

포털사이트의 순위 조작과 검색 조작 관련된 사건이 끊임없이 일어나고 있다. 최근 한 보도에 따르면 한 인터넷 홍보업체에서 수십 개의 노트북과 스마트폰을 활용하여 포털사이트의 순위를 조작하는 행위를 하다가 적발된 사례가 있었다. 포털사이트의 블로그 핵심 중 하나인 '방문 횟수'를 높이기 위해 스마트폰의 테더링 데이터와 노트북, 그리고 불법 프로그램을 이용해 허위클릭을 통한 가짜 방문 횟수를 인위적으로 늘려 포털사이트의 순위를 높이다 적발된 것이다.

그리고 이러한 작업을 하고 있는 업체는 지금도 적지 않다. 이러한 검색 조작으로 인해 포털사이트를 통해 필요한 정보를 얻고자 하는 이용자들의 신뢰도는 점점 떨어지기 때문에 포털사이트는 주기적으로 알고리즘을 바꾸고 있다. 하지만 포털사이트가 새로운 알고리즘을 내 놓으면 업체들은 또 다시 새로운 알고리즘을 공략할 수 있는 꼼수를 만들어 작업을 진행하기 때문에 아직까지도 이러한 업체들을 모두 잡아내기에는 버거운 모습을 보이고 있다.

유저들이 검색을 할 때 가장 많이 이용하는 것이 바로 블로그 영역이기 때문에 수많은 업체들은 블로그를 통해 브랜드를 홍보하고자 한다. 업체들은 이를 노려 블로그의 검색 순위를 조작하여 부당한 이익을 챙기는 중이다. 하지만 최근 포털사이트에서는 블로그 외에 다양한 영역의 검색이 노출될 수 있도록 시스템을 바꾸어 키워드 검색 시 노출이 되는 영역의 우선순위가 블로그에서 점차 다른 영역으로 바뀌어가고 있어 앞으로 이러한 경쟁과 작업은 점점 어려워질 것으로 보인다.

PART 03

마케팅과 SNS

SNS는 온라인 상에서 불특정 다수와 인적 관계를 맺을 수 있는 플랫폼(서비스)을 의미한다. 대표적으로 페이스북, 인스타그램, 빙글 등이 있다. 이처럼 다양한 SNS가 등장하다 보니 SNS의 영향력이 점점 커지면서 미디어만큼의 영향력을 가지고 있어 요즘은 SNS보다는 소셜미디어라는 표현을 많이 사용한다. 이와 함께 팔로워나 구독자가 많은 영향력 있는 인플루언서를 의미하는 1인 미디어도 생겨났는데, 1인 미디어란 소셜미디어가 크게 성장하여 한 개인이 미디어만큼의 영향력을 행사할 수 있게 되면서 생겨난 명칭이다. 우리나라엔 대표적으로 아프리카TV의 BJ^Broadcasting Jockey들이나 1인 미디어를 운영하는 유튜브 유튜버가 있다. 이런 1인 미디어를 관리하고 콘텐츠를 생산해내는 업체들도 요즘 많이 생겨났는데 이런 업체들을 두고 MCN^Multi Chanel Network이라고 한다. 대표적으로 다이아TV, 트레져헌터, 자몽 등이 있다.

SNS는 결국 사람을 시작으로 사람으로 마무리되는 플랫폼이라고 생각한다. 온라인 상에서 사람들이 서로 의견을 주고받기 시작하면서 발달한 SNS가 지금은 미디어(소셜미디어)로서의 역할도 하고, 인기 있는 한 사람(1인 미디어)의 영향력이 커지면서 그들을 관리하는 매니지먼트 혹은 엔터테인먼트(MCN)까지 생겨났다.

필자는 항상 "최고의 콘텐츠는 사람이다"라는 이야기를 한다. '사람'이라는 콘텐츠는 시대가 변해도 수요는 줄어들지 않으며, 블로거가 유튜버로 활동해도 인기가 많거나 페이스북에서 인기가 많은 사람들은 인스타그램에서도 인기가 많듯 플랫폼이 바뀌어도 사람이라는 콘텐츠 자체와 그에 대한 인기는 바뀌지 않는다. 더욱 중요한 것은 그들의 추종자 또한 쉽게 바뀌지 않는다는 것이다. **최근 유명한 크리에이터 커플이 A채널을 떠나 유튜브로 옮기면서 A채널의 활동을 더 이상 하지 않겠다고 선언하였고, 이들의 구독자였던 팬들은 대부분 A채널에서 유튜브로 활동을 옮겨갔다.**

(링크 http://news.chosun.com/slte/data/html_dir/2016/10/26/2016102602390.html) 이 사건으로 인해 MCN 산업 전체에 지각 변동이 일어났으며, 이번 사건은 플랫폼을 넘어 팔로위가 많은 인플루언서들의 영향력이 얼마나 대단한지를 보여주고 있다.

마케팅을 하는 가장 큰 목적은 결국 사람을 끌어 모으기 위함이며, 꾸준히 사랑 받는 업체는 많은 소비자를 불러모을 수 있는 인플루언서와 같은 "사람"이라는 콘텐츠를 잘 활용한다. 흔히 많이 알려신 마케팅 방법 중 하나인 체험단(인플루언시) 마게팅은 이를 활용한 방법 중 하나이다.

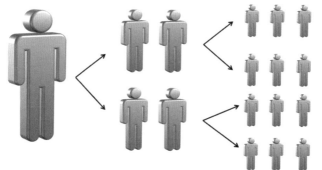

SNS 마케팅&바이럴 마케팅
바이럴 마케팅이란

바이럴 마케팅이란?

Viral Marketing은 Virus + Oral의 합성어로, 바이러스처럼 입소문이 퍼져나가도록 만드는 마케팅.
내가 만든 컨텐츠를 다른 사람이 소비하고 다시 재가공하여 생산하도록 이끌어내는 마케팅 행위

http://passionvip.blog.me/220691254025

바이럴 마케팅이란 모든 마케팅의 핵심은 유저들의 자발적인 확산력에 기인한다.

디지털 마케팅 방법으로 가장 많이 알려진 마케팅은 크게 바이럴 마케팅과 SNS 마케팅이다. 두 마케팅 모두 기본적인 원리는 비슷하다. 내가 만든 콘텐츠를 내 고객들이 소비만 하고 그치는 것이 아니라, 내 콘텐츠를 소비한 고객들이 다시 새로운 콘텐츠를 생성하여 또 다른 고객들이 콘텐츠를 소비하게끔 만드는 것이 바이럴 마케팅과 SNS 마케팅의 핵심이다. 아니, 모든 마케팅의 기본이라 할 수 있다.

그림에서 볼 수 있듯 점점 커지는 〈 모양으로 내 콘텐츠를 점차 확산시키는 것이 모든 마케팅의 핵심이다. 가장 큰 사람 모형이 내가 될 수 있지만 내 고객이 될 수도 있다. 이를 위해서는 내 고객을 내 브랜드의 마케터로 활용하는 방법을 알아야만 한다. 이 책의 주제인 해시태그 마케팅은 #이라는 확산 장치를 이용하여 내가 만든 해시태그를 유저들이 알아서 확산시킬 수 있도록 유도하는 것이 핵심이다.

SNS 마케팅이란?

SNS를 마케팅 툴이나 채널로서 "활용" 하는 마케팅 행위

*인플루언서 : 팔로워나 구독자가 많은 개인 유저

인스타그램 마케팅 방법 오피셜 계정, 체험단, 브랜딩

SNS 마케팅이란 SNS를 마케팅 툴이나 채널로 활용하는 마케팅 행위이다. SNS를 활용하는 방법은 크게 3가지이지만 일반적으로 SNS 마케팅이라고 하면 단순히 SNS에 공식 채널OFFICIAL 계정을 운영하는 것을 생각하는 경우가 많다. 이는 SNS 마케팅을 하는 가장 기본적인 방법 중 하나이면서 동시에 가장 초보적인 방법임을 이야기하고 싶다.

미팩토리 공식 계정 미팩토리 공식 계정(@mefactory_pig)을 운영하여 미팩토리의 상품을 노출시키고 있다.

SNS를 마케팅 도구로서 활용하는 3가지 방법 중 첫 번째 방법은 위에서 언급한 대로 오피셜 계정을 운영하는 방법이다. 우리 브랜드의 상품이나 이벤트, 캠페인 등을 알리는 데에 효과적인 방법으로 고객들과 직접 소통할 수 있다는 장점이 있다. 하지만 팔로워가 점점 늘어나면 고객 한 명 한 명과 일일히 소통할 수 없다는 단점이 있으며, 나중엔 팔로워들에게 단순히 브랜드의 소식을 전달하는 메신저 역할밖에는 하지 못한다는 한계성이 있다. 블로그 마케팅에 빗대어 설명하자면 브랜드 공식 블로그 계정을 운영하는 것과 같은 방법이다.

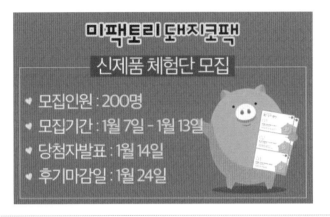

미팩토리 체험단 모집 공모

두 번째 방법으로는, 인플루언서(팔로워가 많은 인스타그래머)에게 우리 브랜드의 상품이나 소식을 올릴 수 있도록 부탁하는 방법이다. 이 방법의 장점은 팔로워가 많은 인플루언서의 계정을 빌려 하나의 콘텐츠를 많은 사람들에게 노출시킬 수 있다. 단점은 이 인플루언서가 두 번 다시 자발적으로 올려주지 않을 가능성도 높으며, 기본적인 상품 제공과 함께 팔로워 수에 따라서 추가적인 비용이 발생할 수도 있다는 점이다.

이 방법은 블로그 마케팅에서 기자단/체험단과 같은 형태의 마케팅 방법이다. 블로그 기자단/체험단의 경우에는 원하는 키워드를 짧게는 1주일, 길게는 6개월 이상 노출시킬 수 있지만, 인스타그램에서는 아주 잠깐 짧은 시간 동안에 많은 사람에게 순간적으로 노출시킨다는 차이가 있다.

미팩토리가 만든 해시태그 #돼지코팩 검색 결과

세 번째는 내 브랜드를 알릴 수 있는 #해시태그를 만드는 방법이다. 하나 혹은 다수의 해시태그를 만들고 인스타그램 내의 (잠재)고객들이 내가 만든 해시태그를 올릴 수 있도록 유도하는 것이다. 이 방법이 바로 인스타그램 해시태그 마케팅 방법이며, 가장 어렵고 가장 오랜 시간 투자가 필요한 마케팅 방법이다.

이 방법을 블로그 마케팅에 빗대자면 브랜딩의 방법이라고 이야기하고 싶다. 일반 블로거들이 우리 브랜드나 상품이 좋아 알아서 포스팅을 올리고 그에 따라 자연스러운 바이럴이 확산되는 것이다. 해시태그 마케팅 또한 내가 고객들에게 일일히 '우리 해시태그 사용해주세요~"가 아닌 고객들이 우리 브랜드와 상품을 좋아하게끔 만들어 그들이 알아서, 우리가 만든 해시태그를 사용하게 하는 것이 핵심이다.

3가지를 모두 활용하고 있는 미팩토리의 경우 자사의 상품의 특장점을 시각적으로 잘 나타낸 콘텐츠를 활용하고 있다. 덕분에 인스타그램에서는 물론 페이스북을 포함한 여타 SNS에서도 많은 유저들의 긍정적인 피드백을 받고 있는 중이다.

CHAPTER 02

상품 판매와 브랜딩

필자는 마케팅에는 크게 두 가지가 있다고 생각한다. 브랜드를 판매하는 브랜딩과, 브랜드의 상품을 판매하는 단순 마케팅. 이 브랜딩과 단순 마케팅의 차이는 무엇일까?

하나의 런닝화를 구매함에 있어서 여러 브랜드의 런닝화를 놓고 선택할 수 있는 다수의 선택지가 있을 때, 고객은 자신의 필요한 상황에 잘 맞추어 상품의 특징이나 장점을 잘 어필하고 있는 상품을 구매할 가능성이 크다. 하지만 고객에게 브랜딩이 잘된 브랜드의 제품이 있다면 고객이 상품을 구매함에 있어 다수의 브랜드의 런닝화를 놓고 비교해가며 고르는 것이 아닌 '런닝화가 필요하니 ○○○에서 런닝화를 구매해야지'하고 특정 브랜드를 떠올리게 된다. 이를 위해서 수많은 브랜드는 어떻게 하면 고객들에게 자사에서 추구하는 이미지와 함께 긍정적인 이미지를 심을 수 있을지 매번 고민하며, 당장 매출 전환이 일어나지 않더라도 광고에 비용을 투자하는 것을 아끼지 않는다.

당연히 상품 판매를 목적으로 하는 단순 마케팅 행위보다는 잠재 고객에게 브랜드를 알리고 브랜드를 판매하는 브랜딩이 훨씬 어렵고 고되다. 상품을 판매하기 위한 단순 마케팅은 지금 당장 내 상품을 구매해 줄 가능성이 높은 잠재 고객이나 고객을 대상으로 상품을 노출시키고, *셀링포인트를 강조하여 그들의 구매 심리를 자극하기만 하면 된다.

셀링포인트 경쟁사와 비교 되는 제품이나 서비스의 특장점을 소비자에게 어필하여 구매를 자극하는 요소

하지만 브랜딩은 꾸준히 잠재 고객이나 고객들이 우리의 브랜드를 더욱 좋아하게끔 만드는 것은 물론, 우리 브랜드가 추구하는 브랜드 이미지가 고객들에게 전달되도

록 하는 것이 목적이다. 단순히 지금 당장의 매출을 위한 상품 판매 활동은 매출을 높이는 데에는 큰 도움이 될 수 있지만 브랜딩에 있어 독이 될 수도 있다.

S 신발 브랜드는 우리나라의 페이스북 스폰서 마케팅의 시작을 알리는 브랜드가 되었다. 이 브랜드는 엄청난 자금을 투입하여 마케팅을 진행한 것으로 알려져 있다. 당시 최고의 인기 가수와 배우 등을 모델로 내세워 TV CF, 화보, 광고 등을 집행했으며 페이스북 스폰서 광고에 엄청난 금액을 투자하는 등 매우 공격적인 마케팅을 진행했다.

S브랜드는 초기에 예쁜 신발 디자인과 페이스북 스폰서 광고 덕분에 10대와 20대 사이에서 큰 사랑을 받아 어마어마한 매출을 기록하기도 했다. 매우 이례적인 마케팅과 매출 덕분에 마케터 사이에서 연구 대상 1호는 물론 여러 대학교의 논문이나 강의 자료로 활용이 될 만큼 주목 받는 브랜드였다.

하지만 여러 부정적인 피드백에 대한 브랜드의 재빠른 해결책이 나오지 못하자 더 이상 신규 고객은 유치되지 않고 기존 고객마저 떠나는 안타까운 상황이 발생했다.

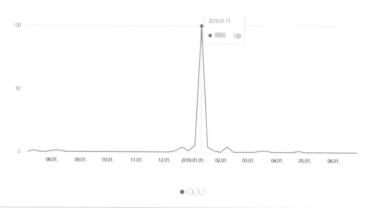

굵고 짧았던(?) S브랜드의 검색 쿼리

필자는 우스갯소리로 "페이스북을 통해서 가장 많은 돈을 번 브랜드가 S브랜드다"라는 이야기를 하곤 한다. S브랜드처럼 짧은 기간 동안 높은 매출을 기록한 이례적인 사례는 없다. S브랜드 덕분에 페이스북 스폰서 광고를 활용한 마케팅의 니즈가 폭발적으로 늘어났을 정도로 좋은 성공사례가 되었기 때문이다. 매출을 높이는 것을 목표로 하는 상품 판매를 위한 마케팅만 놓고 보자면 크게 성공했다고 생각한다.

하지만 그 과정 속에서 꾸준히 고객들의 컴플레인이 있었으며, 그 컴플레인을 제대로 처리하지 못하여 결국은 고객들이 떠나갈 수 밖에 없는 상황을 만들었다. S브랜드에서 판매했던 상품은 인기가 많았지만 결국 S브랜드의 상품을 구매한 소비자들은 모두 떠나갔다. 이는 브랜딩 실패가 원인이다.

고객들은 업체의 매출이나 상품 판매 정도를 보고 브랜드를 판단하기보다는 머릿속에 있는 브랜드의 긍정적인 혹은 부정적인 이미지를 보고 브랜드를 판단한다. 고객들에게 오랫동안 사랑을 받고자 하는 업체라면 지금 당장의 상품 판매보다는 고객들이 브랜드 자체를 좋아할 수 있도록 만드는 브랜딩을 진행하는 것이 훨씬 효과적이다.

일반적으로 브랜드를 시작할 때 많은 사람들이 실수하는 것 중 하나가 현재 시장의 흐름에 맞는, 트렌디한 상품을 내놓은 후에 브랜드를 만들어 상품에 브랜드를 끼워 맞추는 것이다. 브랜드가 아닌 상품을 먼저 출시하고, 이 상품에 맞추어 브랜드를 설립하기 때문에 브랜딩으로 다가가는 것이 매우 힘들 수밖에 없다. 이미 상품은 나왔고, 그 상품에 어울리는 브랜드의 콘셉트와 이미지를 소비자들에게 알리려고 하니 인위적일 수 밖에 없는 브랜딩이 되어버리는 것이다.

브랜드 대표나 마케터는 항상 고민을 할 수 밖에 없다. 지금의 매출을 위해 상품 판매에 집중할 지, 앞으로 성장하는 브랜드를 만들기 위해 브랜딩에 집중할 지. 이미 브랜딩이 갖추어져 있는 브랜드라면 브랜딩을 진행하면서 상품 판매가 자연스레 이뤄질 수 있지만, 아직 브랜딩이 갖추어져 있지 않은 브랜드라면 지금 당장의 상품 판매를 하면서 브랜딩을 이뤄 나가기에는 비용이나 시간, 인력 등의 현실적인 문제가 너무 많다.

브랜딩과 단순 상품판매 마케팅, 두 가지 모두의 장단점은 분명하다. 지금 당장의 상품 판매가 많아지면 당연히 업체에서는 짧은 시간 내에 높은 매출을 기록할 수 있지만 단순 판매를 통해 장기적인 성장으로까지 이어지기 위해서는 계속해서 새로운 상품을 출시하고, 새로이 출시된 상품의 꾸준한 판매가 이루어져야만 한다. 하나의 상품 판매만을 목표로 마케팅을 진행하는 브랜드의 경우 시간이 지남에 따라 상품을 구매하는 신규 구매자와 재구매자가 적어지기 마련이다. 이런 경우에는 대부분 가격을 낮추어 재구매를 유도하는 전략을 취한다. 하지만 가격을 계속해서 낮추어 판매하다 보면 결국 마진은 크게 남기지 못함과 동시에 마케팅 초반의 판매만큼의 판매율이 나오지 못해 어느 정도 시간이 지나면 브랜드 자체가 무너지는 경우가 많다.

　하지만 이와 반대로 브랜딩은, 지금 당장의 매출은 적지만 큰 변수가 생기지 않는 이상 점점 성장하는 브랜드가 될 수 있다. 상품보다는 브랜드의 가치에 집중하기 때문에 브랜드의 가치를 알아주는 고객이 점점 늘어나면서 판매도 점점 늘어나게 된다. 처음이 매우 어렵지만 고된 시간을 견뎌내면 결국 브랜드의 성장과 함께 자연스레 상품 판매도 같이 기대할 수 있다. 하지만 최소 6개월 이상의 시간은 투자해야만 눈에 띄는 결과를 확인할 수 있기 때문에 브랜딩은 정말로 어렵다. 또한, ROI와 같은 수치적인 산출 방법으로 브랜딩을 판단할 수 있는 기준 자체가 분명히 나타나지 않기 때문에 브랜딩에 대한 성공 여부를 판단하는 것도 매우 애매모호하다.

　필자가 아는 한 브랜드는 상품의 판매를 높이기 위해서 상품의 가격을 낮춘 적이 단 한번도 없다. 처음 브랜드를 시작할 때 "하루에 하나 정도 팔려요."라고 했던 브랜드이지만 지금은 마케팅 비용을 거의 사용하지 않음에도 불구하고 인스타그램을 통해 월 매출 1억 이상의 안정적인 브랜드로 성장했다. 비용을 투자하지 않음에도 불구하고 오랜 시간 동안 브랜딩에 투자한 결과 상품의 판매와 브랜드의 성장은 수직 상승하는 중이다. 처음이 매우 힘들지만 브랜딩이 잘 이루어진다면 고객들은 알아서 우리 브랜드를 찾아오게 된다는 것을 잘 보여주는 브랜드 사례이다.

계속해서 세일을 진행하게될 경우 고객들은 최초 출고가를 믿지 못한다.

앞의 이미지는 대한민국 대표 패션 커뮤니티 회원들이 C라는 브랜드와 S라는 브랜드의 새로운 신상에 대한 의견을 공유하는 모습을 캡쳐한 화면이다. 브랜드에서 새로운 상품을 내놓고 그에 대한 최초 출고가를 매기는 데에 대한 고민은 많을 수밖에 없다. 마진의 폭이 크면 클수록 좋지만, 마진이 커질수록 판매율을 적어지기 때문에 고민이고, 마진율을 줄이면 줄인 만큼 상품의 판매율은 증가하겠지만 마진과 함께 상품에 대한 가치가 표면적으로 드러나는 가격이 적어지는 것이기 때문에 브랜드 입장에서 출고가를 결정하는 것은 매우 큰 고민거리이다.

요즘 수많은 브랜드는 세일을 강요당하고 있다. 고객들이 "최저가"를 선호하기 때문이다. 다양한 브랜드가 입점하고 있는 종합몰이나 백화점, 아울렛에서는 최저가 경쟁이 치열함은 물론 스마트폰으로 최저가 검색만 하면 똑같은 상품이어도 가장 저렴하게 판매하는 곳에서 상품을 구매할 수 있다. 다양한 브랜드의 제품을 모아놓은 플랫폼을 운영하는 업체(대체적으로 종합몰)는 고객들의 요구에 맞추어 어떻게 해서든 자신들의 플랫폼에 입점한 브랜드에서 판매하는 가격이 다른 경쟁사 보다 조금이라도 더 저렴하게 판매할 수 있도록 강요한다. 만일 이러한 거대 종합몰의 요구 사항을 들어주지 않는다면 우리 브랜드의 상품을 어필할 수 있는 기회가 적어져 브랜드 입장에서는 울며 겨자먹기 식으로 가격을 최대한 낮추어 상품을 판매할 수 밖에 없는 상황이 발생한다. 오프라인 또한 마찬가지로 온라인 상에서의 최저가 가격 경쟁이 치열하다 보니 자연스럽게 오프라인에서도 가격 경쟁이 치열해져 너 나 할 것 없이 모두 세일이나 할인을 통해 모객을 하는 데 집중하는 모습을 보이고 있다.

상품의 가격을 낮추어 판매하는 일이 비일비재 해지자 다수의 브랜드에서는 일부러 최초 출고가를 이전의 가격 보다 더 많이 높이는 경우가 많아졌다. 그리고 출고와 동시에 프로모션을 진행하여 가격을 낮추어 판매하는 듯 보이게끔 만들어 상품을 판매하고 상품의 판매가 잘 이뤄지지 않으면 그 가격에서 추가적으로 세일을 진행하여 고객들이 구매할 수 있도록 유도한다. 하지만, 이렇게 되면 원래의 출고가 보다 훨씬 낮은 가격으로 상품 판매를 할 수 밖에는 없어지고, 고객들은 바로 상품을 구매하지 않고 자신들이 원하는 적정 수준까지 가격대가 떨어지기만을 기다렸다가 구매한다.

당장의 판매를 위해 상품의 가격을 떨어뜨리는 것은 브랜드의 가치를 떨어뜨리는 행위이다.

필자는 상품의 가격이 곧 브랜드의 가치라고 생각한다. 때문에 단순히 지금 당장의 판매를 위해 가격을 낮추는 것은 브랜드의 가치를 낮추는 것이라고 생각한다. 원래 10만원의 판매가를 가지고 있던 상품이 판매가 이뤄지지 않는다(물론 상품이 10만원만큼의 가치가 없을 수도 있지만)고 상품을 5만원으로 낮추어 판매한다면 고객은 이 브랜드의 가치를 10만원이 아닌 5만원으로 밖에 생각하지 않게 된다. 이 업체가 계속해서 매출이 나오지 않는다는 이유 때문에 가격을 낮추어 판매하는 것을 반복한다면 고객들은 신상품이 10만원의 가격으로 나오더라도 5만원으로 떨어질 때까지 기다렸다 구매할 것이다. 수많은 브랜드가 당장의 상품 판매와 매출에 집착해 가격 선이 무너지면서 브랜딩이 같이 무너져버렸다. 브랜딩이 무너진 브랜드는 가격을 계속해서 낮추어야지만 판매가 이뤄지기 때문에 울며 겨자 먹기 식으로 상품의 가격을 낮출 수밖에 없다.

또한, 상품 판매와 브랜딩에는 "지속성"이라는 차이점도 가지고 있다. 필자가 강조하는 인스타그램 해시태그 마케팅의 6가지 요소 중 가장 첫 번째 요소로 지속성을 이야기 하는데, 브랜딩과 상품 판매의 차이 또한 지속적인 마케팅을 하는가에 대한 차이점도 존재한다.

상품 판매를 위한 마케팅은 판매하고자 하는 상품이 모두 판매가 되거나 인기가 떨어져 더 이상 판매가 되지 않으면 마케팅 활동을 중단할 수 밖에 없다. 브랜딩은 브랜드를 모르는 사람들이 알 때까지 계속해서 진행해야 함은 물론, 코카 콜라처럼 전 세계적으로 모르는 사람 보다 아는 사람이 더 많은 브랜드여도 기존의 고객들에게 꾸준히 브랜드가 추구하는 이미지를 전달해야 하기 때문에 계속해서 마케팅 활동을 해야 한다는 차이점이 있다.

CHAPTER·03
인스타그램 마케팅의 목적

인스타그램 마케팅은 크게 2가지 종류가 있다. 바로 해시태그 마케팅과 스폰서 광고 활용이다. 이 두 가지의 가장 큰 차이점은 '돈'을 투자하느냐와 '시간'을 투자하느냐다. 스폰서 광고에는 돈(비용)을 투자하지만, 해시태그 마케팅에는 돈이 아닌 시간을 투자해야 한다. 두 마케팅 모두 목적은 물론 수익에 있다. 스폰서 광고를 활용한 마케팅은 돈을 투자하여 돈을 버는 마케팅 방법이고, 해시태그 마케팅은 시간을 투자하여 돈을 버는 방법이다. 난이도는 당연히 후자가 더 어렵다. 스폰서 광고는 광고 세팅과 초기 선택 과정이 다양해 초보자들에게는 난이도가 높아보이지만, 막상 한 번 진행해보면 그 뒤는 수월하다.

해시태그 마케팅은 돈이 아닌 시간을 투자하는 마케팅 방법으로, 엄청난 끈기와 인내가 전제 조건이 되는 마케팅 방법이다. 절대 하루 아침에 결과를 낼 수 없다. 기본적으로 6개월 이상 인스타그램에 꾸준한 투자를 해야한다. 내 진성 팔로워를 늘려 콘텐츠를 발행할 때마다 도달률을 높일 수 있도록 관리해줘야 함은 물론, 내가 만든 해시태그를 다른 유저들이 자연스럽게 사용할 수 있도록 유도해줘야만 성과를 낼 수 있는 마케팅 방법이다. 쉽게 말해, 꾸준히 인스타그램 유저들과 소통하면서 소통하는 유저들을 신규 고객으로 만들고 더 나아가서는 내가 만든 해시태그를 입력해주는 '고객이자 마케터'로 만드는 과정이 바로 인스타그램 해시태그 마케팅이다.

때문에 필자가 항상 강의 수강생들에게 이야기하는 것이 있다. 지금 당장의 수익을 높이기 위해서라면 스폰서드 광고 활용 강의를, 지금 당장의 수익보다는 우리 업체에 대한 꾸준한 브랜딩을 목표로 한다면 해시태그 마케팅 강의를 들으라고 이야기 한다. 이 책을 읽는 이유 또한, 단순한 상품 판매를 목적이 아닌 브랜딩을 위한 하나의 마케팅 방법을 배우기 위해서였으면 한다.

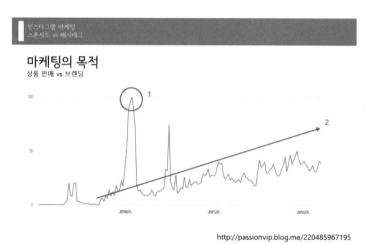

http://passionvip.blog.me/220485967195

로스트가든 검색 쿼리 네이버 트렌드 "로스트 가든" 검색 결과 트래픽이 확 오르는 모습과, 서서히 증가하는 모습을 확인할 수 있다.

위의 그래프는 네이버 트렌드를 통해 알아본 '로스트가든'이라는 키워드의 검색 쿼리이다. 일정 기간 동안 이 브랜드의 키워드가 얼마나 많이 검색되었는지 검색량을 한 눈에 살펴볼 수 있다. 정말 재미있게도 위 그래프를 통해 스폰서광고 활용과 해시태그 마케팅은 어떠한 차이가 있는지 알아볼 수 있다.

실제로 이 브랜드는 해시태그 마케팅은 진행하고 있지만 스폰서 광고 활용은 하고 있지 않다. 그래프 중 갑자기 검색량이 급상승했다가 급감소하는 1번 그래프의 모습 (사실은 이 브랜드와 이름이 같은 뮤지컬 때문에 생긴 트래픽)을 확인할 수 있는데, 이 부분이 바로 스폰서 광고를 활용할 때의 모습이다. 스폰서 광고 활용은 페이스북 (인스타그램)에 돈을 지불하고 타겟팅을 통해 설정된 인스타그램 내의 유저에게 내 광고 콘텐츠가 노출되는 형식이기 때문에 광고 기간 동안 많은 사람에게 광고를 노출시키고 트래픽을 유도할 수 있다. 대신 평범한 광고로는 그들로부터 2차적인 바이럴 확산을 기대하기는 어렵다는 한계성이 있다.

반대로 2번 그래프의 모습대로 서서히 검색 쿼리가 증가하는 모습이 바로 인스타그램 해시태그 마케팅을 진행할 때 나타나는 모습이다. 내 브랜드를 알아가는 사람들이 꾸준히 늘어가면서, 내 브랜드를 홍보해주는 마케터가 점점 많아지면서, 자연스레 브랜드에 대한 관심이 많아져 검색량이 늘어나는 것이다.

로가피플 로스트가든에서 만든 #로가피플 이라는 해시태그 검색 결과

해시태그 마케팅은, 원래는 유저들이 사용하지 않던 새로운 해시태그를 만들고, 고객들이 사용하도록 유도하는 데에 있기 때문에 스폰서 광고 활용 때와는 달리 급상승/급감소하는 모습을 보이지 않는다. 해시태그를 입력해주는 유저들이 점차 늘어남에 따라 천천히 트래픽이 상승하는 모습을 보인다. 해시태그 자체의 바이럴 효과, 확산을 만들어내는 방법이라고 볼 수 있다.

스폰서 광고와 해시태그 마케팅은 이러한 차이점이 있기 때문에 스폰서 광고는 돈을 투자해서 더 많은 수익을 내기 위해 진행하는 경우가 많으며, 해시태그 마케팅의 경우에는 비용이 아닌 시간을 투자해서 유저들이 내가 만든 해시태그를 꾸준히 사용함에 따라 점차 발생되는 수익을 목표로 진행한다.

CHAPTER·04
SNS 생태계

본격적인 인스타그램 마케팅에 대한 내용을 이야기하기 이전에 꼭 SNS 생태계에 대하여 이야기하고 싶다. 이 책을 읽는 이유는 무엇인가? 혹시 단순히 '돈을 벌기 위해서'라면 이 책을 읽을 이유는 없다고 생각한다. 만약 단순히 돈을 쉽게 벌기 위해서라면 차라리 필자의 블로그에서 스폰서 광고 활용에 대한 칼럼을 찾아보거나 강의를 듣기를 추천한다. 이 책은 쉽게 돈을 방법에 대해서 알려주는 책이 아니라 인스타그램을 활용해서 잠재 고객을 찾고, 찾아낸 잠재 고객을 신규 고객으로 만들어 내가 만든 해시태그를 입력해주는 충성 고객이자 마케터로 만드는 방법에 대한 책이다. 필자가 생각하는 근본적인 바이럴 마케팅 방법을 인스타그램이라는 플랫폼에 적용시킨 내용을 다뤘으며, 필자는 절대로 쉽게 돈을 버는 방법을 알려주기 위해 이 책을 쓰지 않았음을 이야기하고 싶다. SNS만큼 간단하고 쉽게 돈을 벌 수 있는 것은 없지만 비겁한 꼼수만으로는 내 브랜드를 만들고 내 브랜드를 알리기에는 너무나 큰 한계가 있다. 꼼수는 당장의 매출에 도움은 될지 몰라도 오히려 브랜딩에는 독이 될 수 밖에 없다. 이 책에 담은 인스타그램 해시태그 마케팅이란 돈을 버는 과정이 아닌, 브랜딩을 하기 위한 과정을 담아낸 책이다. 이 책을 단순히 돈을 벌기 위한 수단으로 읽어보는 하나의 책 정도로만 여기지 않았으면 좋겠다.

SNS는 플랫폼의 일부이다. 플랫폼이란 사람이 많이 모이는 장소를 의미하며, 사람이 많이 모이게 되면 상업적인 홍보 활동이 생겨나는 것은 자연스러운 시장의 원리이다. 하지만 지금의 SNS는 너무 과하다.

SNS 중에서도 페이스북이 특히 과한데 그 이유는 페이스북의 불특정 다수를 기반으로 한 막강한 확산력 때문이다. 요즘 개인 계정이나 페이지를 활용하여 제휴 마케팅을 하는 경우가 많은데 이 제휴 마케팅을 통해 많은 돈을 벌기 위해서는 많은 팔로워가 있으면 큰 도움이 된다. 그래서 SNS를 이용해 돈을 벌고자 하는 사람들은 팔로위를 모으기 위해서 정말 주지도 않는 현금 100만원을 준다, 외제차를 준다 등의 말도 안 되는 이벤트를 하기도 하고, 저작권을 무시한 채 콘텐츠를 업로드 하여 무조건적인 광고 노출을 유도하기도 한다. 그 과정에서 자극적인 성인 게시물과 최신 영화도 보이며, 낚시성 게시물, 저작권을 무시한 콘텐츠도 점점 늘어나고 있어 안타까울 따름이다.

필자는 인스타그램과 페이스북은 물론 블로그와 다수의 마케팅 플랫폼에 대헤 컨설팅을 진행하는데 요즘은 팔로워를 늘려서 돈을 버는 방법에 대한 컨설팅을 원하는 사람들이 점점 많아지고 있다. 개인적으로 이런 방법에 대한 칼럼은 쓰지 않고 있으며, 최대한 다른 내용에 대한 컨설팅과 강의를 진행하고 있다. 하지만 SNS를 활용하고자 하는 사람이 아닌 이용하고자 하는 사람은 결국 제휴 마케팅을 통해서 돈을 버는 방법에 대해서 물어본다. 심지어 요즘은 나이가 어린 학생들도 이런 방법을 통해 돈을 쉽게 벌려고 하는 것이 너무 안타깝다.

SNS를 통해서 돈을 벌고 싶다면 SNS의 생태계를 망치는 활동은 하지 않았으면 좋겠다. 아무리 쉬운 마케팅 방법이 있다고는 하지만 마케팅에도 개념은 필요하다고 생각한다.

관심이 곧 돈이 되는 세상

최근 개봉한 영화인 베테랑을 페이스북 라이브 기능을 활용해
공유하고 있는 모습.

SNS가 대중화 되면서 누구나 1인 미디어, 인플루언서가 될 수 있게 되었다. 단순히 1인 미디어, 인플루언서라는 호칭만이 아니라 실제로 그들이 벌어들이는 수익이 엄청난 것이 알려지면서 많은 사람들이 팔로워 수를 늘려 광고와 협찬을 통해 수익을 높이려는 모습을 쉽게 찾아볼 수 있다.

독특한 콘텐츠, 재미있는 콘텐츠로 독자층을 꾸려나가는 1인 미디어가 있는 반면, 자극적인 콘텐츠, 저작권을 무시한 게시물로 단순히 좋아요와 관심을 많이 받아내려는 유저도 생겨나고 있다. 이들을 호칭하는 "따봉충"이라는 신조어는 좋아요를 많이 받기 위해 다른 사람들의 관심을 유도하는 유저들을 의미한다.

어마어마한 확산성이 있지만, 모든 콘텐츠를 검열하기 어려운 SNS의 특성을 악용하여 콘텐츠가 검열되어 삭제되기 전까지 콘텐츠의 확산을 통해 좋아요와 팔로워를 모으고 광고를 통해 수익을 올리려고 하는 이들은 수단과 방법을 가리지 않는다. 최근에는 삭제 조치 및 통보가 이루어지기 이전에 어느정도 확산성이 생기면 게시물을 삭제하거나, 단속이 어려운 라이브 기능을 활용하는 등 악용하는 방법도 점점 진화하고 있다. 이 과정에서 SNS가 성인 게시물로 더럽혀지고 있음은 물론 명백히 저작권이 있는 콘텐츠를 저작권자가 게시물을 내려달라고 요청하거나 출처를 남겨달라고 요청을 하는데도 불구하고 업로드하는 경우가 점점 많아지고 있다.

이는 특히 확산성이 가장 빠르고, 콘텐츠 업로드가 쉬우면서도 비교적 저작권 법에 잘 걸리지 않는 (저작권자가 직접 신고하지 않는 이상 크게 패널티 받는 부분이 없는) 페이스북에서 특히 쉽게 찾아볼 수 있다. 예전에는 야한 동영상을 올리는 유저도 굉장히 많았고, 최근에는 동영상 녹화 프로그램을 이용해서 실시간으로 방영하고 있는 방송을 녹화해 녹화본을 편집하여 빠르게 SNS에 올리는 등 TV 방송의 저작권을 침해하는 행위도 서슴지 않는 모습을 보인다.

콘텐츠를 만드는 사람이 따로 있고, 이 콘텐츠로 수익을 내는 사람이 따로 있다.

또한 최근에는 실시간 방송인 페이스북 라이브 기능을 악용하는 사례가 늘고 있다. 컴퓨터로 다운받은 최신 영화를 페이스북 라이브로 재생시켜 빠르게 팔로워를 모은 뒤 라이브 게시물을 삭제해 기록을 남기지 않는 방식이다. 자극적이고 불법적이지만 감시망을 피하면서 쉽게 좋아요와 팔로워를 늘릴 수 있기 때문에 일부 페이스북 유저들이 악용하는 방법이다. 그러나 이들이 SNS에서 하는 행동들은 지금 당장은 수익이 될 수 있지만, 장기적으로는 SNS라는 플랫폼을 무너뜨리는 행위다. 결국 자신들이 돈벌이로 활용하고 있는 수단을 스스로 망가뜨리는 셈이다. 이런 이들이 많으면 양심적으로 플랫폼을 활용하여 마케팅을 하고 있는 사람들도 점점 플랫폼을 활용하기가 어려워진다. 지금은 계속해서 새로운 방법을 만들어 SNS 생태계를 더럽히면서 수익을 벌어들이고 있지만, 언젠가는 이러한 방법들이 모두 제한이 되는 날이 올 것이라고 생각한다.

CHAPTER 01

팔로워가 많아야 하는 이유

인스타그램 마케팅을 하는 사람들이 공통적으로 하는 말이 있다. 바로 "처음 1천 명을 빠르게 모아라!"이다. 필자는 이에 대해서 공감하는 부분도 있지만 그렇지 않은 부분도 있다. 물론 팔로워가 많으면 내 콘텐츠를 노출시키는 도달도 자연스럽게 늘어나고, 노출이 많아지면 좋아요가 늘어나기 때문에 인기 게시물에 올라가 콘텐츠를 더 많이 노출시킬 수 있다는 장점이 있다. 또한 내 프로필에 방문한 유저들이 보았을 때 팔로워 숫자가 높으면 높을수록 팔로우를 하고 싶다는 생각이 더 강하게 드는 군중 심리가 생기기 때문이다. 인스타그램에서는 팔로워 1,000명을 1K로 표현하며, 팔로워가 10,000명이 넘을 경우 프로필의 팔로워 숫자가 10K로 나타난다. K란 1,000을 뜻하는 그리스어인 킬리오이에서 유래된 숫자 표기 방식으로, 처음 해시태그, 팔로워, 팔로잉의 개념을 대중화시킨 트위터가 사용해오던 표기 방식이다.

최근 인스타그램의 UI 업데이트로 인해 더 이상 1만명을 10K가 아닌 10천으로 보이지만 여전히 인스타그램에서 보이는 팔로워 수는 프로필을 방문한 사람들에게 강력한 심리적인 자극이 되어 팔로우를 조금이라도 더 빨리 늘리는 데 도움이 되는 역할을 한다.

인스타그램의 팔로워는 블로그의 '이웃' 혹은 '서로 이웃'이라는 개념과, 싸이월드에서의 '1촌'이라는 개념과 흡사하다. 다만 블로그에서 사용하는 이웃이라는 개념과 싸이월드에서 사용하는 1촌이라는 개념은 서로 소통하는 사람을 뜻하는 의미가 강하다. 싸이월드에서는 '1촌이 많다'는 것은 '인맥이 많다'는 뜻으로, 1촌의 수가 곧 인맥을 과시하기 위한 하나의 도구였다면, 인스타그램에서는 나를 좋아하는 팔로워가 많다는 의미가 강해 나의 인기를 보여주는 느낌이 강하다. 1인 미디어 시대인 요즘은 이 팔로워 숫자만으로 자신의 영향력을 나타낼 수 있을 정도가 되어 인스타그램 내에서 팔로워가 많은 헤비 유저들은 웬만한 연예인 보다도 더 많은 인기를 누리며 '체험단'

이라는 이름 아래 연예인 못지 않은 협찬과 브랜드의 사랑을 받고 있다.

또한 팔로워가 많아 콘텐츠를 올릴 때 마다 꾸준히 많은 좋아요를 기록하게 될 경우 여러 해시태그 검색 시 인기 게시물에 올라가 알리고 싶은 제품이나 서비스를 잠재 고객들에게 더 많이 노출시킨다는 장점이 있다. 그래서 수많은 업체들은 프로그램을 활용하여 팔로워 및 좋아요를 늘리기 위해 작업을 진행하면서 동시에 팔로워가 많은 인플루언서에게 협찬을 해 마케팅을 진행하는 체험단 마케팅으로 자신들의 상품이나 서비스를 더 많이 알리기 위해 노력하고 있다.

연예인들 사이에서도 이 팔로워 수치는 서로 간의 자존심 싸움이 되기도 해서, 소속사에서 소속 연예인들의 팔로워를 늘려주기 위해 '프로그램을 사용한다'라는 이야기도 있다. 이제 막 데뷔한 여자 걸그룹 멤버들의 팔로워가 동시에 하루 아침에 몇 천이 줄어든 적이 있었다. 유령계정을 활용하여 팔로워를 늘리다가 인스타그램에서 점검을 하면서 한 순간에 몇천 개의 유령계정들이 삭제되는 웃지 못할 해프닝었던 것이다. 프로그램을 통한 팔로워 증가는 인스타그램에서 불시에 점검을 할 시 유령계정들이 다 잘리기 때문에 팔로워의 수치가 급격하게 떨어질 수 있는 위험이 항상 존재한다.

만약 나를 팔로우하고 있는 유저들이 모두 나 혹은 내가 올리는 콘텐츠에 관심이 많아서 팔로우를 하고 있다면 우리 브랜드의 마케팅 활동을 하는 데 큰 도움이 되는 건 당연한 사실이다. 진성 팔로워라면 굳이 1,000명이나 10,000명이 되지 않더라도 우리 브랜드를 어필하는 데 충분히 큰 도움이 될 수 있지만, 만약 나를 팔로우 하고 있는 1,000명의 10,000명의 유저가 모두 작업을 통해서 이루어진 숫자라면 그저 좋아요의 수를 늘리는 것 외에는 아무 도움이 되지 않는 허수에 불과할 뿐이다.

CHAPTER·02
진성 팔로워가 중요한 이유

 인스타그램 마케터로서, 인스타그램 강사로서 가장 많이 받는 질문은 다름 아닌 "팔로워는 어떻게 늘리나요?"이다. 필자는 이 질문에 "사진을 공부하세요"라고 답한다. 내 업체의 상품이나 서비스를 더 예쁘게 포장할 수 있는 사진 촬영과 편집이야말로 인스타그램의 팔로워를 늘리는 가장 정석적인 방법임은 물론 더 예쁜 콘텐츠를 생산해내는 능력을 길러내는 방법이다.

 정석적인 방법 외에 팔로워를 단시간에 많이 늘리는 가장 쉬운 방법은 바로 재능을 구매하는 것이다. 재능마켓사이트에 접속하여 "팔로워"만 검색해도 엄청난 수치의 팔로워를 단시간에 늘려주는 재능을 판매하는 수많은 재능 판매자들을 만날 수 있다. 전문적인 업체에서 판매하는 프로그램 또한 마찬가지이다. 포털사이트에 "인스타그램 팔로워 늘리기"만 검색해도 엄청난 양의 검색결과와 함께 인스타그램 팔로워를 늘려주는 프로그램을 판매하는 업체를 쉽게 찾아볼 수 있다.

 하지만 필자는 인스타그램 팔로워를 늘리기 위해 재능을 구매하거나 프로그램을 사용하는 것을 별로 추천하고 싶지는 않다. 강의 중에는 절대로 프로그램을 이용하지 말라고 이야기할 정도이다. 재능을 구매하거나 프로그램을 통해 늘어나는 팔로워는 마케팅 활동에 있어 대부분 도움이 되지 않는 가계정이나 유령계정일 가능성이 높다. 유령계정이 아니라면, 품앗이를 통해 늘어난 팔로워가 대부분이다. 과연 이와 같은 허수에 불과한 팔로워가 마케팅을 하는 데 있어 어떠한 도움이 될까? 사진을 잘 찍고 편집을 잘 해서 올렸을 때 생기는 팔로워와, 잠재 고객과의 소통을 통해 이끌어 낸 팔로워는 내가 올린 콘텐츠를 좋아하는 사람들이거나 내 브랜드나 상품을 좋아하는 잠재 고객이기 때문에 내가 판매하는 상품을 구매할 가능성이 있다. 하지만 프로그램이나 재능마켓을 통해서 유입된 수백, 수천, 많게는 수만의 팔로워들 중 과연 몇 명이나 내

프로그램을 쓰고 있는 한 업체의 팔로워 캡처 화면. 팔로워 15K(1만5천명)의 대부분이 외국인이다.

상품을 구매할 의사가 있을까? 감성적인 SNS인 인스타그램을 하는데 감성 없는 차가운 프로그램이 얼마나 큰 도움이 될지 생각해 보았으면 한다. 만약 프로그램을 구매하거나 대여할 의사가 있다면 적어도 인스타그램의 알고리즘이 얼마나 잘 적용된 프로그램인지에 대해서 알아보기 바란다. 만약 인스타그램의 알고리즘이 제대로 적용되지 않은 프로그램을 활용하여 작업한다면 최악의 경우 계정이 삭제되는 일이 발생할 수도 있다는 것을 염두해야만 한다.

필자가 개인적으로 여러 업체의 프로그램을 테스트해 본 결과 인스타그램의 알고리즘을 잘 지키면서 작업을 해주는 프로그램 업체는 극히 드물었다. 대부분의 프로그램은 인스타그램의 알고리즘은 고려하지 않은 채 그저 인스타그램 유저들이 많이 활용하는 해시태그를 찾아 들어가 좋아요를 누르고, 복사 붙여넣기 형식의 덧글을 입력하고, 팔로우를 하고 나중엔 순차적으로 언팔(팔로우를 취소하는 행위)할 뿐이었다. 그래서 그런지 인스타그램 팔로워 늘려주는 프로그램의 후기를 잘 찾아보면 업체의 프로그램을 활용하다가 계정이 아예 삭제가 되어버리거나, 인스타그램 내에 노출시킬 수 있는 해시태그의 개수가 제한적이거나 하는 등의 부정적인 후기를 쉽게 찾아볼 수 있다. 만약 인스타그램 프로그램을 활용하고자 한다면 실제로 6개월 이상 사용을 해 본 유저들의 부정적인 후기를 잘 찾아본 후 진행하는 것이 좋다.

CHAPTER·03
인스타그램 핵심 알고리즘

인스타그램 마케팅을 하기 이전에 앞서 인스타그램에 대해 이해할 필요가 있다. 네이버나 페이스북은 서비스가 나오고 대중화된 지 꽤 오래되었기 때문에 네이버와 페이스북의 기본적인 알고리즘은 이미 많이 알려져 있지만 인스타그램은 아직까지 알려진 알고리즘이 많지 않다.

인스타그램의 알고리즘이 알려지지 않은 가장 큰 이유는 알고리즘을 알고 있다고 하더라도 실제로 알고리즘을 이용할 수 있는 방법이 매우 제한적이기 때문이다. 네이버는 검색 엔진 최적화SEO 과정을 통해 원하는 키워드를 많이 노출시키고, 페이스북은 인위적인 방법을 통해 도달률을 이끌어 내어 최대한 많은 사람에게 콘텐츠를 노출시킬 수 있지만, 인스타그램은 내가 작성한 해시태그를 검색한 유저들과 나를 팔로우하는 팔로워에게만 콘텐츠가 노출된다. 그마저도 시간이 지나면 콘텐츠가 뒤로 밀려버린다. 인스타그램의 알고리즘은 "진정성" 있는 유저를 가려내기 위해 만들어졌지, 유저들이 마음대로 활용할 수 있도록 시스템이 되어 있지 않기 때문이다.

대표적인 인스타그램의 알고리즘은, 페이스북과 마찬가지로 내가 좋아할 만한 콘텐츠가 인스타그램 〈둘러보기〉 피드에 뜨도록 되어 있다. 기본적으로 페이스북의 가장 근본적인 알고리즘을 입힌 모습이다. 유저가 평소에 어떤 콘텐츠를 많이 소비하는지, 콘텐츠에 같이 좋아요를 누른 유저들끼리는 어떠한 공통점이 있는지에 대해 정보를 수집한다. 이를 빅데이터 분석을 통해 각각의 유저 한 명 한 명이 좋아할 만한 퍼스널 콘텐츠로 선별하여 둘러보기 피드에 뜨도록 만든다. 이 알고리즘은 둘러보기만이 아니라 홈 화면에도 서서히 적용되어, 최근 홈 화면의 게시물 노출 순서는 최신순이 아닌 정확도 순으로 바뀌었다. 과연 우리가 이 알고리즘을 100% 이해한다고 한들 이 알고리즘을 역으로 활용할 수 있을까? 당연히 없다. 우리 잠재 고객인 유저들은 평소에 어떠한 콘텐츠를 좋아하는지 분석하고, 그들이 좋아할 만한 콘텐츠를 최대한 많이 업로드하는 것 외에는 달리 방법이 없다.

하지만 우리가 활용할 수 있는 알고리즘 또한 존재한다. 인스타그램에서는 크게 좋아요, 덧글, DM, 팔로우라는 4가지의 소통 방법이 있으며, 인스타그램의 알고리즘 역시 크게 이 4가지를 활용할 수 있다.

해시태그 알고리즘 덧글에 입력할 수 있는 최대 개수인 30개의 해시태그만 입력이 되는 모습

최근 업데이트된 인스타그램에서는 해시태그를 최대 30개를 입력할 수 있다. 불과 몇 달 전만 해도 30개보다 더 많은 해시태그를 입력할 수 있었지만 현재는 30개 이상 해시태그를 입력할 경우 콘텐츠나 덧글 자체가 업로드되지 않는 모습을 보여준다. 위의 이미지에서도 볼 수 있듯 31개의 해시태그를 입력하면 "!"의 에러 메시지가 떠 해시태그가 입력되지 않지만 30개의 해시태그를 입력할 경우 정상적으로 해시태그가 입력되는 것을 확인할 수 있다.

모든 계정이 30개의 해시태그를 입력한다고 해서 30개의 해시태그가 모두 검색 결과에 반영되는 것은 아니다. 만약 한 유저가 부정 프로그램을 사용한다든지 인스타그램의 알고리즘에 어긋나는 행위를 할 경우 해시태그 30개를 입력했다고 하더라도 노출되는 해시태그의 개수는 25개일 수도 있고 10개일 수도 있다. 해시태그 검색 시 노출되는 개수는 계정마다 조금씩 다르며, 평균적으로 25개 정도의 해시태그가 검색에 노출되는 것으로 알려져 있다. 만약 이 유저가 단 한번도 인스타그램의 알고리즘에 어긋나는 행위를 하지 않았거나, 갓 만든 계정이라면 첫 번째 해시태그부터 30번째의 해시태그까지 30개의 해시태그가 모두 검색에 걸린다. 지금 인스타그램을 하는 유저라면 노출되는 해시태그 5개의 차이는 얼마나 큰 의미를 가지고 있는지 알 것이라고 생각한다. 하물며 내가 입력한 해시태그가 15개 정도밖에 노출되지 않는다면 이제 막 인스타그램 마케팅을 하고자 하는 사람에겐 최악의 상황일 수밖에 없다.

　무조건 많은 해시태그가 도움이 되는 것은 아니지만, 해시태그가 적게 검색되어 콘텐츠의 도달 정도가 줄어드는 것을 바라는 사람은 없을 것이다. 이 이유 하나만으로도 인스타그램의 알고리즘에 어긋나는 프로그램을 활용해서는 안 된다는 것은 충분히 이해되었을 거라 생각한다.

01

인스타그램 프로필 화면 접속 →오른쪽 상단 설정 탭 터치

02

설정 메뉴 하단 부분 "회원님 이 좋아한 게시물" 터치

03

만약 내가 가장 최근에 좋아요 누른 게시물이 뜨지 않는다면, 무언가 문제가 생긴 것이다.

또한, 1시간 내에 누를 수 있는 좋아요 수도 제한되어 있다. 다른 사람의 콘텐츠에 좋아요를 누르다 보면 어느샌가 내가 눌렀던 좋아요가 눌리지 않는 경우가 생긴다. 분명 빨갛게 채워지지 않은 하트를 누르거나 콘텐츠를 빠르게 두 번 터치하여 빨갛게 채웠는데, 다시 하얗게 되는 경우이다. 이 경우엔 인스타그램의 프로필 화면 → 설정 → 회원님이 좋아한 게시물에서 좋아요를 누른 콘텐츠 목록을 확인할 수 있다. 만약 내가 좋아요 눌렀던 게시물이 이 화면에 나타나지 않는다면 더 이상 좋아요를 누르는 것을 멈추어야지만 소위 말하는 "저품질 계정"을 피할 수 있다.

필자가 테스트를 해본 경우 1시간 내에 누를 수 있는 좋아요는 약 200개 정도인 것 같다. 정확히 이야기하자면 한번에 누를 수 있는 좋아요 수는 200개 정도로 규제하고 있는 듯 보인다. 하지만 누군가는 50개의 좋아요 밖에 누르지 못한다고 이야기한다. 1시간 동안 누를 수 있는 좋아요의 개수가 50개와 200개의 차이는 인스타그램 알고리즘에 의한 계정 품질 차이라고 볼 수 있다.

인스타그램 중복 덧글 제한 같은 내용이나 비슷한 내용의 덧글을 기계적으로 입력할 경우 나타나는 오류 메시지 모습

최근 인스타그램의 덧글 알고리즘도 개편되었다. 기존에는 입력할 수 있는 개수의 제한 정도밖에는 없었지만, 현재는 같거나 비슷한 내용을 덧글로 입력할 경우에 제재가 생겨 똑같은 내용의 덧글을 다는 것 또한 어려워졌다. 더 이상 "우리 소통해요"와 같은 복사 + 붙여넣기 형태의 덧글로는 아무런 마케팅 효과도 기대할 수 없다. 오히려 효과가 반감될 수도 있다.

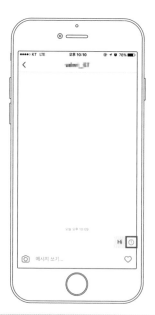

디엠오류 인스타그램은 1시간 동안 최대 10개 정도의 DM을 보낼 수 있다.

인스타그램의 채팅 기능인 DM^Direct Message 또한 보낼 수 있는 메시지의 개수가 한정적이다. 일반적으로 1시간 내에 보낼 수 있는 DM의 개수는 10개 정도로, 계속해서 DM을 보내게 될 경우엔 에러 메시지가 뜨면서 DM을 더 이상 보낼 수 없게 된다. 이런 경우에는 보통 24시간 이후 다시 보낼 수 있으며, 보낸 개수에 따라서 1시간 내에 보낼 수 있는 개수가 더 한정되어 5개의 DM도 보내지 못하는 경우가 있다. 심한 경우엔 24시간이 아닌 48시간이나 72시간이 지난 후에도 DM을 보내지 못할 수 있다. 필자가 테스트해본 바로는 처음 10개 이상의 DM을 보낼 경우 경고 메시지가 떠 1시간 동안 메시지를 보내지 못하다가 다시 보내고서 또 한번의 오류 메시지가 나오면 1일, 2일, 3일로 늘어나는 것으로 보였다.

DM을 많이 보낼 필요는 없겠지만 만약 DM을 많이 보내야 하는 상황이 온다면 복사 + 붙여넣기 형식의 DM 발송은 이러한 제한을 더 빨리 불러일으키기 때문에 가능하다면 "안녕하세요"로 시작하여 답장이 올 경우 본문 내용을 입력하는 것이 훨씬 효과적이다.

지금까지의 내용을 토대로 눈치챘을지 모르겠지만, 인스타그램의 핵심 알고리즘은 시간이다. 너무 빠른 시간 내에 좋아요를 누르고 덧글을 달고 DM을 보내면 제한이 생기며, 이런 제한이 자주 생기는 계정의 경우엔 점차적으로 노출시킬 수 있는 해시태그의 수, 덧글을 달 수 있는 수, DM을 보낼 수 있는 횟수가 줄어들게 된다. 팔로우 역시 최대 7,500명으로 제한되어 팔로우를 통한 맞팔을 기대할 수 있는 범위는 점점 좁아지는 중이며, 최근 필자의 경험에 의하면 하루 중 팔로우할 수 있는 수치도 제한이 생긴 것으로 보인다.

인스타그램 홈 섹션의 피드 구성 순서가 최신순(뉴스 피드)에서 정확도순(추천 피드)으로 변경되었다. 이에 따라 업로드한 콘텐츠의 시간이 너무 오래돼서 팔로워들에게 도달되지 않는 것이 아닌 인게이지먼트*에 의해 도달되지 않을 수도 있게 됐다. 이는 페이스북에서 오래전부터 테스트하고 발전시켜온 알고리즘을 인스타그램에 새로 적용시킨 것이다. 가능한 많이 내 콘텐츠를 도달시키고 싶다면 나와 팔로워들 사이의 인게이지먼트(특히 팔로워가 나를 향해 보여주는)를 높이는 것이 중요해졌다. 이로 인한 알고리즘으로 혜택을 본 것은 기존의 인플루언서들이다. 인스타그램에서 인기가 많은 인플루언서들은 하루에도 수천 개의 좋아요와 수십, 수백개의 DM 등 팔로워들의 무한한 애정과 사랑을 받기 때문이다. 이들이 올린 콘텐츠는 브랜드에서 올린 콘텐츠보다 도달이 더 활발히 이루어지기 때문에 브랜드에서는 이들을 어떻게 활용해야할지에 대한 고민도 필요해 보인다.

인게이지먼트(Engagement) 번역하면 "참여도"가 된다. 인게이지먼트의 요소에는 좋아요/덧글/DM/태그/검색 등이 있다. 도달률과 깊은 관련이 있기 때문에, 도달률을 높이고자 한다면 나를 향한 유저들의 인게이지먼트를 높이는 것이 중요하다.

Mp3의 셔플 재생과
페이스북/인스타그램 알고리즘

인스타그램의 알고리즘은 셔플의 알고리즘과 매우 비슷한 형태이다.

Mp3를 들을 때 랜덤 재생으로 노래를 듣는 방법은 2가지 방법이 있다. 정말로 내 플레이 리스트에 있는 노래를 무작위로 틀어주는 일반적인 랜덤Random 재생 기능과 셔플Shuffle 재생 기능이 있다. 셔플 재생 기능은 일반적인 랜덤 재생과는 달리 유저의 평소 노래에 대한 선호도와 습관에 따라서 노래를 재생해주는 기능이다.

셔플 재생을 할 경우 평소 내가 좋아하는 노래가 즐겨 듣지 않는 노래보다 더 자주 재생되는 것을 느낄 수 있다. 이는 셔플 재생 기능의 독특한 알고리즘 덕분이다. 간단하게 이 셔플 기능을 테스트해보는 좋은 방법으로는 A라는 노래가 나올 때마다 플레이를 멈추고 B라는 노래를 재생시키는 방법이다. 이 방법을 계속해서 진행하면 A라는 노래가 나올 때 빠르게 감기 버튼을 눌러 다음 노래를 재생시키면 다른 노래 보다 B라는 노래가 나오는 횟수가 많아진다. 이는 음악을 플레이하는 동안의 데이터를 뽑아 A라는 노래가 나올 경우 유저는 B라는 노래를 다음으로 듣는 것을 좋아하는 횟수가 많아지자 A라는 노래 다음으로 B라는 노래를 즐겨듣는다는 결론이 도출되었기 때문이다.

셔플 기능은 평소에 좋아하는 노래의 분야나 가수 등을 데이터로 남기는 것은 물론 C라는 가수를 좋아하는 유저들이 D라는 가수도 같이 좋아하는 경우가 많을 경우 C가수의 노래를 좋아하는 유저들이 셔플 재생 기능을 사용했을 때 D가수의 노래도 자주 틀어주는 등 매우 정교한 알고리즘을 가지고 있다.

페이스북과 인스타그램도 이와 마찬가지 형태의 알고리즘을 가지고 있다. 페이스북 홈 화면의 〈뉴스피드〉나 인스타그램의 〈둘러보기〉 피드(최근에는 홈 피드에도 서서히 적용되고 있는 중이다)에는 다양한 콘텐츠가 올라오는데, 이 콘텐츠들은 친구들의 소식이나 현재 팔로잉하고 있는 페이지/계정의 모든 콘텐츠가 올라오는 형태는 아니다. **평소 유저가 좋아하는 콘텐츠가 이미지 형태인지, 동영상 형태인지에 따라 보여지는 콘텐츠의 형태가 결정되며** 평소 패션 분야에 관심이 많다면 뉴스피드나 둘러보기 피드에는 패션과 관련된 콘텐츠가 많이 구성이 된다. 또한 친분이 있는 친구의 소식 위주로 콘텐츠가 구성되며, 평소에 나와 비슷한 콘텐츠를 소비하고 좋아요를 누른 사람이 소비한 콘텐츠는 내 뉴스피드에 올라올 가능성이 높아진다.

페이스북/인스타그램의 알고리즘은 모두 사소한 정보까지 기록하고 분석하는 빅데이터를 활용하여 개발된 것이기 때문에 알고리즘의 원리를 알고 있다고 해도 실제로 마케팅에 활용할 수 있는 부분은 매우 제한적이다.

- 인스타그램과 사치
- 현실과 다른 프레임 속 일상
- 3B 콘텐츠
- 인스타그램 인기 콘텐츠
- 보기 좋은 떡이 먹기도 좋다
- 3·6·9법칙

Username

Password

Forgot your login details? Get help signing in.

OR

Log In With Facebook

Don't have an account? Si

PART 05

인스타그램에
적합한 콘텐츠

CHAPTER·01
인스타그램과 사치

필자는 개인적으로 "SNS는 사치의 공간이다"라는 표현을 좋아하진 않는다. SNS 마케터라는 직업의 특성상 SNS의 이미지가 나빠지면 가장 먼저 손가락질 받기 때문에 SNS와 관련하여 부정적인 피드백이 많아지면 기분이 썩 좋지 않다. 하지만 사치의 공간이라는 표현이 틀린 말은 아니기 때문에 이러한 표현이 옳지 않다 라는 비판은 하기 어렵다. 대신에 SNS, 특히 감성적인 SNS인 인스타그램은 유저간에 '우아함을 겨루는 장'이라는 표현을 하곤 한다.

돈이 많다고 해서 무조건 행복한 건 아니지만, 돈은 없는 것보다는 차라리 많은 게 더 좋다. 하지만 현실적으로 경제적인 여유가 있는 사람은 그리 많지 않다. 그럼에도 불구하고 SNS는 나 빼고 다 행복하고 여유 있어 보이는 듯한 허상을 심어준다. 나와는 달라 보이는, 멋진 라이프스타일을 즐기는 유저들의 콘텐츠를 보며 대리 만족을 느끼고 자괴감에 빠지기도 한다. 인스타그램을 포함한 SNS에 들어가면 모두 먹은 것, 입은 것, 구경한 것을 자랑하는 게시물로 가득해 SNS에 접속할 때마다 '먹고 싶다' '가고 싶다' '하고 싶다'라는 생각이 들게 된다.

점심시간에 빠르게 점심을 먹은 후 평소에는 잘 가지 않는 비싼 디저트 카페나 예쁜 카페를 찾아가거나 주말에 잠깐 시간을 내 당일 치기 여행을 다녀오는 등의 일상 중 작은 사치를 즐기는 것으로 각박한 일상을 잠시 벗어나 본다. 인스타그램 프레임 속에서 볼 수 있었던 다른 사람들의 자랑거리와 비슷하지만 다른 나만의 라이프스타일을 만끽해본다. 여유를 즐기는 와중에도 인스타그램의 프레임 속에는 내가 즐기고 있는 것 보다 더 멋져 보일 수 있도록 사진을 담아내기 위해 주변의 사물을 이용하거나 사진의 구도를 조정하고 보정 어플리케이션을 활용하여 최대한 우아해 보이는 사진을 담아내는 것 또한 잊지 않는다.

위의 내용은 '있어빌리티'를 표현할 수 있는 하나의 예시로, 인스타그램을 즐기는 유저들의 성향을 보여준다. 있어 빌리티란 "있다"와 능력을 의미하는 "Abillty"의 합성어로 "있어 보이는 것도 능력이다"를 뜻한다. 근본적인 것보다 보이는 것을 더욱 중요시 여기는 가시 문화와 허세 문화를 대표하는 트렌드 키워드로, 적당히, 대충 빠르게! 그러나 결과물은 그럴듯하게! 나타내고자 하는 사람들의 타아도취 성향을 빗대어 만들어졌다. 인스타그램을 대표하는 정사각형의 프레임이 더 이상 내 일상을 공유하는 곳이 아닌, 남에게 있어 보이게 만드는 곳이 되어가는 현 시대의 모습을 잘 표현한 신조어라고 생각한다.

전통미디어 시대에서는 보여주는 것을 그대로 받아들이는 수동적인 행동을 취할 수밖에 없었지만 SNS가 중심이 되는 뉴 미디어 시대에서는 더 이상 보이는 것만을 받아들이는 수동적인 형태가 아닌 나 자신이 주체가 되어 남들에게 보여주고 자랑할 수 있는 시대가 되었고, 더욱 있어 보이게 자랑하면 할수록 많은 사람들의 관심을 얻을 수 있어 있이빌리티의 새로운 문화 형태는 앞으로 더욱 많이 나타날 것으로 보인다.

CHAPTER 02

현실과 다른 프레임 속 일상

촘푸바리톤 마치 여행에 온 듯 하지만 실상은 그렇지 않은 모습을 풍자한 촘푸 바리톤

　태국의 사진 작가 촘푸 바리톤은 '인스타그램에 올라온 사진 밖의 사진'이라는 작품을 발표했다. 인스타그램 프레임 안에 모든 것을 담아낼 수는 없다는 교훈과 함께 인스타그램을 통해 자랑이 아닌 허세를 보여주는 요즘 사람들의 모습을 풍자한 작품이다. 일상 생활 중 항상 좋은 것을 먹고, 좋은 것을 입고, 좋은 곳에 여행을 갈 수 없지만 사람들은 멋진 라이프스타일을 원한다. 이에 대해 촘푸 바리톤은 현실적인 문제 때문에 원하는 일상을 영위할 수는 없지만 인스타그램의 작은 프레임 속에서만큼은 내가 원하는 삶을 사는 사람처럼 보이길 원하는 대중들의 모습을 사진 한 장으로 풍자했다. 공감도 되고 웃기지만 한 편으로는 허세마저 공감이 되고 이해가 되는 각박한 현대 사회에 대한 쓸쓸함을 남겨주는 작품이다.

인스타그램에서 이러한 허세가 공감을 받을 수 있는 이유는 지인과의 소통보다는 관심사를 기반으로 한 불특정 다수와의 소통을 하는 플랫폼이라는 데에 있다. 나의 진짜 일상을 아는 사람보다 모르는 사람이 더 많기에 가능한 일이며 거기에 인스타그램 특유의 감성이 더해져 더욱 공감이 많이 된다.

도심 속 한 건물의 옥상에 올라가 촬영한 것처럼 보이는 이 사진 속의 프레임만 놓고 본다면 마치 멋진 여행지를 배경으로 촬영했을 것이라는 착각을 불러 일으킨다. 프레임 속을 잘 살펴보면 사진 보정을 통해 하늘을 더 밝고 투명하게 보정했음은 물론 지붕의 색상도 적색에서 녹색으로 보정하여 더욱 여행지에서 촬영한 듯한 느낌을 살렸다는 것을 알 수 있다. 만약 이 장소가 "인생샷"을 남기기에 아주 좋은 명소라고 소문이 난다면, 거기에 촘푸 바리톤이 예쁘게 편집을 한 것처럼 이 장소에서 사진을 촬영할 때 손쉽게 보정하는 방법도 같이 알려진다면 굉장히 많은 인스타그램 유저들이 너나 할 것 없이 실제로는 특별한 것 하나 없어 보이는 이 장소가 인스타그램에 인생샷을 업로드하기 위해 방문한 많은 사람들로 인해 관광 명소가 될 수 있지 않을까?

최근 20대는 멋진 인생샷 1장을 남기기 위해 타지로 여행가는 것을 마다하지 않는다. 드라마 속 멋진 배경을 찾아 그 곳에서 사진 1장을 남기고 돌아오는 이들의 모습을 인스타그램에서 쉽게 찾아볼 수 있으며, 이를 활용한 숨은 마케팅도 발견할 수 있다.

CHAPTER·03
3B 콘텐츠

플랫폼을 막론하고 항상 인기가 있는 콘텐츠가 바로 3B콘텐츠 이다. Beast, Beautiful, Baby의 맨 앞 글자인 B를 따서 3B 콘텐츠라고 한다. Beast 콘텐츠는 귀여운 동물을 활용한 콘텐츠를, Beautiful 콘텐츠는 아름다운 여성을 활용한 콘텐츠를, Baby 콘텐츠는 사랑스러운 아기를 활용한 콘텐츠를 의미한다.

Beast, 동물 콘텐츠는 대체적으로 반려 동물로 많이 키우는 강아지와 고양이가 가장 많이 사용되곤 하는데 시기에 따라 약간의 트렌드가 변화한다는 특징이 있다. 대체적으로는 강아지가 고양이보다 인기가 많았다가 시간이 조금 흐르면 고양이가 강아지보다 인기가 많고, 시간이 조금 더 흐르면 강아지가 인기가 많은 모습을 보인다. 또 한가지 재미있는 사실은 강아지와 고양이의 콘텐츠가 번갈아 가며 인기를 더 많이 얻는데 바뀔 때마다 돋보이는 종이 따로 있다. 최근 들어 강아지보다는 고양이의 인기가 많은데, 그 중에서도 인기 있는 고양이들은 털이 좀 복실복실한 고양이, 애교 많은 고양이처럼 강아지 같은 고양이(이러한 고양이를 "개냥이"라고 표현한다)의 인기가 눈에 띄게 많은 편이다. 그리고 요즘 많은 인기를 끌고 있는 강아지 종은 비글이나 웰시코기와 같은 한시도 가만히 있지 않고 까부는 강아지들이 인기가 많은 편이다. 이는 최근 이미지보다는 동영상 소비가 증가하면서 동영상으로 동물들을 담았을 때 얌전히 있는 것보다는 활동적일 때, 까불 때의 모습이 보는 이들로 하여금 귀여움을 자극했기 때문에 그런 것으로 보인다.

Beautiful, 아름다운 여성 콘텐츠가 인기가 많은 것은 어찌 보면 당연하다. 필자는 "최고의 콘텐츠는 사람이다"라는 이야기를 자주 하는데, 그 중에서도 가장 인기 있는 콘텐츠는 단연 아름다운 여성을 활용한 콘텐츠이다.

왜 사람이라는 콘텐츠가 최고인데 그 중에서도 남자가 아닌 여자 콘텐츠가 인기가 더 많을까? 이에 대한 이유는 바로 남녀의 콘텐츠 소비 성향 때문이다. 잘생긴 남자를 활용한 콘텐츠의 덧글에는 당연히 남자보다는 여자가 더 많은 덧글을 보인다. 하지만 예쁜 여자를 활용한 콘텐츠의 경우에는 성비가 거의 비슷함은 물론 여자가 더 많은 경우를 쉽게 찾아볼 수 있다. 남자는 잘 생기고 몸매가 좋은 남자를 활용한 콘텐츠를 보고 큰 반응을 보이지 않지만, 여자는 예쁘고 몸매 좋은 여자를 활용한 콘텐츠를 보면 절대 그냥 지나치지 않는다. 남자 보이그룹과 여자 걸그룹의 팬 성비를 따져보면 쉽게 공감할 수 있다. 남자가 '남자를 활용한 콘텐츠'를 소비하는 경우가 여자가 '여자를 활용한 콘텐츠'를 소비하는 경우보다 적기 때문에 3B 콘텐츠에 남자가 빠지는 것이다.

Baby, 사랑스러운 아기 콘텐츠 역시 사람을 활용한 콘텐츠 중 하나로 3B 콘텐츠 중 Beast를 제외한 Beautiful과 Baby는 모두 사람을 활용한 콘텐츠이다. Baby 콘텐츠가 인기가 많은 이유는, 아기는 남녀노소 모두 좋아하기 때문이다. 하지만, 한 가지 재미 있는 사실은 일반적으로 남자 아기보다는 여자 아기를 활용한 콘텐츠가 인기가 더 많다는 것인데, 최근의 여아 선호 사상(그리고 일반적으로 남자가 남자 아이보다 여자 아이를 더 좋아한다.)으로 인해 SNS 상에서도 남자 아기보다는 여자 아기가 더 인기가 많은 것으로 보인다.

CHAPTER·04

인스타그램 인기 콘텐츠

인스타그램을 이용하는 유저들이 많이 올리는, 좋아요를 많이 받는 콘텐츠의 유형은 대부분 비주얼적인 요소가 강한 콘텐츠와 우아한 일상을 전달하는 콘텐츠이다. 이미지 1장이나 동영상 1개로 소통을 하는 플랫폼이다 보니 당연히 비주얼적인 요소가 굉장히 중요해 뛰어난 외모(최근엔 금수저와 비슷한 맥락으로 금유전자 라는 표현을 사용한다.)를 가지고 있는 사람이라면 특별한 콘텐츠 없이 자신의 외모만을 올려도 돋보일 수 있기 때문에 인스타그램에서 팔로워를 모으는 데에 있어 굉장한 이점을 가지고 있다. 아쉽게도 필자처럼 뛰어난 외모가 준비되지 않은 사람이라면 외모가 뛰어난 사람들보다 더 열심히 인스타그램을 해야만 팔로워도 늘리고 우리 브랜드를 소개할 수 있다.

인스타그램에서 인기 있는 콘텐츠로는 #패션 #뷰티 #여행 #커피 #일상이 가장 대표적이다. 이 다섯 가지의 콘텐츠를 한 데 묶어 #라이프스타일 콘텐츠 라고 한다. 인스타그램에서 가장 인기 있는 콘텐츠는 다름 아닌 유저 개개인의 라이프스타일을 촬영한 이미지와 동영상이다. 하지만 위에서도 이야기했듯 단순한 라이프스타일보다는 촘푸 바리톤이 풍자했던 인스타그램 프레임 속의, 우아해 보이는 콘텐츠가 인기가 많다.

94   0원으로 하는 인스타그램 #해시태그 마케팅

인스타그램에서 우아해 보이는 콘텐츠를 만드는 방법은 두 가지이다. 실제로 다른 유저들이 부러워할 만한 고급 레스토랑이나 여행지에 놀러 가서 실시간으로 촬영하고 올리는 방법과, 사진 촬영과 이미지 보정을 통해서 실제 촬영한 이미지보다 더 우아해 보이도록 만드는 것이다.

요즘은 이미지 보정 프로그램과 어플리케이션이 많이 나와서 포토샵이나 일러스트 등을 다루지 못해도 간단하게 콘텐츠를 내가 촬영한 이미지보다 훨씬 더 예쁘게 재가공할 수 있다. 사진 촬영만큼은 아니지만 보정도 마찬가지로 평범한 사물을 보다 아름답고 예쁘게 재가공할 수 있어 내가 촬영한 결과물보다 훨씬 좋은 콘텐츠로서 인스타그램에 올릴 수 있다는 장점이 있다. 스마트폰의 보정 어플리케이션이 다양해져 원하는 기호에 따라 원하는 필터나 보정 도구가 제공되는 어플리케이션을 선택하여 내 입맛에 맞추어 사용할 수 있게 되었다. 최근에는 **메이크업플러스** (링크 https://play.google.com/store/apps/details?id=com.meltu.makeup&hl=ko) 같은 화장까지 해주는 어플리케이션이 나와 맨 얼굴로 사진을 촬영하고 어플리케이션을 통해 화장을 해도 될 정도로 셀카를 위한 보정 어플리케이션은 점점 진화하는 중이다.

CHAPTER 05

보기 좋은 떡이 먹기도 좋다

필자는 인스타그램의 콘텐츠를 "첫인상"이라고 표현한다. 인스타그램에서 고객들은 우리 업체나 상품을 내가 올린 콘텐츠를 통해 알게 된다. 우리 브랜드명을 검색했을 때 나오는 이미지들로 우리 브랜드의 첫인상을 판단한다. 이 첫인상은 쉽게 바뀌지 않기 때문에 처음에 첫인상에서 높은 평가를 받으면 잠재 고객을 단골 고객으로 만드는 데 큰 도움이 될 수 있지만, 반대로 첫인상에서 높은 평가를 받지 못한다면 고객의 기억에 남지 못할 수도 있다.

콘텐츠란 무엇일까? 콘텐츠는 좁은 범위로 이미지나 동영상 등을 의미하지만 넓은 범위로는 상품이나 브랜드 자체가, 그리고 사람도 그 자체로 콘텐츠가 될 수도 있다. 특히나 비주얼이 중요한 인스타그램에서 눈에 보이는 상품의 외관 또한 콘텐츠로서 훌륭한 기능을 할 수 있다. 그렇기 때문에 새로운 제품이나 서비스를 출시할 때는 외적으로 보이는 모습까지도 고려해야지만 비주얼 마케팅 시대에서 살아남을 수 있다.

XPANDINATOR는 "사람들이 사진을 찍고 싶게 만드는" 모양새 덕분에 큰 성공을 거둘 수 있었다. 마케팅 성공의 이유는 아주 단순하다. 사람들의 찍고 싶은 욕구와 함께 자랑하고 싶은 욕구를 자극했을 뿐이다. 소비자는 어떻게든 더 많이 담아내기 위해 집중했고, 많이 담아낸 것을 자랑하고 싶었고, 단순히 찍어서 SNS에 자랑했을 뿐이다. SNS에 자랑한 수많은 사진들은 수많은 사람들에게 도달되었고, XPANDINATOR를 접한 유저들은 음료를 다른 사람들보다 더 높이 쌓기에 도전하고 자신의 SNS에 자랑하면서 고객들이 스스로 XPANDINATROR를 홍보하는 마케터가 되었다. 또한 오프라인에서도 마찬가지로 많이 담아낸 슬러시를 들고 다니면서 아직 XPANDINATOR를 모르는 사람들의 호기심을 자극하는 광고판으로서의 역할도 충실히 해내었다.

xpandinator 자랑하고 싶게 만드는, 찍고 싶게 만드는 사람의 심리를 잘 공략한 XPANDINATOR

SNS에서는 미각과 관련된 "맛있다"라는 메시지를 전달하기 어렵다. 아니, 전달할 수 없다. 아무리 텍스트로 미각에 대한 내용을 풀어낸다 할지라도 미각을 100% 전달하기란 불가능하다. 특히나 이미지 기반의 소통 플랫폼인 인스타그램에서는 이미지나 동영상 하나로 어떤 맛인지 풀어내기란 거의 불가능하다. 그렇기 때문에 SNS에서는 맛있어 보이는 음식 사진은 맛있는 음식으로 여겨지며, 다른 유저들이 올린 맛있어 보이는 음식 사진을 접한 잠재 고객들은 맛있어 보이는 음식을 먹기 위해 부푼 기대감을 안고 매장에 직접 방문한다. 방문을 하여 신규 고객이 된 이들은 기대 이상으로 음식이 맛있을 경우 단골 고객이 되어 꾸준한 매출을 불러 일으키며, 맛이 있던 없던 자신들을 유혹했던 사진보다 더 예쁘고 맛있어 보이도록 사진을 찍고 업로드하여 업체의 새로운 잠재 고객을 불러들이기도 한다.

CHAPTER·06

3·6·9법칙

방금 전의 〈보기 좋은 떡이 먹기도 좋다〉에서 기본적인 콘텐츠를 잘 정비해야 하는 이유에 대해서 설명했다면, 이번에는 정해진 콘텐츠를 효율적으로, 스타일리시하게 활용하는 방법에 대한 설명을 할 예정이다.

먼저 소개할 3·6·9 법칙이란 1:1로된 정사각형의 프레임을 이용하는 방법으로, 콘텐츠를 올릴 때 하나의 스타일이나 주제를 3개, 6개, 9개 등 3의 배수만큼의 프레임을 활용하여 콘텐츠를 구성하는 것을 의미한다.

3·6·9 법칙을 잘 활용하고 있는 로스트가든.

@LOSTGARDEN_MUSEUM 계정에서 업로드한 것처럼 하나의 프레임을 이용하여 이미지를 업로드하는 것이 아닌 3개의 프레임에 하나의 이미지를 담아내는 방법이다. 물론 6개, 9개, 12개의 프레임을 활용하는 방법도 있다. 이렇게 하나의 프레임이 아닌 여러 개의 프레임을 활용하면 콘텐츠(수제화)를 더욱 자세하게 보여줄 수 있다는 장점이 있다. 수제화의 경우 가로로 긴 형태의 아이템이면서 하나의 프레임에 담아내기엔 잘 보이지가 않기 때문에 3의 배수 형태로 3개의 프레임을 활용하면 훨씬 더 수제화를 돋보이게 업로드 할 수 있다. 또한, 직관적인 메시지를 전달하는 데도 매우 훌륭한 방법이다.

로스트가든은 이를 매우 잘 활용하고 있는 브랜드 중 하나이다. 여러 개의 프레임을 활용하여 더욱 스타일리시하면서 돋보이는 콘텐츠를 생산해내고 있다. 만약 내 잠재 고객이 내가 올린 콘텐츠를 보고서 더 많은 콘텐츠를 구경하고자 내 계정에 들어왔을 때 이러한 구성의 콘텐츠를 보면 더욱 호감을 가지고 좋아요와 팔로우를 할 가능성이 높아짐은 물론 브랜드 자체에 대한 긍정적인 호감도가 생길 가능성이 크다.

3 · 6 · 9 법칙을 위해선 이미지를 분할해야 하며, 이미지를 분할하는 방법은 포토샵이나 파워포인트를 활용해서 이미지를 분할하는 방법, INSTAGRID라는 모바일 어플리케이션을 활용하는 방법 등 여러 가지가 있다. 필자가 자주 사용하는 방법은 포토스케이프 (링크 http://software.naver.com/software/summary.nhn?softwareId=MFS_116439) 라는 무료 프로그램의 사진 분할 기능이다. 포털사이트에서 포토스케이프를 검색하여 다운로드 받은 뒤 접속하여 사진분할 탭을 눌러주면 간단하게 사진분할을 할 수 있다.

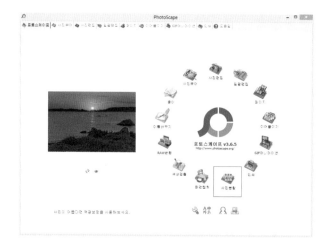

01

사진분할
포토스케이프 프로그램을
접속한 후 사진 분할을 눌
러준다.

02

이미지분할
칸수와 줄수를 활용하여
원하는 칸 수 대로 사진을
분할할 수 있다.

우선 인스타그램에 올릴 이미지를 준비해야 하는데, 이 때는 가능하면 큰 사이즈의 이미지, 적어도 가로 1500px 이상 크기의 이미지를 준비해야 여러 장으로 분할했을 때 이미지가 깨지는 것을 방지할 수 있다. 그리고 비율을 선정해야 하며, 이 때의 비율은 3×1, 3×2, 3×3, 3×4 등 3의 배수에 맞추어 준비해야 이미지가 깔끔하게 인스타그램 정사각형 프레임에 맞추어 분할될 수 있다.

디자인 센스에 따라서 더욱 다양하게 활용할 수 있는 방법이다. 분할한 콘텐츠를 업로드 할 때는 맨 뒤의 칸의 분할 이미지부터 업로드 해야 분할 이미지가 업로드 될 때마다 한 칸씩 밀려 원하는 이미지의 구도를 가져올 수 있다.

PART 06

인스타그램
추천 어플리케이션

해시태그 마케팅 필수 어플리케이션 : 리포스트

이미지 보정 끝판왕 : 아날로그 필름

스마트폰으로 아웃포커스 만들기 : 스냅시드

CHAPTER 01

해시태그 마케팅 필수 어플리케이션 : 리포스트

인스타그램 내에서 블로그의 스크랩, 페이스북의 공유와 같은 기능을 해주는 것이 바로 "리그램"이라는 것이다. 리그램은 인스타그램 내에서 다른 유저가 올린 콘텐츠를 내 계정에도 똑같이 업로드하고 싶을 때 사용하는 방법이다. 때문에 인스타그램에서는 한 업체에서 이벤트를 진행하여 다른 사람들이 퍼갈 수 있도록 만들기 위해 다른 이벤트를 열기보다는 리그램 이벤트를 진행하는 것을 쉽게 찾아볼 수 있다.

필자는 리그램을 인스타그램 해시태그 마케팅의 6가지 요소 중 하나로 꼽을 정도로 리그램이 인스타그램 해시태그 마케팅에 꼭 필요한 도구라고 생각한다. 인스타그램에서 리그램을 하는 것은 매우 간단한 일이지만, "리포스트"라는 어플리케이션을 설치하지 않으면 리그램을 할 수 없기 때문에 본격적인 인스타그램 해시태그 마케팅에 대한 내용이 들어가기 이전에 사용 방법을 자세히 넣어 놓았다.

01

우선, 구글 플레이나 플레이스토어에 '리포스트' 혹은
'repost'를 검색하여 Repost for Instagram 어플
리케이션을 다운 받는다.

02

다운 받은 리포스트 어플리케이션에 접속한 뒤 오른
쪽 상단에 있는 인스타그램 모양의 탭을 눌러준다.

03

인스타그램에 접속한 뒤 리그램을 할 콘텐츠를 찾아 클릭하고 오른쪽 상단의 ··· 탭을 눌러준다.

04

공유 URL 복사 버튼을 눌러 인스타그램의 게시물로 바로 이동할 수 있는 URL을 가져온다.

05

다시 리포스트 어플리케이션으로 돌아와 보면, 상단 부분에 Got Share URL 이라는 문구와 함께 방금 내가 리그램하기 위해 URL을 복사해 온 콘텐츠를 확인할 수 있다. 이번엔 가져온 콘텐츠를 눌러준다.

06

Repost 버튼과 함께, 리포스트 어플리케이션을 활용했다는 증거로 이미지 왼쪽 하단 부분에 리그램을 상징하는 워터마크가 나타난다. 워터마크는 프레임의 각 끝 부분에 위치시킬 수 있으며, 리포스트 어플리케이션을 유료 버전으로 업데이트 할 경우 저 워터마크 없이 리그램을 진행할 수 있다.

07

하단의 Repost를 누르면 위와 같은 상태창이 뜬다.
Copy to Instagram을 눌러준다.

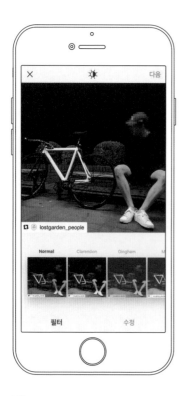

08

이제부터는 익숙한 화면이 나오기 시작하면서 내가
리그램하기 위해 가져온 콘텐츠를 내 마음대로 수정
할 수 있다.

09

사진을 수정한 후 캡션을 달아줄 수 있는데, 이 때 캡션을 넣을 위치를 꾹 누르면 붙이기 혹은 붙여넣기 기능을 활용할 수 있다.

10

캡션까지 복사 붙이기 할 경우 #Repost @유저ID wlth @repostapp 이라는 문구와 함께 최초에 콘텐츠를 올렸던 유저가 사용했던 캡션과 콘텐츠를 그대로 업로드할 수 있으며, 캡션 부분은 내 마음대로 수정할 수도 있다.

CHAPTER·02

이미지 보정 끝판왕 : 아날로그 필름

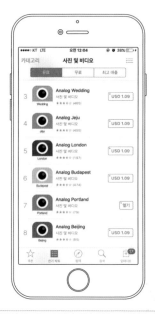

현재 앱스토어의 〈사진 및 비디오〉 카테고리의 1위 ~ 8위가 전부 아날로그 필름 시리즈이다.

사진 보정 어플리케이션 중 가장 인기 있는 어플리케이션은 단연 아날로그 필름이다. 인스타그램 특유의 아날로그적인 감성과 잘 어울리는 보정 필터가 많이 있기 때문에 인스타그램 유저들은 물론이고 스마트폰으로 사진을 촬영하는 것을 좋아하는 유저들에게 큰 사랑을 받고 있는 어플리케이션이다. 아날로그 필름은 도시 시리즈 출시 이후 지금까지 쭉 어플리케이션 인기 차트에서 높은 순위를 유지하고 있다. **최근에는 경쟁 업체에서 아날로그 필름의 효과를 무단으로 도용하는 사례가 발생해 잠시 주춤하기도 했지만** (링크 http://www.wikltree.co.kr/main/news_view.php?id=259152), 아날로그 필름 개발자의 진실이 느껴지는 호소문과 유저들의 격려와 응원 덕분에 아직까지도 여전히 이미지 보정 어플리케이션 계의 1위를 독주하고 있는 중이다.

간단한 사용법의 아날로그 필름 어플리케이션은 필터명도 매우 단순히 숫자로 되어 있다.

　'아날로그 필름'의 사용법은 매우 간단하다. 아날로그 필름에 접속한 후 아날로그 필름에서 제공되는 1번에서 10번까지의 필터를 적용시켜본 후 가장 마음에 드는 필터를 골라 맨 왼쪽 하단 카메라 기능으로 사진을 촬영하면 된다. 앨범에 있는 사진을 가져다 필터를 적용시킬 수도 있다.

사진을 잘 찍지 못하는 사람들도 그럴싸하게 이미지를 포장할 수 있는 아날로그 필름 어플리케이션

　위의 사진에서 왼쪽 사진은 아이폰6에서 기본으로 제공해주는 어플리케이션 카메라로 촬영한 사진이고, 오른쪽 사진은 왼쪽의 사진을 아날로그 도쿄 어플리케이션으로 필터만 적용시킨 모습이다. 필자는 평소 사진을 좋아하는 편이 아니어서 사진을 자주 촬영하지 않는 초짜 중에 초짜이지만, 아무 생각 없이 촬영한 사진에 아날로그 필름 필터만 적용시켰는데도 꽤 그럴싸한 이미지가 만들어졌다.

CHAPTER 03

스마트폰으로 아웃포커스 만들기 : 스냅시드

'스냅시드'라는 어플리케이션은 스마트폰으로 사진을 촬영하고 스마트폰을 통해 촬영한 사진을 보정하는 걸 좋아하는 사람들에겐 필수인 어플리케이션 중 하나이다.

구동이 간단한 데에 비해 매우 정교한 작업까지도 가능해 **스냅시드와 관련된 강의** (링크 https://www.youtube.com/watch?v=B9_XkQMAsvk)가 있을 정도로 매우 유용한 이미지 보정 어플리케이션이다. 필자는 스냅시드의 모든 툴을 다 활용하여 이미지를 편집할 정도의 능력은 갖추고 있지 않지만 스냅시드를 활용하면 훨씬 더 깔끔하고 보기 좋은 이미지 편집이 가능해 인스타그램에 콘텐츠를 업로드 하기 전에 꼭 스냅시드를 활용하곤 한다.

01

스냅시드 어플리케이션을 다운받은 후 접속한다. 왼쪽 상단의 열기 버튼을 눌러 인스타그램에 업로드하고자 하는 이미지를 가져온다. 오른쪽 하단 부분의 연필같이 생긴 버튼을 터치하면 편집할 수 있는 도구가 나온다.

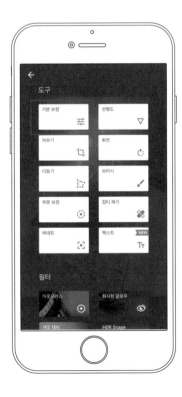

02

가장 먼저 맨 첫 번째 기본 보정 버튼을 터치한다. 이 화면에서 스냅시드에서 제공되는 기본적인 툴들을 활용하여 다양한 이미지 보정 및 편집이 가능하다.

03

오른쪽 하단 부분에 마법봉 같이 생긴 버튼을 누르면 자동 조정이 되어 촬영한 사진에 가장 보기 좋은 설정 값으로 이미지 보정이 된다.

04

화면을 꼭 누르고 위 아래로 움직이면 사진 편집 기능을 선택할 수 있으며, 좌우로 움직이며 보정 정도를 정할 수 있다. 좌우로 움직일 때마다 이미지 보정 값이 그때 그때 입력되기 때문에 계속 확인하면서 설정할 수 있다. 마음에 들 때까지 상하좌우로 움직이며 편집하다 보면 사진을 편집하는 재미에 푹 빠질지도 모른다!

05

부분 보정 툴을 활용했을 때의 모습이다. 한 부분 부분 디테일하게 설정할 수 있어 사진의 주제를 나타내는 피사체를 더 돋보이게 편집할 수 있다. 필자는 초를 더 집중시키고 싶어 전체적으로 어둡게 편집한 뒤 부분 보정을 활용해 초 부분을 더 밝게 편집하였다.

06

이번엔 아웃포커스 기능을 활용하여 사진의 주제인 초에 시선이 집중될 수 있도록 설정하였다. 스냅시드에서 제공하는 아웃포커스 툴을 이용하면 아웃포커스 촬영이 어려운 스마트폰의 한계를 극복하고 원하는 만큼 아웃포커스를 만들어낼 수 있다.

07

모든 설정이 끝났으면 오른쪽 위의 저장 버튼을 터치해 이미지를 저장한다. 〈저장〉을 누를 경우 원래의 원본 이미지 위에 보정한 이미지가 덮어져 저장되지만, 〈사본으로 저장〉을 할 경우 원본 이미지와 편집 이미지가 모두 남아 두 이미지를 비교할 수 있다.

08

어플리케이션을 어떻게 활용하느냐에 따라서 같은 이미지여도 다른 느낌을 전달할 수 있다.

　보정 어플리케이션을 단순히 하나만 사용하는 것이 아니라 여러 개를 활용하는 것
도 좋은 방법이 될 수 있다. 필자는 주로 아날로그 필름 어플리케이션을 활용하여 사
진 촬영을 한 뒤 스냅시드 어플리케이션으로 이미지 보정을 하는 과정을 통해 인스타
그램에 사진을 업로드하고 있다.

PART 07

인스타그램에
사용할 콘텐츠
쉽게 만들기

- 콘텐츠 고민 해결하기
- 콘텐츠에 한계 두지 않기

콘텐츠 고민 해결하기

인스타그램이건 페이스북이건 블로그건 하나 이상의 플랫폼을 운영할 때는 항상 '어떠한 콘텐츠를 올릴까?'라는 고민을 할 수밖에 없다. 계속해서 잠재 고객을 끌어 모으고, 기존의 고객들에게 더 높은 호감도를 사는 가장 확실한 방법이 양질의 콘텐츠를 꾸준히 발행하는 것이기 때문이다.

콘텐츠에 대한 고민을 덜어줄 리포스트 어플리케이션
(출처 https://play.google.com/store/apps/details?id=com.redcactus.repost)

콘텐츠에 대한 고민을 가장 쉽게 해결하는 방법은 바로 "리그램"을 하는 것이다. 리그램은 크게 2가지 방법이 있는데, 첫 번째 방법은 많은 브랜드에서 활용하고 있는 방법으로 이벤트성 콘텐츠를 발행한 후 리그램 이벤트를 진행하는 것이다. 이벤트 게시물을 올린 후 유저들이 페이스북에서 "공유"를 하는 것처럼 "리그램"을 해서 팔로워들에게 알릴 수 있도록 하는 방법이다. 리그램 이벤트를 진행할 경우 짧은 시간 동안 많은 팔로워와 잠재 고객을 끌어 모으고 신규 고객을 유치할 수 있지만, 체리피커가 많아 다른 이벤트와 마찬가지로 시끌벅적한 반응에 비해 큰 효율을 기대하기 어려우며 이벤트를 진행하면 할수록 효율은 점차 떨어질 가능성이 크다.

로스트가든피플 @lostgarden_people 계정은 모든 콘텐츠를 리그램하여 운영하고 있는 중이다.

리그램의 두 번째 방법으로는 고객의 콘텐츠를 활용하는 방법으로, 고객이 올린 콘텐츠를 내 계정에 리그램하는 방법이다. 첫 번째 방법과는 반대로 고객이 아닌 내가 고객의 콘텐츠를 직접 가져와서 업로드 하는 방식이기 때문에 단순히 리포스트 어플리케이션을 활용하기만 하면 된다. 이렇게 리그램을 할 경우 굳이 어떠한 콘텐츠를 올릴지에 대한 고민을 하지 않아도 되며, 고객의 충성도도 높일 수 있어 고객 관리에도 매우 효율적이다. 리그램과 관련된 자세한 방법은 뒤에 〈인스타그램 해시태그 마케팅의 6가지 요소〉에서 확인하기 바란다.

CHAPTER 02

콘텐츠에 한계 두지 않기

콘텐츠에 대한 고민을 해결하는 두 번째 방법으로는 콘텐츠에 한계를 두지 않는 것이다. 많은 브랜드들은 콘텐츠를 생산하는 데 있어 꼭 통일된 형태의 콘텐츠만을 발행해야 한다고 생각한다. 하지만 매번 통일된 형태의 콘텐츠를 생산해낼 경우 시간이지남에 따라 콘텐츠를 생산하는 데 있어서도, 어떤 콘텐츠를 올릴지에 대해서도 고민하는 시간이 길어질 수 밖에 없다. 이러한 통일된 형태의 콘텐츠는 콘텐츠를 소비하는 유저들에게도, 콘텐츠를 생산하는 제작자에게도 지루한 작업이기 때문에 효율적이지 못한 방법이다.

운동 보조 도구를 판매하는 A브랜드는 매일 다수의 콘텐츠를 꾸준히 발행한다. 운동 보조 도구는 특성상 비주얼적으로 뛰어난 요소가 별로 없어 이미지로 나타내기에한계가 있다. 하지만 이 브랜드에서는 매일 유저들이 좋아하는 콘텐츠를 발행한다. 평범한 운동 보조 도구를 과연 어떠한 형태로 가공하여 업로드 했을까? 아마 평범하게오피셜 계정을 운영하는 담당자라면 브랜드의 상품을 가지고 운동하는 모습을 촬영하거나, 소품을 활용하여 판매하는 상품을 최대한 예쁘게 보일 수 있도록 촬영할 것이라고 대답할 것이다.

이 브랜드에서는 실제 제품을 사용하는 고객을 활용했다. #브랜드명 이라는 해시태그를 검색하여 자사의 제품을 사용하는 모습을 인스타그램에 업로드한 유저들의 게시물을 오피셜 계정에 리그램하여 콘텐츠로서 활용했다. 물론 운동하는 유저들이 상품을 활용하여 운동하기 때문에 상품이 돋보이는 노출이 되기 어려웠지만 #브랜드명이라는 해시태그를 통해서 운동할 때 자사의 제품을 사용했다는 것을 알릴 수 있었다. 더 나아가 이 브랜드에서는 고객의 콘텐츠를 리그램하는 방법을 더 확장하여 이번엔 자사의 제품을 사용하고 있는 기존 고객이 아닌 아직 상품을 사용하지 않은 잠재 고객의 콘텐츠도 활용했다. 잠재 고객의 콘텐츠를 어떻게 활용했을까? 답을 읽어보기 이전에 생각해보길 바란다.

우선, 이 브랜드의 잠재 고객부터 분석해야지만 잠재 고객을 활용할 수 있다. 운동 보조 도구를 필요로 하는 잠재 고객은 누구일까? 정답은 간단하다. 다이어트 혹은 운동을 하는 사람들이며, 인스타그램 내에서 이 잠재 고객을 찾기 위해선 해시태그를 다시 한 번 분석해야 한다. 잠재 고객이 주로 활용하는 해시태그를 찾아내는 것이다. 운동과 다이어트를 하는 사람들은 당연히 운동과 관련된 해시태그를 주로 사용할 것이기 때문에 #운동스타그램 이라는 가장 큰 범주의 해시태그부터 #발레 #필라테스 등의 전문적인 운동을 즐기는 소수의 유저들이 즐겨 사용하는 해시태그까지 분석하는 것이다.

이 브랜드에서는 분석을 통해서 찾아낸 해시태그를 검색하고, 잠재 고객인 운동하는 사람의 콘텐츠를 리그램 하였다. 단순히 리그램만 하는 것이 아니라 #브랜드명 이라는 해시태그를 함께 노출시켰다. 리그램을 통해 콘텐츠를 얻으면서 동시에 브랜드를 알리는 전략을 취한 것이다.

우리 브랜드를 나타내는 해시태그와 함께 콘텐츠를 업로드해주는 고객이 많으면 그들의 콘텐츠를 리그램만 하면 되지만 아직 인지도가 낮아 많이 알려지지 않았던 상품이었기에 기존의 고객들의 콘텐츠를 활용하기에는 너무 수가 적었다(#브랜드명 을 검색하면 콘텐츠가 많지 않았다). 그래서 기존의 고객뿐만 아니라 잠재 고객인, #운동스타그램 #운동 #발레 #필라테스 등의 해시태그를 사용하여 자신이 운동하는 모습을 올린 유저에게 DM을 보내어 리그램을 해도 괜찮은지 물어본 후 리그램하여 #브랜드명 이라는 해시태그와 함께 콘텐츠로서 활용했다. 덕분에 항상 새로운 콘텐츠를 풍부하게 업로드할 수 있음은 물론, 계속해서 활용할 수 있는 콘텐츠가 쏟아져 나오고 있는 중이다.

이러한 전략을 통해 잠재 고객에게 공짜로 콘텐츠를 받아 사용할 수 있음은 물론, 잠재 고객들에게 다가가 브랜드의 홍보와 함께 운동할 때 같이 활용하면 좋은 아이템을 어필할 수 있는 일석이조의 방법을 활용해 브랜딩을 잡아나가고 있는 중이다.

또 하나의 훌륭한 예시가 있다. 인스타그램과는 이미지가 매칭이 잘 되지 않는 신용카드를 발급하는 S카드의 오피셜 계정이다. S카드 오피셜 계정에서는 어떤 방식으로 신규 고객을 모을 수 있었을까? 또한, 네모나고 딱딱한 플라스틱 신용카드를 어떻게 콘텐츠로서 활용했을까? 아래 설명을 보기 이전에 한번 생각해보길 바란다.

　　S카드는 'S카드와 함께 하는 일상'이라는 콘셉트으로 계정을 운영하면서 잠재 고객과 소통하는 중이다. 단지 네모난 모양의 딱딱한 플라스틱 카드를 이미지로서 나타내는 것이 아닌, 신용카드를 통해서 구매할 수 있는 모든 것을 콘텐츠로 활용하고 있다. 신용카드를 긁음(결제)으로서 얻을 수 있는 모든 것, 즉 돈으로 살 수 있는 모든 것이 콘텐츠인 셈이다. S카드 오피셜 계정에 들어가보면 S카드 자체가 이미지에 노출되어 있는 콘텐츠도 많지만 S카드가 보이지 않는 콘텐츠도 많다. S카드의 사례를 통해서 군이 우리 브랜드의 상품을 노출시키지 않아도 충분히 콘텐츠를 제작하고 어필할 수 있음을 보여준다. 필자는 강의 때 S카드의 예시를 사용하면서 "콘텐츠에 한계를 두지 마세요."라고 이야기한다.

XPADNDINATOR : 찍고 싶게 만드는 콘텐츠

XPANDINATOR 사진을 촬영할 '거리'를 제공하라
(출처 https://www.youtube.com/watch?v=mBSDtr62ri)

인스타그램 마케팅 중 내가 별다른 액션을 취하지 않고도 유저들이 자발적으로 콘텐츠를 생산해낼 수 있도록 유도하여 마케팅 자동화를 이뤄내는 방법 중 하나는 바로 사진을 찍게 만드는 것이다. 스마트폰의 기술이 발달하고 SNS가 대중화되면서 사람들은 사진을 찍고 실시간으로 자신의 SNS에 업로드할 수 있게 되었다. 사진을 촬영할 '거리'를 제공해주기만 하면 SNS에 업로드하는 것을 쉽게 기대할 수 있다. 특히나 요즘은 SNS에 이미지를 올린다는 것은 곧 인스타그램에 이미지를 업로드한다는 것을 의미하기 때문에 인스타그램 마케팅을 할 때에 이는 꼭 염두해두면 좋다.

XPANDINATOR는 고객들의 "자랑하고 싶은 심리"를 매우 잘 활용했다. (링크 http://funtenna.funshop.co.kr/article/4699) XPANDINATOR는 다른 브랜드와 경쟁하기 위해 가격을 낮추거나 용량을 업그레이드 하지 않고, 새로운 방법을 생각해냈다. 슬러시를 유저들이 직접 원하는 만큼 담아낼 수 있도록 배려해주었다. 유저들은 담아내면서 소소한 재미를 느낄 수 있었음은 물론, 이를 담아내고 SNS에 자랑했다. 이 놀라운 변화는 단지 깔대기 하나만으로부터 시작되었다.

기존의 음료나 슬러시를 담아내는 일반 컵과는 달리 그 컵 위에 깔대기 하나만 씌우는 XPANDINATOR의 차별화 전략은 단순하지만 매우 기발하다. 누구나 똑같은 모양의 도구(깔대기)를 사용하지만 담아내는 양의 차이는 너무나 달랐다. 누군가는 많이 담을 정도가 아니라 저 정도까지 담을 수 있나? 싶을 정도로 많이 담아내는 반면 누군가는 매우 평범하게 담아냈다. 기본적으로 이 깔대기는 사람들의 많이 담아내고 싶은 욕구를 자극했고, 누가 누가 많이 담아내는지에 대한 자존심과 승부욕을 건드렸다. 그리고 많이 담아낸 사람의 자랑하고 싶은 욕구는 자연스럽게 스마트폰을 꺼내어 사진을 촬영하게 만들었고, 그렇게 촬영된 사진은 실시간으로 SNS에 업로드되었다. 업로드된 사진은 도달이 되어 새로운 콘텐츠가 만들어지는 계기가 되었고, 이러한 과정이 계속해서 반복되어 별다른 마케팅 없이, 깔대기 하나만으로 엄청난 마케팅 효과를 기록했다고 한다.

과연 이뿐만일까? 슬러시를 많이 담아낸 사람들은 길거리를 다니면서 광고판으로서의 역할도 충실히 수행하며 지나가다 우연히 본 사람들의 승부욕과 호기심을 자극해 새로운 콘텐츠가 업로드 될 수 있는 좋은 환경을 만들어 주었다.

PART 08
모객 :
충성 고객 모으기

- 영업 : 잠재 고객 모으기

- 공감 : 신규 고객 만들기

- 마케팅 자동화 : 충성 고객 만들기

CHAPTER·01

영업 : 잠재 고객 모으기

"인스타그램은 영업에 최적화 된 플랫폼입니다."

필자가 인스타그램 해시태그 마케팅 강의를 할 때 매번 하는 이야기이다. 인스타그램은 해시태그를 통해서 관심사를 나타내기 때문에 내 잠재 고객들이 어떠한 해시태그를 사용하는지 알기만 하면 특정 해시태그의 검색을 통해서 쉽게 잠재 고객을 찾아낼 수 있다. 해시태그를 사용한 잠재 고객들이 올린 콘텐츠를 너무나 쉽게 접할 수 있기 때문이다.

본격적으로 인스타그램을 시작하기 전에 당연히 우리 브랜드의 상품이나 서비스를 구매할 가능성이 있는 고객들을 분석해야만 한다. 이는 인스타그램 내에서 어떠한 행동을 주로 취하는지에 대한 고민을 하기 이전에 실제 우리 브랜드의 상품을 자주 구매하는 고객들에 대한 기본적인 정보를 말한다. 예를 들어 우리 브랜드가 패션과 관련된 브랜드라면 10대가 주로 구매하는지, 20대가 주로 구매하는지, 남자인지 여자인지, 스트릿 스타일을 좋아하는지, 포멀한 스타일을 좋아하는지 등을 분석한 후 이와 관련된 해시태그를 쭉 나열해본다. 우리 브랜드의 주 고객은 20대의 남성이며, 스트릿 스타일을 선호하는 고객들이 많다고 가정한다면 이 때 나열할 수 있는 해시태그는 #20대패션 #20대코디 #20대남자 #남자자켓 #스트릿자켓 #스트릿패션 #ootd #오오티디 등의 해시태그를 나열할 수 있다. 이렇게 쭉 나열한 해시태그들을 인스타그램을 열어 검색해본 후 내가 나열한 해시태그를 사용하는 사람들은 어떠한 해시태그와 함께 사용하는지 분석해본 후 괜찮은 해시태그를 추가하여 30개(한 번에 해시태그를 입력할 수 있는 최대 개수)정도의 해시태그를 갖춰 놓고 항상 모니터링 하면서 어떠한 형태의 콘텐츠를 자주 올리는지, 어떤 콘텐츠가 인기가 많은지 분석하고 그에 맞는 콘텐츠를 제작하고 잠재 고객들과 소통하는 것이 좋다.

잠재 고객들이 자주 사용하는 해시태그와 콘텐츠를 분석했으면 이제는 잠재 고객에게 영업을 할 차례이다. 인스타그램을 시작한 지 얼마 되지 않았다면 팔로워가 많지 않기 때문에 콘텐츠를 아무리 잘 만들고, 자주 올린다고 한들 내 콘텐츠를 봐줄 수 있는 유저는 매우 적다. 그렇기 때문에 내가 먼저 잠재 고객들의 프로필에 방문하여 그들의 콘텐츠에 좋아요를 누르고, 덧글로 공감하고, 더 나아가서는 DM으로 친분을 쌓아 내가 운영하는 계정의 프로필에 들어와 내가 올린 콘텐츠를 소비하도록 만들고 팔로우하여 주기적으로 콘텐츠를 받아볼 수 있도록 하는 것이 좋다.

소셜마케팅코리아 유저들이 SNS를 가장 많이 이용하는 시간대를 공략하여 도달률을 높이는 것이 좋다.
(소셜마케팅코리아 페이스북 페이지 https://www.facebook.com/socialmkt.co.kr)

더불어 우리 잠재 고객들의 주 이용 시간대를 분석하는 것 또한 큰 도움이 될 수 있다. 최근에는 인스타그램 비즈니스 계정이 나와 이 시간대를 한 눈에 확인할 수 있어 인스타그램 비즈니스 계정으로 전환한 뒤 이를 확인해보는 것이 좋다.

일반적으로 유저들이 SNS를 주로 이용하는 시간대는 출근 시간, 퇴근 시간, 점심시간, 저녁 시간, 자기 전으로 알려져 있다. 일반적인 출근 시간은 9시~10시, 퇴근 시간은 19시~20시, 점심 시간은 12시~13시, 저녁 시간은 18시~19시, 자기 전은 23시~24시로 알려져 있다. 하지만 이는 평균적인 시간대로 우리 잠재 고객과는 차이가 있을 수 있기 때문에 우리 잠재 고객들이 주로 SNS를 이용하는 시간대는 언제인지 분석하는 것이 좋다. 최대한 유저들이 인스타그램을 많이 이용하는 시간대에 콘텐츠를 업로드하여 조금이라도 더 많은 도달을 높일 수 있도록 하는 것이 좋다.

예를 들면, 우리 브랜드의 주 타겟이 중고등학생이라면 학생들이 학교로 등교하는 오전 7시~8시, 학생들이 점심을 먹는 12시 30분 ~ 13시 30분, 학생들이 하교하는 17시~18시, 이들이 자기 전인 22시 ~ 24시에 콘텐츠를 업로드하고 이들과 꾸준히 소통하는 것이 좋다.

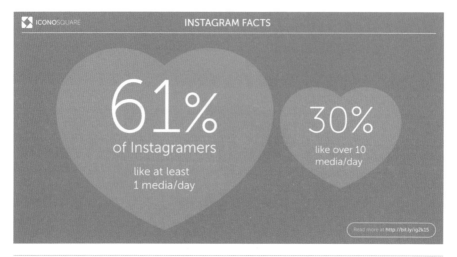

아이코노스퀘어 인스타그램을 이용하는 유저들은 좋아요를 열성적으로 누르는 것으로 나타났다.

좋아요로 영업하기는 매우 간단한 방법이다. 인스타그램을 이용하는 거의 모든 유저들은 다른 유저들의 콘텐츠에 좋아요를 누른다. **실제 ICONOSQUARE의 자료에 따르면** 링크 https://pro.icoNosquare.com/ 인스타그램의 사용자 30%는 좋아요를 열성적으로 누르며, 하루 한 번 이상 좋아요를 누르는 유저의 비율은 61%라고 한다. 모든 유저가 그러한 것은 아니지만 기본적으로 인스타그램을 하는 유저들은 모르는 사람들과 소통하는 것에 대한 거부감이 적고, 먼저 다가가 소통하는 것 또한 부담 없이 즐긴다는 것을 알 수 있는 통계 조사이다.

인스타그램 유저들이 좋아요를 누르는 이유는 크게 2가지인데, 첫 번째는 평소 자주 소통하던 유저들이 새로 올린 콘텐츠에 대해서 호감을 표하는 경우와 두 번째로는 아직 교류를 하지 않았던 유저에게 좋아요를 누름으로써 알림을 받은 유저가 내 프로필에도 와서 내가 올린 콘텐츠에 좋아요를 눌러주길 바라는, '반사'를 목적으로 하는 경우이다. 후자의 이유로 좋아요를 누르는 유저들의 일부는 다른 사람들이 내 콘텐츠에 좋아요를 눌러주었다는 알림을 확인할 경우 좋아요를 눌러준 유저들의 프로필로 들어가 좋아요를 해주는 반사를 할 가능성이 크다. 좋아요로 영업을 하는 것은 바로 이러한 성향의 유저들을 겨냥한 방법으로, 내가 먼저 좋아요를 눌러줌으로서 내 프로필로 들어오게 하는 것을, 내 콘텐츠에 좋아요를 누르게 하는 것을, 나를 팔로우 하도록 유도하는 것을 목적으로 한다.

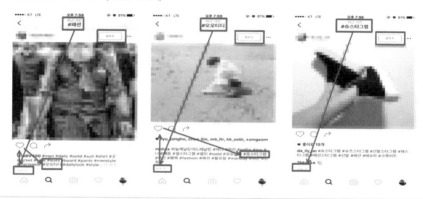

인스타그램으로 영업하기 해시태그 파도타기를 통해 반사율을 높일 수 있다.

좋아요로 영업을 하는 가장 좋은 방법은 당연히 많은 콘텐츠에 좋아요를 누르는 것이다. 다수의 프로그램을 통해서 직접 좋아요를 누르지 않고도 많은 좋아요를 계속해서 누를 수 있지만, 이는 우리 잠재 고객이 아닌 유저의 콘텐츠에 좋아요를 누를 수도 있음은 물론 과할 경우 인스타그램의 알고리즘에 걸려 저품질 계정에 빠질 수 있다. 때문에 필자는 일일이 검색해본 후 우리 잠재 고객으로 추정되는 유저들의 콘텐츠에만 좋아요를 누르는 것을 추천하고 있다.

일일이 좋아요를 누를 때 가장 좋은 방법은 "파도타기"를 하는 것이다. 싸이월드에서 일촌들의 미니홈피를 방문하여 일촌평을 남기고 다이어리나 사진에 새로 업로드된 콘텐츠들에 덧글을 남김으로서 발자취를 남기듯 인스타그램에서도 잠재 고객들이 자주 사용하는 해시태그를 하나 검색한 후 좋아요를 누른 뒤 다시 다른 해시태그를 검색해 좋아요를 누르는 방법이다.

#패션 이라는 해시태그를 검색한 후 시간 순서대로 나열되는 콘텐츠들에 좋아요를 누른다. 어느 정도 좋아요를 눌렀다고 생각되면 한 유저가 #패션 이라는 해시태그

와 함께 입력한 또 다른 해시태그인 #오오티디 에 올라온 콘텐츠들에 좋아요를 누르고, 다시 어느 정도 좋아요를 눌렀다는 생각이 들 경우 새로운 해시태그인 #슈스타그램 을 터치하여 또 다시 새로운 콘텐츠에 대해 좋아요를 누르는 방법이다. 이 때 콘텐츠와 캡션, 그리고 해시태그를 보면서 내 잠재 고객이면서 동시에 팔로워(찍힌 좋아요 개수로 유추할 수 있으며, 프로필로 넘어가 직접 확인할 수도 있음)도 많은 유저들은 팔로워가 많은 잠재 고객이므로 팔로우를 하여 이들이 발행하는 콘텐츠에 꾸준히 좋아요를 누르고 소통하는 것이 좋다. 나중에 이 잠재 고객이 신규 고객이 되고, 더 나아가 충성 고객이 되면 우리 브랜드의 마케터가 될 가능성이 크다.

파도타기 방법이 좋은 이유는 실시간으로 업로드 되는 콘텐츠에 좋아요를 많이 누를 수 있기 때문이다. 기본적으로 인스타그램을 이용하는 유저들을 보면 콘텐츠를 올린 후 바로 스마트폰 전원 버튼을 눌러 화면을 꺼버린 뒤 주머니에 넣지 않는다. 대부분의 유저들은 인스타그램에 콘텐츠를 업로드한 후 내가 입력한 해시태그에 잘 노출이 되는지, 다른 유저들은 어떤 콘텐츠를 올렸는지 보면서 좋아요를 누른다. 쉽게 말해, 3분 이내에 자신의 인스타그램에 콘텐츠를 올린 유저들은 인스타그램 화면을 계속해서 보고 있을 가능성이 크다는 것이다. 인스타그램을 하면서 좋아요를 많이 누르는 이유가 반사를 많이 받기 위해서라면, 최대한 지금 인스타그램 화면을 보고 있는 유저의 콘텐츠에 좋아요를 눌러서 실시간으로 좋아요 알림이 뜨는 것을 확인하게 만들고 내 프로필에도 방문토록 유도하는 것이 효율적이다.

CHAPTER·02

공감 : 신규 고객 만들기

"마케팅을 잘 하는 사람들은 마케팅을 하지 않습니다."

아무리 내가 인스타그램을 열심히 운영해서 팔로워를 많이 모았다고 한들 여러 명의 인플루언서가 우리 브랜드의 상품을 올려주는 것 보다 더 높은 도달이나 마케팅효과를 기대하기는 어렵다. 그렇기 때문에 가능하면 팔로워가 많은 인플루언서들이나를 대신하여 우리 업체를 마케팅해줄 수 있도록 유도하는 장치를 마련하는 것이 좋다. 내가 직접 콘텐츠를 업로드하는 것 보다 우리 브랜드를 정말 사랑하는 인플루언서가 나를 대신하여 콘텐츠를 올려주는, 훨씬 더 좋은 성과를 낼 수도 있다.

플랫폼을 활용하여 마케팅을 하는 가장 쉬운 방법은 플랫폼에서 영향력이 있는 유저들과 친하게 지내는 것이다. 인스타그램도 마찬가지로 우리 브랜드가 속한 분야에서 팔로워가 많은 인플루언서와 친하게 지내면 마케팅을 하기가 수월해진다. 그렇기 때문에 항상 인플루언서와 가깝게 지내고, 그들이 우리 브랜드를 정말로 사랑할 수있도록 만드는 것이 중요하다.

쓸데없는 덧글 "소통해요~" 와 같은 무의미한 덧글은 소통을 불러오지 않는다.

　잠재 고객의 프로필에 먼저 들어가서 영업을 하는 과정에서, 잠재 고객이면서 동시에 팔로워가 많은 인플루언서들을 팔로우를 했다면 이제는 팔로우한 인플루언서 유저들이 신규 고객이 될 수 있도록 만들어야 한다.

　인플루언서와 친해지는 첫 번째 방법은 꾸준한 소통과 공감이다. 우선적으로, 팔로우를 한 유저가 올리는 콘텐츠에 항상 좋아요와 덧글을 남겨 꾸준히 그들의 알림에 나를 어필할 필요가 있다. 하지만 인플루언서의 프로필에 들어가 "소통해요" "사진이 예뻐요" "사진을 잘 찍으시네요"와 같은 의미 없는 덧글을 남기는 것이 아니라 진짜 유저가 올린 콘텐츠에 대한 진솔한 피드백을 보내며 공감을 하는 것이 좋다. 여러 번 좋아요와 덧글을 남기게 되면 인플루언서가 나를 기억해주거나, 정말 공감되는 소통을 했다면 나를 맞팔해줄 가능성이 크다. 인플루언서는 아직 우리 브랜드를 모를 수 있지만, 내가 운영하는 인스타그램 계정에 대해서 알았기 때문에 이제부터는 이 인플루언서와 꾸준히 소통하고 공감하며 친해지는 방법을 고민할 때이다. 만약 인플루언서가 나를 팔로우 했다면 그 다음 단계로는 인플루언서에게 DM을 보내어 우리 업체에 대한 소개를 하고, 더욱 친해질 필요가 있다.

　인플루언서가 올리는 콘텐츠에 주기적으로 좋아요, 덧글로 소통하여 내가 누구인지 알렸으면, 이제는 내가 어떤 사람이고, 우리 브랜드는 어떠한 브랜드인지에 대해서 알릴 필요가 있다. 이 때 활용하면 좋은 것이 바로 DM(Direct Message의 줄임말)

🖋 인플루언서에게 DM보내기 🖋

01

맞팔을 하게 된 인플루언서의 프로필에 들어간다.

02

오른쪽 상단의 ⋯ 버튼을 누르면 생기는 메뉴 창에서 〈메시지 보내기〉 터치

03

무조건적으로 우리 브랜드를 PR하기보다는 친해지고 싶다는 의미를 전달하기.

이다. 인스타그램에서의 DM은 1:1 채팅 역할을 하고 있는 기능으로, 1시간 동안 10개 정도의 DM을 보낼 수 있다는 제한이 있지만, 무분별하게 DM을 보내지 않고 꾸준히 공감을 통한 소통을 하다 보면 1시간에 10개의 DM으로도 충분히 우리 브랜드를 알릴 수 있다.

이때 중요한 것은 무조건적으로 우리 브랜드를 알리는 내용, 예를 들어 "안녕하세요 저는 ○○○이라는 브랜드를 운영하는 누구입니다. 저희 브랜드는 이런 스타일을 지향하고 있으며~"라는 브랜드를 어필하고 홍보하는 데에 집중된 메세지 내용은 이제 막 친해지기 시작한 유저들에게 거부감을 줄 수 있다는 것이다. 때문에 처음 DM을 보낼 때에는 브랜드를 알린다는 목적보다는 인플루언서 유저와 친해지고 싶다는 내용과 함께 브랜드에 대한 소개를 살짝 언급하는 정도로만 이야기하고, 나중에 인플루언서 유저가 브랜드에 대해 관심을 갖기 시작하면 그때 다시 한 번 브랜드에 대해서 소개해주는 것이 좋다.

CHAPTER·03

마케팅 자동화 : 충성 고객 만들기

"고객을 마케터로 활용한다"는 것은 고객에 의한 자발적인 바이럴 확산 효과를 이용한다는 것과 같은 의미이다. 바이럴 마케팅은 입에서 입으로 전파되는 바이러스(마케팅)이다.

성공적인 바이럴 마케팅이 진행되는 모습은 이렇다. 우리 브랜드의 상품이나 서비스를 최초로 이용한 유저(고객)가 정말 우리 브랜드의 상품과 서비스가 마음에 들었다면 고객은 다른 유저들(잠재 고객)에게 추천(Oral)을 한다. 추천을 받았던 유저들의 일부는 새로운 신규 고객이 되고, 다시 앞의 과정을 거쳐 또 다른 잠재 고객에게 추천을 하고, 새로운 신규 고객을 이끌어내는 성공적인 바이럴 마케팅이 이루어질 수 있다. 이 때의 조건은 상품이나 서비스에 대한 만족도이지만, 인스타그램을 통해 상품과 서비스는 물론 친근감과 소속감까지 형성할 수 있어 고객이 우리 브랜드를 정말 좋아하게 만드는 데에 큰 힘이 된다.

인스타그램의 해시태그 마케팅 또한 마찬가지이다. ①신규 고객이건, 단골 고객이건 기존에 상품이나 서비스를 경험했던 고객들이 내가 만든 해시태그를 인스타그램에 올리고, ②그들의 팔로워나 인스타그램의 콘텐츠를 구경하던 유저들(잠재 고객)이 해시태그를 접하고 우리 브랜드의 상품을 구매한 후 ③자신의 피드에 콘텐츠를 업로드하는 것이 바로 인스타그램 해시태그 마케팅의 핵심이다.

일반적으로 마케팅을 하는 사람들은 신규 고객을 유치하는 것을 목표로만 하는 경우가 많다. 꾸준히 콘텐츠와 해시태그를 업로드하여 잠재 고객들에게 알리고, 영업을 하여 그들이 신규 고객이 될 수 있도록 만드는 것 까지만 신경을 쓰지 그 다음 과정은 고려하지 않는다. 진짜 바이럴은 내가 아닌 상품이나 서비스를 경험한 유저들이 자발적으로 소문을 내는 것이다. 신규 고객을 유치했다면, 그들이 어떻게 하면 자발적으로 우리 상품이나 서비스를 알릴 수 있을지에 대한 장치를 마련해야 한다. 인스타그램 마케팅을 처음 시작한다면 내가 만든 해시태그를 알리는 사람은 오직 나 하나 뿐이다. 빠른 시간 안에 인스타그램 해시태그 마케팅을 성공하기 위해서는 많은 잠재 고객들에게 콘텐츠를 노출시키고 영업하여 신규 고객을 모으고, 신규 고객을 충성고객으로 만들어 더 많은 잠재 고객을 데리고 올 수 있도록 만들어야 한다.

편의상 신규 고객이나 잠재 고객을 모아오는 고객이 되었을 때를 충성 고객이라 하자. 이러한 충성 고객들을 많이 모으기 위해선 기본적으로 상품이나 서비스가 좋아야 함은 물론 이러한 고객들과 친해지는 것(고객 관리) 또한 중요하다. 만약 오프라인 매장이 있다면 고객이 방문했을 때 빠른 시간 안에 충성 고객으로 만들기 용이하다. 고객이 매장에 방문했을 때 단순히 상품이나 서비스만을 구매하는 것에서 멈추는 것이 아니라 고객과 꾸준히 소통할 수 있도록 인스타그램이나 다른 SNS와 친구 관계를 맺는 것은 물론, 가능하다면 연락처를 주고받는 것도 좋다. 메시지나 전화, 카카오톡으로 그들의 피드백을 듣고 빠르게 대처하고, 주기적으로 연락을 주고받는다면 신규 고객이 한 번에 충성 고객이 될 가능성이 크다.

이렇듯 인스타그램 내에서 신규 고객을 충성 고객으로 전환시키는 데에 가장 좋은 방법은 바로 소통이다. 신규 고객이 인스타그램에 내가 만든 해시태그와 함께 콘텐츠를 업로드 해준다면 그에 대한 감사의 덧글을 남기고, 가능하다면 이런 고객들에게 주기적으로 이벤트를 진행하여 그들이 계속해서 우리 업체를 홍보해줄 수 있는 콘텐츠를 발행할 수 있도록 장려하는 장치를 마련하는 것이 좋다.

●●●●○ AIS 4G 3:55 PM 75% ▬

‹ Photo ↻

instagram ···

♡ ◯ ↱

♥ 1,259,196 likes

instagram Three years ago, Paulo del Valle
(@paulodelvalle) started the My Instagram Logo
project, inspiring thousands of creators to remix our
icon in wildly creative ways. Paulo, who lives in São
Paulo, used more than 400 flowers to make his remix
of our app's new look. "I went to the biggest flower
shop in Rio de Janeiro and bought half of their stock
for Mother's Day. Then I got home and I had no idea
how I was going to do it," he explains. Eight hours
later, he had something beautiful.
Photo by @paulodelvalle

⌂ 🔍 ◎ ♡ 👤

PART 09

해시태그 마케팅의
6요소

이 책의 가장 주요한 내용을 담은 부분이 바로 '해시태그 마케팅을 위한 6가지 요소'이다. 앞 부분에서는 기본적인 인스타그램이라는 플랫폼에 대한 설명과 콘텐츠, 바이럴 마케팅과 SNS, 그리고 고객을 만드는 방법에 대해 설명하였다. 필자는 가능하면 사례를 중심으로 앞의 내용과 함께 앞으로 설명할 6가지 요소에 대해서 설명하고자 노력했으며, 가능한 이미 브랜딩이 되어있는 대기업이나 해외의 사례 대신 국내의 소상공인, 스타트업 브랜드의 사례를 활용하려 했다. 하지만, 아직까지 국내에서는 인스타그램 해시태그 마케팅을 진행하는 업체가 매우 드문 것은 물론, #해시태그 자체를 잘 활용하고 있는 사례도 매우 드물어 외국의 사례와 대기업의 사례도 같이 넣었다. 앞으로 강의나 컨설팅을 진행할 때에는 해외나 대기업 사례는 완전히 배제하고 국내의 스타트업 브랜드의 사례만으로 설명할 수 있는 날이 오기를 희망한다.

CHAPTER 01

지속성 : 자발적인 참여와 꾸준한 참여

해시태그 마케팅을 할 때 가장 우선적으로 고려해야 하는 요소가 바로 "지속성"이다. 어떻게 하면 유저들이 내가 만든 해시태그를 꾸준히 업로드 해줄까에 대한, HOW에 대한 고민을 통해 끊임 없이 콘텐츠가 쌓일 수 있는 방법을 고려해야한다. 마케팅과 이벤트는 다른 점이 많지만 가장 큰 차이점 또한 고객들이 계속해서 내가 원하는 액션을 취하느냐, 정해진 기간 동안에만 액션을 취하느냐의 차이다. 마케팅은 꾸준히 고객들이 내가 원하는 행동을 취하도록 만들지만, 이벤트는 정해진 일정 기간 동안에만 액션을 취하기 때문에 지속적인 마케팅 효과를 기대하기 어렵다. 또한 짧은 이벤트를 계속해서 진행하게 될 경우엔 브랜드의 이미지와 가치가 떨어질 수 있다는 단점이 있다. 인스타그램 해시태그 "이벤트"가 아닌 "마케팅"을 진행하고자 한다면 절대로 기간 한정을 설정한다거나 설정을 하더라도 내가 만든 해시태그가 일정 기간 동안에만 업로드 되는 것이 아닌, 기간이 끝난 이후에도 꾸준히 업로드 될 수 있는 장치를 마련해야 한다.

이벤트를 통해 짧은 기간 동안 아무리 고객들이 내가 만든 해시태그를 많이 올려준다고 한들 일정 기간이 지난 후 계속해서 새로운 콘텐츠가 올라오지 않는다면 고객들의 머리 속에서 잊혀질 수 밖에 없다. 그렇기 때문에 인스타그램 마케팅을 하기 이전에 항상 어떻게 하면 우리 고객들이 내가 만든 해시태그를 꾸준히 업로드 해줄까에 대한 고민부터 해야 한다. 또한 단순히 #업체명 해시태그나 별 의미 없는 해시태그를 사용하는 것은 해시태그 마케팅에 있어 큰 도움이 되지 않기 때문에 가능하면 기획 단계에서부터 우리 업체를 대표하는 동시에 매력적인 해시태그를 하나 이상 만들어 내는 것이 중요하다.

해시태그 마케팅의 핵심은 "자발적인 참여"이다. 처음 해시태그 마케팅을 진행할 때 내가 만든 해시태그를 입력하는 유저는 오직 나(와 직원들) 하나뿐이다. 끈기와 인내를 가지고 꾸준히 콘텐츠를 쌓아가면서 오랜 시간을 투자하여 잠재 고객을 신규 고객으로 만들고, 신규 고객을 충성 고객으로 전환시키는 일을 멈추지 않고 진행하다보면 자연스럽게 내가 만든 해시태그를 올려주는 유저들이 하나 둘 늘어나게 된다. 이러한 자발적인 바이럴과 확산이 생기게 되면 나중에는 고객이 다른 유저들에게 알리고, 다시 이 유저가 또 다른 유저에게 알리는 마케팅 자동화가 이루어지게 된다. 이러한 충성 고객으로부터 시작된 진정성 있는 소문은 쉽게 잊혀지지 않고 고객들의 기억에 오래 남게 된다.

두 번째로는 "꾸준한 참여"이다. 유저들이 내가 만든 해시태그를 자발적으로 업로드 한다고 한들 어느 순간부터 업로드 되는 콘텐츠가 적어지거나 사라진다면 유저들의 자발적인 참여도 무의미해진다. 그렇기 때문에 해시태그 마케팅을 하고자 하는 브랜드에서는 유저들이 꾸준히 해시태그를 사용하여 콘텐츠를 업로드할 수 있게끔 장려해야 한다. 특히 유저들이 해시태그를 입력하는 데 있어 식상하거나 지루하지 않도록 매번 새로운 콘텐츠를 제공해주거나 프로모션, 고객 관리 등을 통해서 유저들이 내가 만든 해시태그를 입력하고 소통하는 것 자체를 즐길 수 있는 장치를 마련해 주어야만 한다.

이를 위해선 오랜 시간 동안의 고민을 통한 아이디어 도출이 필요하다. 오랜 시간 동안 고민한 결과로 정말 괜찮은 아이디어가 나왔다면 이 아이디어를 실현시킬 수 있는, 유저들이 내가 원하는 행동을 취할 수 있도록 아이디어에 대한 구체적인 기획력이 필요하다. 또한 구체적인 기획을 꼼꼼하게 진행할 수 있는 실행력과 끈기도 필요하다.

✎ 지속성을 잘 활용한 사례 1.
Marc by Marc Jacobs 의 #CastMeMarc ✎

인스타그램 해시태그 마케팅 성공사례 중 빠질 수 없는 사례는 마크 바이 마크 제이콥스의 #CastMeMarc 캠페인이다. 마크 바이 마크제이콥스 에서 화보 모델을 선발했는데, 굉장히 파격적인 방식으로 모델을 선발하였다. 기존에 알려진 패션 모델을 선발하는 것이 아니라 모델 지망생이나 일반인도 인스타그램을 통해서 화보 모델을 지원할 수 있는 캠페인이었다. 마크 바이 마크 제이콥스의 화보 모델의 주인공이 되고 싶은 모델, 아마추어 모델, 모델 지망생은 물론 일반인까지 참여할 수 있는 캠페인으로, 2014년 4월부터 9월까지 약 6개월 동안 7만 여명의 참가자가 지원했다고 한다. 일반인부터 비주얼이 뛰어난 모델까지 지원한 캠페인이니 그 파급력과 마크 바이 마크 제이콥스에 대한 홍보 효과는 어마어마 했을 것이다.

굉장히 단순하지만, 파격적인 조건으로 인스타그램을 통해 모델을 선발한 마크 바이 마크제이콥스

#CastMeMarc 캠페인은 매우 단순한 참여 방식으로 진행됐다. 모델로 참여하고 싶은 사람들은 단순히 자신의 인스타그램에 #CastMeMarc 라는 해시태그와 자신의 사진을 업로드 하는 것 만으로 지원할 수 있었다. 지원한 모델 중 마크 바이 마크 제이콥스에 가장 잘 어울리는 지원자 7명은 브랜드 화보 모델이 되는 기회를 얻게 되었다. 이 캠페인은 매우 간단한 방법을 취했지만 엄청난 참여자(7만 여명)를 모집하며 매우 성공적인 결과물을 도출했다.

마크 제이콥스라는 세계적인 디자이너가 훌륭했기 때문에 가능했던 #CastMeMarc 캠페인

하지만, 이는 #CastMeMarc 캠페인의 아이디어가 훌륭했다기보다는 마크 바이 마크 제이콥스라는 브랜드와 마크 제이콥스 라는 세계적인 디자이너가 훌륭했기 때문에 좋은 결과물을 얻어낼 수 있었던 것이라고 생각한다. 이 캠페인은 누구나 진행할 수 있는 캠페인이지만, 브랜드 인지도에 따라서 그 결과는 천차만별일 수밖에 없는 캠페인이다. 당장 #CastMe~ 의 단순한 아이디어는 지금 당장 누구나 적용할 수 있는 아이디어이다. Marc 대신 우리 업체를 대표하는 단어를 삽입만 하면 그만이지만 브랜딩이 얼마나 잘 되어 있느냐에 따라서 참여하는 참가자들의 수는 다를 수밖에 없다.

물론 #CastMeMarc 캠페인은 기존의 유명한 패션 모델 중 화보 모델로서 적합한 모델을 선별하던 전통적인 방식에서 벗어나 뉴 미디어인 인스타그램을 활용하여 누구나 화보 모델에 지원할 수 있는 기회를 열어주었다는 것은 매우 큰 의미가 있으며, 유저들로부터 긍정적인 효과를 가지고오는 굉장히 좋은 아이디어이다.

필자가 #CastMeMarc 캠페인에서 집중하는 부분은 2014년 4월부터 2014년 9월까지만 진행한 캠페인이라는 점이다. 하지만 신기하게도 아마추어 모델이나 모델 지망생들이 캠페인 기간이 끝났음에도 불구하고 계속해서 #CastMeMarc 라는 해시태그를 사용했다는 점에 주목해야 한다.

2016년 7월 12일 오후 5시 캡쳐 화면, 모델 지망생들은 지금도 여전히 #CastMeMarc 라는 해시태그를 사용하고 있다.

캠페인이 끝난 지 2년이 거의 다 되어가는 2016년 7월 달에 캡쳐한 사진을 보자. 19분 전인데도 불구하고 여전히 #CastMeMarc 라는 해시태그를 사용하는 유저가 있음을 확인할 수 있다. 왜 이 사람들은 여전히 #CastMeMarc 라는 해시태그를 입력하는 걸까?

세계적인 명품 브랜드 마크 바이 마크 제이콥스에서 누구에게나 공평하게 모델이 될 수 있는 기회를 제공해주었다. 2012년의 패션 다큐멘터리 영화 〈픽쳐 미 : 모델 다이어리〉라는 영화 중 "패션위크 기간 중 마크 쇼에 올랐으면 끝난 거야!"라는 대사가 있을 정도로 패션계에서 마크 제이콥스의 영향력은 실로 어마어마하다. 모델을 희망하는 사람이라면 이 소식을 듣고 참여하지 않을 수 없었고 전 세계의 수많은 모델 지망생들은 이 캠페인을 통해 7명 중 한 명이 되기를 바라며 인스타그램에 #CastMeMarc 라는 해시태그를 입력했다. 덕분에 #CastMeMarc 라는 해시태그를 검색만 하면 전 세계의 모델이나 모델이 되기를 희망하는 이들을 쉽게 찾아볼 수 있게 되었다. 검색 한번으로 전 세계의 모델을 볼 수 있기에 모델 에이전시에서는 이를 적극 활용하여 마음에 드는 모델을 발굴하는 데 시간을 투자했을 것으로 보인다.

2016년 10월 24일 #CastMeMarc 해시태그 캡쳐 화면의 모습. 관련 해시태그로 #ModelGirl 과 #ModelAgency 등이 보인다.

    항상 모델을 발굴하는 모델 에이전시의 입장에서는 인스타그램에서 #CastMeMarc 라는 해시태그만 검색하면 마음에 드는 모델을 찾아 컨택할 수 있었다. 마크 제이콥 스도 좋고, 모델도 좋은 캠페인 이라는 평가를 받았으며, 더불어 모델 에이전시에서 도 좋은 캠페인이 되었다. 여전히 모델들은 #CastMeMarc 라는 해시태그를 사용하고 있고, 여전히 에이전시에서는 #CastMeMarc 를 검색하면 전 세계의 모델을 찾아볼 수 있다. 캠페인 진행 기간 동안에는 "나를 뽑아주세요, 마크!"였다면, 캠페인이 끝난 이 후에는 "저는 모델입니다"라는 의미로 확장되었다.

    또한, 아주 짧은 기간 동안 많은 유저들이 #CastMeMarc라는 해시태그를 사용 했다. 인스타그램을 통해 서로 소통하던 모델이나 모델 지망생들은 자신의 인스 타그램 친구가 #CastMeMarc 라는 해시태그를 사용하는 것을 보고 따라서 사용 했을 것이며, 이러한 현상이 계속되어 지금까지도 이어지고 있는 것으로 보여진 다. 일반적으로 #CastMeMarc 라는 딱 하나의 해시태그만 입력하지 않았을 것이 기 때문에, CastMeMarc 캠페인과 직간접적으로 관련이 있는 해시태그인 #Model #ModelAgency와 같은 해시태그도 같이 입력하여, CastMeMarc 캠페인을 모르는 유 저들에게 CastMeMarc 캠페인이 어떤 캠페인인지 알려졌을 것으로 보인다.

#CastMeMarc 해시태그는 모델들끼리 소통하는 플랫폼으로서의 역할을 하다가 조금 더 시간이 지나자 모델과 에이전시를 연결해주는 하나의 플랫폼으로서 성장하게 된 것이다. 또한, 해시태그에 "marc"라는 단어가 들어가 있어 모델 지망생들이 꾸준히 콘텐츠를 쌓는다면 알아서 마크 바이 마크 제이콥스의 브랜딩이 되는 효과도 있다. 지금처럼 계속해서 #CastMeMarc 라는 해시태그를 사용하는 유저들이 있다면 마크 바이 마크 제이콥스에서는 별 다른 마케팅이나 홍보 활동을 하지 않아도 유저(모델)들이 마케터의 역할을 대신해주어 브랜드의 인지도를 계속해서 쌓아나가는 긍정적인 효과를 기대할 수 있다.

2016년 11월부터 뷰티를 주제로 한 새로운 #CastMeMarc 캠페인이 진행중이다.

✐ 지속성을 잘 활용한 사례 2.
LOOKKOREA의 #LookKorea ✐

유저들의 자발적인 참여로 계정이 운영되었던 @LookKorea

국내에서 유저들이 꾸준하게 하나의 해시태그를 지속적으로 입력하도록 유도한 성공적인 사례 중 하나로 @LookKorea 에서 진행한 #LookKorea 해시태그가 있다. @LookKorea 계정은 패션 피플들의 데일리룩 콘텐츠를 리그램한 콘텐츠 외에 다른 콘텐츠는 찾아볼 수 없다. 올라와 있는 콘텐츠는 모두 @LookKorea 계정에 소개되고 싶은 패션 피플들이 자발적으로 요청하여 올라간 이미지 뿐이다.

#LookKorea 검색결과와 @LookKorea를 태그한 유저들의 콘텐츠. 어느 순간부터 유저들은 자발적으로 #LookKorea 라는 해시태그를 사용하고, @LookKorea 계정을 태그하기 시작했다.

룩코리아는 처음 계정을 시작한 순간부터 인스타그램 유저 중 패션 센스가 돋보이는 패션 피플들의 사진을 리그램하여 유저들에게 소개하는 하나의 콘셉트를 꾸준히 유지해왔다. 룩코리아에서는 처음 콘텐츠로서 활용할 수 있는 게시물을 찾아내기 위해 #데일리룩 #패션 등의 해시태그를 검색하여 패션 센스가 돋보이는 유저의 사진에 덧글을 통해서 #LookKorea 라는 해시태그를 요청했다. 이 요청을 받아들인 패션 피플들은 자신의 사진에 #LookKorea 라는 해시태그를 덧붙였다. 룩코리아는 이들의 콘텐츠를 리그램하면서 계정의 콘셉트를 확고히 다져나가기 시작했다. #LookKorea 라는 해시태그가 많이 쌓이면 쌓일 수록 점차 팔로워가 늘었고, #LookKorea 라는 해시태그가 패션 피플들 사이에서 많이 사용되어 자연스럽게 #LookKorea 라는 해시태그를 검색하면 수많은 패션 피플들의 데일리룩 콘텐츠를 볼 수 있게 되었다.

@LookKorea 에 올라온 마지막 게시물은 2016년 3월이지만 #LookKorea 해시태그를 통해 2016년 10월인 현재에도 계속해서 콘텐츠가 업로드 되고 있다.

　점차 많은 사람들이 #LookKorea 라는 해시태그를 입력하자 더 이상 유저들에게 일일이 덧글을 달아 룩코리아 계정에 올릴 콘텐츠를 발굴할 필요가 없어졌다. 단지 #LookKorea 라는 해시태그를 이용하는 유저들 중 일부를 선별하여 리그램만 할 뿐이었다. 또한, 수많은 패션피플들은 룩코리아 계정 에서 선별하는 오늘의 패셔니스타로 꼽히기 위해 #LookKorea 라는 해시태그를 입력하는 것과 함께 @LookKorea 계정을 자신들의 콘텐츠에 태그하기 시작했다. @LookKorea가 나서서 해시태그를 입력하고 자신의 계정을 태깅하라고 요청하지 않아도 유저들이 스스로 콘텐츠를 양산하고 룩코리아를 알리는 마케터로서의 역할을 충실히 하게 된 것이다. 일전의 예시로 들었던 #CastMeMarc 라는 해시태그와 마찬가지로 #LookKorea 라는 해시태그 또한 패션 피플들끼리 소통하는 하나의 플랫폼으로 발전한 것이다.

　이 계정은 2014년 여름으로 추정되는 때부터 2016년 3월까지 계정이 운영된 것으로 보인다.

CHAPTER 02

브랜딩 : 브랜드의 이미지를 나타내는 슬로건 활용

해시태그 마케팅을 진행할 때는 상품 판매보다는 브랜딩에 집중하는 것이 현명하다. 아니, 해시태그 마케팅 자체가 브랜딩을 위한 마케팅 방법이다. 해시태그 마케팅은 돈이 아닌 시간을 투자하는 마케팅 방법이기 때문이다. 시간을 들여 잠재 고객을 신규 고객으로 전환하고, 신규 고객을 다시 충성 고객으로 전환하여 우리의 마케터로서 활동할 수 있도록 유도하는 것이 좋다.

이미지나 동영상 만으로 우리 브랜드의 아이덴티티를 전달할 수 있으면 꾸준히 콘텐츠를 발행해 잠재 고객들이 우리 브랜드를 좋아하도록 만들면 되지만 아무런 텍스트(캡션)나 설명 없이 이미지나 동영상 만으로 우리 브랜드의 아이덴티티를 전달하는 것은 쉽지 않다. 그래서 콘텐츠와 함께 콘텐츠를 더 자세히 설명해줄 수 있는 텍스트를 함께 입력하거나 카드뉴스처럼 이미지에 콘텐츠를 편집하여 한 눈에 보여지도록 만들기도 한다. 이미 수많은 브랜드에서 활용하고 있는 방법으로 브랜드의 아이덴티티를 담은 텍스트를 이미지에 워터마크와 함께 삽입하거나 나이키의 #JustDoIt, 아디다스의 #ImpossibleIsNothing 처럼 동영상의 처음이나 마지막에 삽입하여 콘텐츠에 대한 주제나 브랜드 아이덴티티를 알리는 방법이 대표적이다.

해시태그는 최대 30개까지 입력이 가능하기 때문에 팔로워가 많이 없는 초기에는 가능하면 30개의 해시태그를 모두 사용하여 최대한 많은 잠재 고객에게 콘텐츠가 노출되도록 하는 것이 좋다. 또한, 필자는 30개의 해시태그 중 하나 정도는 슬로건과 같은 텍스트에 #을 붙여 해시태그로 만들어 우리 브랜드의 아이덴티티를 잘 담고 있는 해시태그로서 사용하는 것을 추천한다. 내가 올린 콘텐츠를 접한 잠재 고객에게 우리 브랜드의 호감도를 높일 수 있는 해시태그를 통해 브랜드 이미지를 구축해 나가는 것이 장기적인 인스타그램 해시태그 마케팅에 큰 도움이 된다.

슬로건을 해시태그로서 활용하고 있는 나이키와 아디다스의 슬로건은 '도전할 때' 사용하는 대표적인 해시태그가 되었다.

슬로건은 우리 브랜드의 아이덴티티를 잘 담아내고 있는 텍스트이다. 슬로건만큼 짧은 텍스트만으로 우리 브랜드를 나타내기 좋은 것은 없다. 그리고 이 텍스트 앞에 #을 하나 붙이면 해시태그가 되기 때문에 필자는 브랜드의 아이덴티티를 나타낼 수 있는 슬로건을 해시태그로 사용하는 것을 추천한다.

나이키의 슬로건인 Just Do It이나 아디다스의 슬로건인 Impossible Is Nothing은 의미 자체가 매우 좋기 때문에 유저들이 자발적으로 해시태그로 콘텐츠를 발행하는 중이다. 인스타그램에서 이 두 가지의 해시태그를 검색하면 나이키나 아디다스와는 전혀 관련 없는 콘텐츠도 쉽게 찾아볼 수 있는데, 이는 브랜드와 상관 없이 슬로건의 메시지가 좋기 때문에 해시태그를 활용하는 경우이다.

만약 우리 브랜드의 슬로건이 해시태그로서 사용하기 너무 길다면 압축한 표현을 사용하거나 꾸준히 의미 있는 캠페인과 캠페인을 나타내는 해시태그를 통해서 브랜딩을 해나가는 것 또한 좋은 방법이다.

✐ 브랜딩을 잘 활용한 사례 : 나이키의 #JustDoIt. ✐

JUST DO IT 나이키는 #JustDoIt을 적극 활용하여 계속해서 브랜드 이미지를 전달하고 있는 중이다.

마케팅을 정말 잘 하는 브랜드 중 하나인 나이키 역시 인스타그램 해시태그 마케팅을 진행하고 있다. 최근 나이키에서 만들어지고 있는 광고나 바이럴 영상의 공통점은 영상의 마지막 부분에 #JustDoIt 이라는 해시태그 혹은 Just Do It의 텍스트가 사용된다는 점이다.

나이키는 명불허전의 세계적인 스포츠 브랜드이다. 전 세계에서 나이키라는 브랜드를 모르는 사람 보다 아는 사람이 더 많을 정도로 인지도가 높은, 브랜딩이 아주 잘 된 스포츠 브랜드이다. 또한, 나이키라는 브랜드를 아는 사람들의 대부분은 "Just Do It"이라는 문구를 보면 나이키가 생각나거나, 나이키의 슬로건이 Just Do It 이라는 것을 알고 있다. 때문에 나이키에서는 #JustDoIt을 내세워도 나이키라는 브랜드를 알릴 수 있음은 물론, 나이키의 도전적인 정신을 함께 전할 수 있어 해시태그로서 #JustDoIt 을 더욱 적극적으로 활용하는 모습을 보이고 있다.

아디다스 크롭티를 입은 여성의 게시물이 #JustDoIt 검색의 인기 게시물에 올라간 모습. 유저들에게 #JustDoIt은 나이키의 슬로건 이상의 의미가 있다.

필자는 해시태그를 만들 때 꼭 자사의 브랜드를 알릴 수 있는 슬로건을 만들어 인스타그램에서 해시태그로서 적극 활용하는 것을 권한다. 브랜드의 아이덴티티를 인스타그램 유저들에게 효과적으로 전달할 수 있음은 물론, 우리 브랜드를 잘 몰라도 우리 브랜드의 슬로건이 좋으면 해시태그로서 사용하기 때문이다. #JustDoIt 의 해시태그 마케팅 방법을 알아보기 위해서는 Just Do It 의 의미를 알아둘 필요가 있다. 1988년에 만들어진 이 슬로건은 지금까지 나이키를 대표하는 슬로건으로서,(링크 https://ko.wikipedia.org/wiki/Just_Do_It) 한국어로 번역하면 "그냥해" "도전해봐" "하면 된다"라는 의미를 가지고 있다. 나이키에서 이야기하는 Just Do It은 어려운 환경과 어려운 조건, 고난, 타인의 비난과 질타를 극복하고 승리하라는 의미를 담고 있으며, 이는 "도전의 식"으로 이어져 실패를 해도 성공할 때까지 포기하지말고 끝까지 도전하라는 내용을 담고 있다. 나이키에서 진행했던 '너를 외쳐봐' 캠페인 영상을 통해 이러한 나이키의 브랜드 메시지를 쉽게 확인할 수 있다. (링크 https://www.youtube.com/watch?v=0NLW-q4S8Gg) 영상에서는 계속해서 도전하는 운동선수들과 이영표 해설위원이 등장한다. 계속해서 좌절하는 운동 선수들에게 평소 운동선수들에게 주변에서 흔히 내뱉을 수 있는 말인 "인생에 도움이 안돼" "운동이 밥 먹여주나?" 등의 부정적인 말을 계속해서 쏟아낸다. 하지만 포기하지 않은 운동선수들은 좋은 성과를 거두거나 자신들의 목표를 성취하고 해설위원은 이를 미소지으며 흐뭇하게 바라보는 것으로 영상이 끝난다. 나이키에서 제작하는 대부분의 바이럴 영상의 공통적인 특징은 영상 속에 악조건이 담겨있으며 도전을 통해 모두 이러한 악조건을 극복다는 것이다. 영상 속의 주인공들은 이러한 악조건을 극복하고 결국 원하던 것을 성취하는 모습을 많이 그려내고 있으며, 영상의 마지막에 Just Do It을 통해 "거봐 도전하니까 되잖아?"라는 메시지를 전달한다.

인스타그램에서 #JustDoIt 의 쓰임은 단순히 나이키를 나타내는 해시태그이거나 단순한 슬로건으로만 사용되어지지 않는다. 인스타그램에서 #JustDoIt을 검색하면 나이키와 관련이 없는 콘텐츠도 찾아볼 수 있다. 심지어는 나이키의 경쟁사인 아디다스의 크롭티를 입은 여성이 #JustDoIt 이라는 해시태그를 사용하고 있는 모습을 발견할 수 있다. 이들은 나이키를 나타내기 위해서 해시태그를 사용하는 것이 아닌 자신들이 "도전"이라는 주제의 #JustDoIt 이라는 해시태그를 사용하고 싶어서 하는 것이다(사용하고 싶게끔 만드는 것도 중요하다). 무언가에 도전하고 있는 자신을 나타내기 위한(도전할 때) 하나의 해시태그로서 사용하는 것이며, 나이키는 이를 계속해서 장려하고 있다.

슬로건을 사용할 때 가장 먼저 고려해야할 점은 우리 브랜드의 이미지를 함축할 수 있는 텍스트로 나타낼 수 있어야 하는 것이며, 이 슬로건의 자발적인 확산을 이끌어내기 위해서는 유저들이 #JustDoIt 처럼 사용하고 싶은 해시태그여야 한다는 점이다. 그 다음으로 고려할 점은 유저들이 해시태그를 접했을 때 스스로 이러한 해시태그를 통해 자신의 상황이나 모습을 표현하고자 하는 욕구가 생길 수 있도록 해야 한다는 것이다. 나이키의 Just Do It은 도전의 의미를 담아내고 있으며, 도전하는 상황에 맞는 해시태그를 사용하는 모습을 보여준다.

CHAPTER·03
관련 해시태그 :
지금 당장의 매출을 위한 전략

꾸준히 사람들이 내가 만든 해시태그를 올리게 만드는 방법에 대한 아이디어를 기획하고, 우리 업체를 잘 나타낼 수 있는 슬로건을 해시태그로 만들어 꾸준히 노출시키는 방법을 고민했다면 이번엔 지금 당장의 상품 판매를 위한 방법도 같이 공략할 수 있도록 하는 것이 중요하다. 만약 오랜 시간을 투자하여 인스타그램 해시태그 마케팅에 성공한다면 마케팅 자동화가 이루어져 우리 브랜드에 대한 콘텐츠가 지속적으로 쌓이면서 상품 판매도 자연스럽게 이루어질 수 있다. 하지만, 이 마케팅 자동화가 이루어지기까지 얼마만큼의 시간이 필요할 지는 보장할 수 없다. 다행히도 지금 당장의 매출을 함께 견인할 수 있는 방법이 있는데, 바로 관련 해시태그를 공략하는 방법이다.

관련 해시태그의 원리는 네이버의 연관검색어와 비슷한 원리이다. #A 라는 해시태그를 입력한 사람들이 #B 나 #C 라는 해시태그도 같이 입력하여 올리는 경우가 많기 때문에 #A 를 검색했을 때 관련 해시태그(관련 항목)에 #B #C 가 노출되는 것이다.

다음의 사진처럼 #패션 이라는 해시태그 검색 시 관련 항목(관련 해시태그)에 #패션스타그램 #옷 #스타일 #데일리룩 #패션피플 이라는 해시태그가 노출된다. 이 부분이 바로 관련 해시태그로, 관련 해시태그 영역에 내가 원하는 해시태그를 노출시키길 원한다면 가능한 많은 콘텐츠를 올리는 것이 핵심이다. 내가 만약 #데일리룩 이라는 해시태그를 #패션 이라고 검색했을 때 관련 해시태그로 노출시키고 싶다면 콘텐츠 업로드 시 #패션 과 #데일리룩 을 함께 입력한 콘텐츠가 많아지면 관련 해시태그로 노출시킬 수 있다. 아주 간단하고 뻔한 알고리즘으로 되어 있어 이론적으로는 매우 쉽다. 인스타그램 마케팅이 활발하게 이뤄지지 않았던 초기에는 가계정으로 여러

#패션 검색 시 #데일리룩 이라는 해시태그가 관련 항목에 노출되는 이유는 #패션 이라는 해시태그와 함께 #데일리룩 이 라는 해시태그를 같이 입력하는 유저가 많기 때문이다.

개의 콘텐츠를 양산하는 작업을 통해 관련 해시태그를 인위적으로 생성해주는 업체 도 있었다.

관련 해시태그를 공략하는 방법은 사실상 소상공인이나 작은 업체가 만들어내기 어렵다. 혼자서 관련 해시태그에 노출될 때까지 콘텐츠를 올린다는 것은 정말 어려운 일이며, 누군가 도와준다고 하더라도 어려운 것은 마찬가지이다. 누군가 도와준다면 1명이 아닌 최소 100명은 되어야 그나마 전체 게시물이 그리 많지 않은 해시태그 정 도를 공략할 수 있을 것이다.

이 때 최대한 많은 사람들의 도움을 받는 방법이 바로 내 고객을 활용하는 방법이 다. 이 책에서 계속해서 언급했던 것처럼 고객을 마케터로 활용하는 방법을 추천하 며, 지금부터 그 방법의 일부를 소개해볼까 한다.

관련 해시태그를 잘 활용한 사례 1. 청아고전방의 #청아고전방

전주 한옥마을 주변에 청아고전방이라는 한복을 대여해주는 업체가 있다. 한옥마을과 가까이에 있긴 하지만 정확한 위치를 알지 못하면 방문하기 힘든 곳에 있어 전주에 거주하고 있지 않으면 정확히 길을 찾아가는 게 쉽지 않다. 하지만 청아고전방 매장에는 한복을 대여하고자 하는 관광객들이 많아 항상 줄을 서서 기다릴 정도로 인기가 많다.

인스타그램에 #전주여행을 검색하여 나오는 관련 해시태그를 통해서 전주로 여행을 갈 때 유저들이 많이 가는 장소를 확인할 수 있다.

전주에 여행을 가기로 계획한 A라는 사람이 청아고전방에 방문하기까지의 과정은 이러하다. 우선 전주로 여행갈 것을 기획하고 인스타그램에 #전주여행이라는 해시태그를 검색해본다. 그 후 유저들이 올린 사진을 보며 마음에 드는 사진을 골라 한 유저가 찍은 사진의 장소는 어디인지 파악한다. 이 때는 대부분 이 유저가 활용한 해시태그를 통해서 정보를 얻으며 더 구체적인 정보는 다시 한번 새로운 해시태그 검색을 통해 확인한다.

또한, "전주여행"이라는 해시태그만 검색해도 전주의 여행지 중 가장 유명한 곳을 쉽게 알아낼 수 있는데 바로 #전주여행 검색 시 관련 해시태그 영역에 노출되는 #전주성당, #○○○만두, #○○○피순대 를 통해 확인할 수 있다.

몇 번의 검색을 통해 전주 한옥마을 주변에서 한복을 대여해주는 청아고전방 이라는 업체를 발견할 수 있다.

    #전주여행 이라는 해시태그를 검색한 후 한복을 입은 사람들의 사진이 많다는 것을 알게된 A씨는 #전주한복 이라는 해시태그를 발견하고 전주에 한복을 대여해주는 업체도 있음을 쉽게 알게 된다. 한복 사진을 쭉 보면서 가장 마음에 드는 한복 사진을 보니 #청아고전방 이라는 해시태그가 보이고 이 해시태그를 다시 한번 검색해 전주 한옥마을 주변에 청아고전방이라는 예쁜 한복을 대여해주는 업체가 있음을 알게 된다.

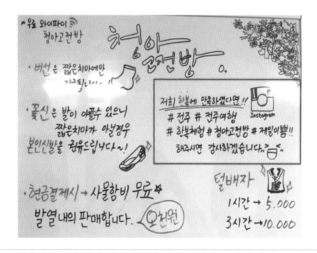

고객에게 인스타그램 업로드를 유도하는 청아고전방. 부탁은 고객을 마케터로 활용하는 가장 쉬운 방법이다.

사실 전주 한옥마을 주변에서 한복을 대여해주는 업체는 청아고전방 뿐만이 아니라 여러 다양한 업체가 있지만, 필자가 청아고전방을 소개하는 이유는 바로 위의 사진 때문이다. 청아고전방에서는 매장을 방문한 고객들을 마케터로 활용하는 방법을 알고 있다. 청아고전방을 방문한 고객들에게 한복을 대여하고 한복을 입고서 전주의 여행지와 함께 찍은 사진을 인스타그램에 올려달라고 부탁해 고객들이 자발적으로 콘텐츠를 올리도록 유도하는 것이다.

청아고전방을 방문한 고객들은 자연스럽게 청아고전방의 안내를 보게 되고, 한복을 입은 자신의 사진을 업로드 할 때 청아고전방에서 부탁한 해시태그를 입력하여 콘텐츠를 업로드 한다. 매우 간단하면서도 쉬운 마케팅 방법이다. 하지만 여기서 한 가지 아쉬운 부분이 있다. 청아고전방의 고객들이 한복을 입고 나가는 순간 청아고전방에서 부탁한 내용은 까먹을 수밖에 없다. 청아고전방에서 고객들에게 업체의 콘텐츠를 올려달라고 부탁한 것은 매우 훌륭하지만, 매장 내에 화이트보드에 적혀있는 이 메시지를 확인할 때는 오직 한복을 대여/반납하기 위해 매장 안에서 기다리면서 화이트보드를 바라보고 있을 때 뿐이다. 실제로 사람들은 한복을 대여한 후 한복을 입고 전주 한옥마을이나 전주의 유명 여행지에서 사진을 찍는다. 화이트보드의 메시지가 보이지 않는 밖에서 사진을 찍기 때문에 청아고전방이 요청한 메시지를 기억해야만 청아고전방이 원하는 액션(인스타그램에 업로드하는 것)을 취할 수 있다. 밖에서 사진을 찍고 인스타그램에 바로 업로드를 해주거나 대여가 다 끝난 이후 반납을 하러 갔을 때 다시 한번 메시지를 확인한 후 콘텐츠를 올려줄 때가 아니면 이 해시태그를 입력하기 힘들다. 만약 매장 안의 화이트보드가 아니라 사람들이 한복을 입고 사진을 찍고 있는 순간에 이 메시지를 확인할 수 있는 장치를 마련했다면 훨씬 더 많은 콘텐츠가 쌓일 수 있지 않을까?

이를 잘 활용한 사례로 스노우폭스가 있다. 스노우폭스에서는 경쟁사도 마음껏 찍으라고 이야기함은 물론, 고객들에게 몰래 사진을 찍지말고 당당히 찍으라는 문구를 적어 놓았다. 사진은 찍고 싶지만 주변의 눈치가 보여 사진을 촬영할 때 제대로 촬영하지 못하는 고객들에게 용기를 더해주는 문구이다. 고객이 사진을 촬영하면 고객의 SNS에 올라갈 것을 생각하여 이러한 문구를 매장 내에 표시한 것으로 보인다. 필자는 강의할 때 "찍게 만드세요"라는 말을 자주하는데, 고객이 사진을 찍으면 대부분의 사진은 고객의 SNS나 블로그에 업로드 되는 경우가 많기 때문에 고객들이 사진을 마음껏 촬영할 수 있는 장치를 마련하는 것 또한 해시태그 마케팅 방법 중 하나이다.

관련 해시태그를 잘 활용한 사례 2.
굽네치킨의 #치밥

    대한민국에는 '먹방 신드롬'의 열풍이 끊이지 않고 이어지고 있다. 새로 생긴 수많은 새로운 음식과 요리 아이템 중 하나로 치밥이 있다. 치킨 + 밥 을 줄여 칭하는 치밥은 치킨과 밥의 오묘한 조합으로 중독성 있는 아주 간단한 요리로, 전 국민이 좋아하는 치킨을 새롭게 즐길 수 있는 방법을 알려주었다. 치밥이 처음 소개된 것은 한 유명 프로그램에서이다. 이 프로그램을 계기로 치밥의 열풍이 점점 거세지자 굽네치킨에서는 2015년 11월 발빠르게 볼케이노 치킨 이라는 새로운 메뉴를 만들었는데, 새로 만든 신메뉴의 콘셉트가 매운 치킨 + 밥에 비벼먹기 좋은 치킨으로 치밥 이라는 새로운 트렌드가 마치 굽네치킨의 신메뉴를 알리기 위한 광고인 듯 치밥=볼케이노 라는 공식을 만들고 선점해 내는데 성공했다. 단순히 밥과 함께 먹으면 맛있는 치킨이 아닌, 새로운 셀링포인트로 자극적인 소스를 더해 치킨과 밥을 함께 비벼 먹으면 더 맛있는 치킨이라는 점을 강조하며 트렌드에 의해 생겨난 고객들의 새로운 수요를 독점하는 데 성공한 것이다.

    페이스북이나 아프리카TV, 유튜브 등의 푸드 크리에이터와 인플루언서들이 치밥을 콘텐츠로서 사용하거나 광고를 진행하여 한 동안 치밥의 뜨거운 열풍이 있었다. 현재 유튜브에 치밥과 관련된 게시글만 19,800개 이상으로 유명 크리에이터들이 콘텐츠로서 치밥을 활용하며 많은 사람들에게 알렸음은 물론 페이스북에서 주로 활동하는 페북스타들 또한 치밥을 활용한 콘텐츠로 많은 좋아요와 조회수를 기록하는 모습을 보여주었다.

    인스타그램에서도 마찬가지로 #치밥 과 관련한 게시물이 많이 쌓이기 시작했다. 다양한 치킨 프랜차이즈에서 다양한 맛의 치밥을 즐길 수 있지만 굽네치킨에서 신메뉴를 발 빠르게 내 놓는 덕분에 #치밥 이라는 해시태그를 검색하면 관련 해시태그로 #굽네치킨 과 #볼케이노치킨 이라는 해시태그가 같이 노출되었다. 치밥을 먹는 대부분의 유저가 굽네치킨의 신 메뉴인 볼케이노치킨을 선호하는 것처럼 보인다. 또한, 굽네치킨의 볼케이노 치킨이 아닌 다른 프랜차이즈의 치킨을 활용한 치밥을 먹은 유저가 인스타그램에 #치밥 이라는 해시태그를 사용하여 콘텐츠를 올리면, 볼케이노 치킨을 활용한 치밥 콘텐츠가 압도적으로 많다보니 자세히 들여다보기 전에는 #치밥

#치밥 검색 결과 관련 해시태그로 #굽네치킨 #볼케이노치킨 이 보인다.

검색을 통해 보이는 대부분의 콘텐츠도 모두 볼케이노 치킨을 활용하여 만든 치밥처럼 보이는 효과가 있어 다른 업체의 치밥이 맛있다는 걸 알리는 콘텐츠가 오히려 볼케이노 치킨을 알리는 데 도움이 되는 모습이다.

굽네치킨에서는 치밥 이라는 새로운 키워드를 아주 잘 활용한 예시를 보여주고 있다. 볼케이노 치킨이 나오기 이전에도 인스타그램에 #치밥 이라는 해시태그로 콘텐츠는 계속해서 쌓여나가고 있었다. 치킨을 좋아하는 사람들은 너도 나도 치밥을 접하기 시작하며 치킨과 밥의 오묘한 조합이 굉장히 맛있다는 것을 알리기 시작했다. 치밥 자체는 그 어떠한 프랜차이즈의 치킨 집에서 시켜먹을지라도 해 먹을 수 있었기 때문에 먼저 뛰어드는 브랜드가 선점을 할 수 있는 구조였다. 치밥은 일반적인 후라이드 치킨보다는 양념 치킨과 함께 밥을 먹는 것이 더 맛있다는 평가가 있었고, 이러한 고객들의 평가를 주목한 굽네치킨은 자극적인 매운 맛을 자랑하는 볼케이노 치킨을 내 놓으면서 "치밥"이라는 키워드를 굽네치킨을 대표하는 하나의 키워드로 만들어버렸다. #치밥 이라는 주인 없는 키워드를 선점하여 빠른 입소문을 만들어낸 사례이다.

CHAPTER 04

콘셉트 : 사용하고 싶은 해시태그 만들기

앞전에 인스타그램 해시태그 마케팅의 핵심 중 하나는 바로 "자발적인 참여"라고 했다. 가장 좋은 방법은 역시 상품이나 서비스의 질을 높여 유저들이 상품이나 서비스를 사용한 이후 다른 사람들에게도 추천하고 싶은 마음이 생기도록 하는 것이 가장 좋지만, 그렇지 못할 경우에는 유저들이 새로 접한 해시태그를 사용하는 데 있어 재미있는 요소를 만들어주는 방법이 있다.

콘셉트를 활용하는 것은 가장 간단하지만 가장 어려운 방법이기도 하다. 우선 이 콘셉트를 고려하기 위해서는 아주 재미있는 아이디어가 필요하며, 다른 브랜드와는 다른 차별점을 직관적으로 해시태그로서 나타낼 수 있어야 한다. 일반적으로 재미있는 아이디어가 없다면 쉽게 활용하지 못하기 때문에 해시태그에 사용된 키워드 자체로 우리 업체를 알릴 수 있으면서도 유저들의 사용하고 싶은 욕구를 끌어와야만 한다. 최근 빙그레에서 진행했던 캠페인처럼 하나의 재미있는 스토리를 #채워바나나와 같은 하나의 해시태그로 압축하여 표현하면서 유저들의 행동을 동시에 유도해 내는 것이다. 이러한 해시태그는 굳이 브랜드에서 입력해달라고 부탁하지 않아도 고객이 접했을 때 재미있고 쉽게 참여할 수 있기 때문에 고객들의 자발적인 콘텐츠 발행을 기대할 수 있다.

✏️ 콘셉트을 잘 활용한 사례 1. 다노샵의 #습관성형 ✏️

다이어트 노트의 줄임말인 다노는 어플리케이션을 시작으로 식단/의류 쇼핑몰, 퍼스널 트레이닝 어플리케이션까지 사업을 확장했다.

다이어트 콘텐츠는 인스타그램에서 인기가 굉장히 많다. 20대 여성 이용자가 가장 많은 플랫폼이다 보니 다이어트에 관심이 많은 유저들이 많다. 그러다보니 인스타그램에 자신의 다이어트 기록을 남기는 유저들이 많으며, 그러한 유저들의 운동 방법, 식사법 등의 다이어트 노하우를 얻기 위해서 이들을 따르는 팔로워도 많다. 덕분에 #○○피트 #○○홈트 #○○식단 등의 해시태그를 쉽게 찾아볼 수 있으며, 다이어트를 하면서 이러한 해시태그로 다이어트 기록을 남기는 유저들도 많이 있는 것을 확인할 수 있다.

2013년 7월 다노의 이지수 대표의 실제 '다이어트 노트'를 시작으로, 다이어트에 대한 잘못된 정보를 제대로 전달하고자 시작된 '다노'는 다이어트 매거진 다노 어플리케이션을 시작으로 현재는 마이다노 어플리케이션, 식단 전문 쇼핑몰 다노샵, 헬스 의류 쇼핑몰 헤이다노, 퍼스널 트레이닝 스튜디오 다노핏 을 운영하고 있는 사업체이다. 온라인 상에서 가볍게 찾아볼 수 있는 다이어트가 아닌 다노 언니(이지수 대표)가 실제로 경험한 내용을 토대로 검증한 콘텐츠를 발행하다 보니 자연스럽게 유저들에게 다노에 대한 입소문이 났다고 한다.

수많은 기획의 과정을 통해 만들어졌다는 것을 확인할 수 있는 #습관성형

다노를 대표하는 해시태그 중 하나인 #습관성형 은 단기적으로 살을 빼는 것이 아닌 여자로서 평생을 아름답게 가꾸라는 의미를 담고 있어 이를 접한 유저들의 공감을 이끌어내고, 나아가 자발적인 참여로까지 이어지고 있다. #습관성형 이라는 해시태그는 직관적으로 만들어낸 해시태그가 아닌, #습관이섹시를만든다 등의 다양한 해시태그 마케팅의 시도의 결과물로 보여진다. 다노샵에서는 이 외에도 #다노언니식단 #다노한끼 #1일1샐 #다노한한끼 등 다양한 해시태그를 이용하고 있다. 다노핏 계정(@dano.fit)을 보면 지금의 #습관성형 이라는 해시태그를 만들기 위해 수많은 기획의 과정을 거쳤다는 것을 느낄 수 있다.

다노는 인스타그램을 통해서 꾸준히 소통을 하고 있는 유저들에게 "다노블리"라는 애칭을 사용한다. 다노 언니는 자신의 계정에 다노 언니 식단을 통해 다이어트에 성공한 유저들이나 다노핏 운동을 하는 유저들의 영상이나 이미지를 콘텐츠로서도 활용해 팔로워들과 더욱 친숙한 관계를 유지해가고 있다.

✎ 콘셉트을 잘 활용한 사례 2. G마켓의 G름샷 ✎

G마켓 페이스북 페이지에 올라온 #G름샷 해시태그 이벤트 안내 영상

#G름샷 이라는 해시태그만 보아도 어떤 업체에서 만든 해시태그인지 딱 감이 올 정도로 직관적인 G름샷은 국내 매출 1위의 오픈마켓인 G마켓에서 사용하는 해시태그이다.

G름샷이란 '지름샷'과 G마켓의 G가 합쳐져 만들어진 새로운 단어로, 인스타그램 내에 G마켓을 나타내는 해시태그로 사용이 되어지고 있다. 이 해시태그의 콘셉트가 굉장히 좋은 것이 원래 '지름샷'이라는 단어는 무언가를 구매(지름)한 이후 SNS에 자랑을 하기 위해 촬영한 이미지(샷)라는 뜻이다. 이 지름샷이라는 단어 앞에 G마켓을 상징하는 G를 붙여 G름샷이라고 만들고 마치 G마켓에서 구매한 제품을 유저들이 인스타그램에 자랑하는 것처럼 보이게 만들었다. 하지만, 이 이벤트의 내용은 G마켓에서 구매한 제품을 인스타그램에 업로드하는 것만이 아닌, G마켓을 포함한 모든 온라인 쇼핑을 통해 구매한 모든 아이템을 #G름샷 이라는 해시태그와 함께 올리기만 하면 참여할 수 있는 이벤트였다. 덕분에 유저들은 #지름샷 이라는 해시태그를 사용할 때 #G름샷 이라는 해시태그도 같이 사용하여 마치 G마켓에서도 유저가 구매한 제품을 판매하는 것처럼 보이는 듯한 효과를 가져왔다. 또한, 단순히 #지름샷 만 활용하던

유저가 이러한 해시태그를 접함으로서 #G름샷 이라는 해시태그도 같이 사용하게 되어, #G름샷 해시태그 검색 시 온라인에서 상품을 구매한 것만이 아닌 오프라인에서 구매하는 빙수나 치킨 등의 사진도 쉽게 찾아볼 수 있다.

G마켓의 G름샷 처럼 원래의 특정 상황(구매를 자랑하는)에 사용되는 단어를 활용하여 손쉽게 인스타그램 해시태그 마케팅에 사용하는 방법이 있다는 것을 보여준다. 새로이 만들어진 단어는 유저들이 이해하는 데에 시간이 필요함은 물론, 그 해시태그를 사용하는 데까지 시간이 걸리지만 이미 유저들이 사용하고 있는 해시태그를 약간만 변형하여 사용한다면 유저들에게 거부감 없이, 그리고 빨리 사용하게 만들 수 있다는 장점이 있다.

CHAPTER 05

리그램 : 해시태그 마케팅의 핵심

한 번 우리 브랜드의 상품을 구매한 고객이 다시 한 번 우리 브랜드의 상품을 재구매할 수 있도록 유도하는 것은 모든 브랜드의 필수 사항이다. 이처럼 인스타그램 해시태그 마케팅을 통해서 고객들이 해시태그를 업로드할 수 있도록 유도하는 데에 성공했다면 다음은 한 번 해시태그를 올린 고객이 또 다시 한번 콘텐츠를 올릴 수 있도록 장려하는 것이 중요하다.

필자는 인스타그램 해시태그 마케팅에 있어서 리그램은 필수불가결한 요소라고 이야기한다. 잠재 고객이었던 유저가 영업이나 자연적인 바이럴로 인해 신규 고객이 되어 인스타그램에 내가 만든 해시태그를 올려주었다면 우리 브랜드 입장에서는 공짜로 하나의 새로운 콘텐츠를 얻는 것이다. 이 콘텐츠가 새로운 잠재 고객들에게 도달하여 우리 브랜드를 홍보하는 게시물이 되어주는 것이기 때문에 기분이 좋지 않을 수가 없다. 이 때 게시물을 올려준 유저의 팔로워가 단순히 수치만 높은 것이 아니라, 우리 브랜드의 고객 타겟과 일치하는 수가 많으면 많을수록 홍보 효과는 강하다. 또한, 잠재 고객들이 많이 검색하는 해시태그를 많이 입력하면 입력할수록 홍보 효과가 증가한다. 하지만, 팔로워가 많지 않은 유저라면 팔로워가 많은 유저가 올린 게시물 보다 홍보 효과는 떨어질 수 밖에 없으며, 만약 해시태그도 단순히 우리 업체명 만을 입력한다면 홍보효과는 그리 크지 않을 수밖에 없다. 우리 업체명을 검색하는 유저들은 우리 브랜드를 이미 알고 있기 때문이다(물론 고객이었던 유저가 우리 업체를 알려주는 콘텐츠를 올린다는 것은 매우 고마운 일임을 항상 명심해야 한다).

이 때 활용하기 좋은 방법이 바로 리그램이다. 리그램을 통해서 고객이 입력하지 않은 해시태그를 내가 직접 추가적으로 입력할 수 있기 때문이다. 고객이 만약 #업체명 해시태그만 입력했다면, 리그램을 통해 우리 브랜드의 슬로건/대표 해시태그와 함께 관련 해시태그로 공략하고 싶은 여러 개의 해시태그를 같이 입력하여 최대한 많은 도달을 이끌어내는 것이 좋다.

　고객의 콘텐츠를 리그램할 경우 좋은 점은 크게 3가지 이다. 일단 콘텐츠에 대한 고민이 사라진다. 브랜드 계정을 운영하다 보면 항상 어떤 콘텐츠를 올릴지에 대한 부담감이 생기기 마련인데, 팔로워들은 항상 새로운 콘텐츠를 원하기 때문에 이 부담감은 더해질 수 밖에 없다. 이는 콘텐츠 제작자라면 누구나 공감할 것이라 생각한다. 고객의 콘텐츠를 리그램 할 경우 고객이 올린 콘텐츠를 그대로 복사해 내 계정에 붙여넣기 하는 것이기 때문에 어떤 콘텐츠를 올릴지에 대한 고민이 사라짐은 물론 내가 이전에 올렸던 게시물의 스타일과 전혀 다른 고객의 콘텐츠를 가져오기 때문에 항상 새로운 콘텐츠를 원하는 팔로워들의 요구를 충족시켜줄 수 있다.

　또한, 무엇보다도 고객의 충성도가 올라가는 장점도 있다. 유저의 입장에서 브랜드에서 내가 올린 콘텐츠를 복사 붙여넣기(리그램) 하여 가져간다는 것이 기분 나쁠 수도 있지만, SNS를 이용하는 대부분의 유저는 오히려 이를 반기는 경우가 많다. 기본적으로 내가 올린 게시물이 내가 좋아하는 브랜드의 공식 계정에 올라가는 것은 물론 브랜드 공식 계정의 팔로워가 많으면 리그램 콘텐츠를 보고 내 계정을 팔로우하는 유저들이 생길 수도 있기 때문이다. 리그램시 저작권 문제는 당연히 생길 수 있다. 이는 리그램을 하기 이전에 콘텐츠 소유자에게 허락을 받는 것으로 저작권 문제를 해결할 수 있다. 이는 고객의 콘텐츠가 아닌 그저 우리 브랜드의 잠재 고객이라는 이유 만으로 콘텐츠를 리그램하여 사용한다면 문제가 발생할 수도 있기 때문에 리그램을 할 때는 꼭 소유자의 허락을 받아야함을 명심하고, 가능하면 기존 고객의 콘텐츠만을 리그램하는 것이 좋다. 리그램을 위해 허락을 받는 것은 고객과의 새로운 접점이 생김을 의미하기 때문에 이를 적극적으로 활용하는 것 또한 지속적인 해시태그 마케팅을 위해 활용해야 할 하나의 필수 옵션이다.

리그램을 잘 활용한 사례1. 라비퀸의 @rabiqueen87

고객들의 콘텐츠를 리그램하는 @rabiqueen87

    위의 그림에서 보이는 것처럼 라비퀸 이라는 떡볶이 전문 쇼핑몰에서는 고객들의 콘텐츠를 리그램을 자주 하고 있다. 원래의 콘텐츠 저작권을 가지고 있는 유저의 반응이 나쁘지 않음은 물론 라비퀸에서 구매한 까르보나라 떡볶이를 칭찬하는 모습을 보이고 있다. 고객은 #라비퀸 이라는 해시태그를 사용해서 라비퀸에서 구매한 상품을 사진을 찍어서 업로드했고, 이 게시물을 발견한 @rabiqueen87 관리자는 콘텐츠를 리그램하여 올렸다. 고객은 별 다른 생각없이 콘텐츠를 올렸지만, @rabiqueen87 에서 리그램 함으로서 다시 한번 라비퀸에 대해 상기하기도 한다(리그램을 당하면 알림이 간다). 이로 인해 다음에 라비퀸 떡볶이를 구매했을 시 다시 한번 콘텐츠를 올려줄 가능성이 커진다.

#라비퀸 검색 시 보이는 게시물 1,500개 중 다수는 @rabiqueen87 계정에서 올렸다

　마지막으로 좋은 점은 총 게시물의 수가 올라간다는 것이다. #라비퀸 이라는 해시태그를 검색했을 때 500개의 게시물만 노출되는 것보다는 1,000개의 게시물이 노출되는 것이 훨씬 더 라비퀸이라는 브랜드에 대한 신뢰감을 높이는 데 도움이 된다. 많은 유저들이 라비퀸이라는 쇼핑몰을 통해서 떡볶이를 구매했다는 것으로 인식하기 때문이다. 만약 고객들이 자발적으로 올린 게시물이 500개, 라비퀸에서 리그램한 게시물이 500개로 총 1,000개라고 할 때 #라비퀸 이라는 해시태그를 처음 접한 유저들이 보았을 때 '라비퀸에서 올린 게시물이 대부분이구나'라는 생각보다는 '총 게시물이 1,000개나 되는구나'라고 생각한다.

CHAPTER 06

결속 : 고객을 충성 고객으로 만들기

#, 해시태그는 "확장"이라는 성격을 가지고 있다. 또한, 같은 관심사를 가진 유저들끼리 모여서 소통할 수 있는 플랫폼으로서의 성격도 가지고 있다. #옷스타그램 #뷰스타그램 #직장인스타그램 등 하나 하나의 해시태그는 각기 인스타그램이라는 플랫폼 속에서 또 다시 관심사가 같은 유저들끼리 모여 소통할 수 있는 플랫폼의 역할을 하는 것이다.

지금까지의 내용을 정리해보면, 인스타그램 해시태그 마케팅은 결국 아이디어로 시작해서 고객 관리로 끝난다. "어떻게 내 잠재 고객에게 우리 브랜드를 알릴 수 있을까?"에 대한 아이디어로 시작해서 잠재 고객을 신규 고객으로 만들고, 신규 고객이 된 고객이 또 내가 만든 해시태그를 다시 올릴 수 있도록 유도하고, 그들을 충성 고객으로 만들어 계속해서 콘텐츠를 생산해낼 수 있도록 장려하는 데에 있다. 인스타그램 해시태그 마케팅의 6요소 중 마지막 부분인 결속 부분은 신규 고객을 충성 고객으로 만드는 방법 중 하나인 고객 관리 방법에 대한 내용과 더불어 그들이 더욱 충성스런 고객이 될 수 있도록 하나의 플랫폼을 마련해주는 방법이다.

로스트가든의 @lostgarden_people 계정은 로스트가든의 고객들이 인스타그램에서 #로스트가든 이라는 해시태그를 사용하여 콘텐츠를 올리면, 그 콘텐츠를 리그램만 하여 게시하는 리그램 전용 계정이다. 리그램 전용 계정이기에 콘텐츠 생산 없이 오직 리그램만 하는 계정이지만 팔로워가 무려 5677명이나 된다. 운영은 로스트가든의 직원이 직접하고 있는 계정이지만 사실은 로스트가든의 고객들이 만들고 관리해주는 계정이나 다름없다.

@lostgarden_people 계정은 고객들의 콘텐츠를 리그램만 하는 계정이다.

Repost 라는 어플리케이션을 활용하면 맨 처음 콘텐츠를 올렸던 제작자의 이미지나 동영상만 복사해오는 것이 아닌, 캡션(텍스트)까지도 복사해올 수 있는데 @lostgarden_people 계정에서는 단순히 유저가 사용한 캡션을 복사해오는 방법 대신 로스트가든만의 짧은 캡션과 #로가피플 이라는 해시태그를 활용했다.

#로가피플 이라는 새로운 해시태그를 만들어낸 로스트가든

로스트가든에서 상품을 구매한 고객이 상품이 마음에 들어 인스타그램에 #로스트 가든 이라는 해시태그를 입력해서 콘텐츠를 올리면, @lostgarden_people 계정에서 이를 리그램 하여 게시하면서 #로가피플 이라는 해시태그와 함께 콘텐츠를 업로드 한다. 3년 전부터 꾸준히 #로가피플 이라는 해시태그를 사용하며 게시물을 올린 결과 지금은 고객들이 자발적으로 #로스트가든 과 #로가피플 이라는 해시태그를 사용하 는 모습을 보이고 있다. 로스트가든을 활용한 데일리룩 콘텐츠를 보고 싶다면 #로가 피플 이라는 해시태그만을 검색하면 쉽게 찾아볼 수 있으며, 실제로 스타일리시한 유 저들의 이미지가 많이 있어 로스트가든 이라는 브랜드가 더욱 스타일리시한 브랜드 로 보여진다.

로가피플이란 로스트가든에서 인정한 패션피플이라는 의미로, 리그램을 당하는 고 객의 입장에서 단순히 리그램만 하는 것과 #로가피플 이라는 해시태그와 함께 리그 램하는 것의 의미 차이는 분명히 다르다. 유저들은 인정받는 기분을 느끼며, #로가피 플 검색 시 나오는 유저들과의 소속감을 느낄 수 있다. #CastMeMarc 가 모델들간의 소속감을 느낄 수 있는 해시태그라면, #로가피플은 패션을 좋아하는 유저들간의 소 속감을 느낄 수 있는 해시태그로 볼 수 있다.

보통 인스타그램 마케팅을 할 때 잠재 고객을 신규 고객으로 만드는 데까지는 성공 하지만, 그들을 단골 고객이나 충성 고객으로까지 만드는 데 신경 쓰는 브랜드는 얼 마 되지 않는다. 하지만, 잠재 고객을 신규 고객으로 만드는 노력에 비해 이미 우리 브 랜드를 알고 있는 신규 고객을 단골 고객, 충성 고객으로 만드는 것이 훨씬 쉽다. 잠재 고객을 신규 고객으로 만들기 위해서는 돈과 시간이 필요할 수 있지만, 이미 한 번 우 리 브랜드의 고객이 된 사람들을 다시 한 번 방문하게 하거나 또 구매하게 만드는 데 에는 굳이 시간과 비용이 필요 없을 수 있다.

또한, 인스타그램 마케팅에서 다양한 콘텐츠가 계속해서 쌓이는 것이 얼마나 중요 한 지를 생각해보았을 때 10명의 신규 고객보다는 1명의 충성 고객이 훨씬 더 좋은 결과물을 가져올 수 있다는 것을 알 수 있다. 만약 인스타그램을 통해 잠재 고객을 신 규 고객으로 만들었다면, 새로운 고객과의 꾸준한 소통과 고객 관리를 통해 충성 고 객으로 만들어 우리 브랜드의 자발적인 마케터가 될 수 있도록 유도하는 것이 중요 하다.

개인 계정 활용하기

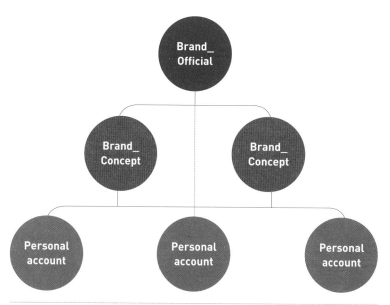

인스타그램 계정 인스타그램에서 활용할 수 있는 계정의 종류는 크게 3가지이다.

인스타그램에서 생성하여 운영하는 계정의 형태는 크게 3가지로 나뉜다. 브랜드를 대표하는 오피셜 계정(Brand_Official)과 브랜드 콘셉트 및 바이럴 계정(Brand_concept), 그리고 개인 계정(Personal Account)이 있다. 오피셜 계정에서 개인 계정으로 내려갈수록 고객과 커뮤니케이션 할 수 있는 기회(접점)는 점점 많아진다.

주로 브랜드 소식을 전달하는 역할을 하는 오피셜 계정의 경우 자칫 잘못 운영하면 너무 딱딱한 운영으로 인해 고객들과 커뮤니케이션을 진행하기 어렵다는 단점이 있다. 또한, 브랜드를 대표하는 계정이다 보니 너무 가볍게 운영을 하게 될 경우 브랜드의 이미지가 가벼워질 수 있기 때문에 계정 운영에 있어 큰 어려움이 따른다. 페이스북 페이지의 운영과 비슷하게 브랜드의 소식을 전달하면 유저들은 그 소식을 받아들이는 일방향적인 소통이 주된 소통이다. 쉽게 잠재 고객을 발굴할 수 있는 인스타그램이라는 플랫폼을 활용하기에 오피셜 계정이 갖는 제약은 너무 크다.

가령, 고객들에게 다가간다고 하더라도 오피셜 계정이기 때문에 고객들의 머릿속에 있는 '광고를 위해 접근(덧글 혹은 팔로우 등)한 계정'이라는 인식을 없애기가 어렵다.

콘셉트 계정은 오피셜 계정에서는 다루기 어려운, 브랜드의 다양한 소식을 오피셜 계정보다 더 가볍게 다룰 수 있다는 장점이 있다. 최근에 많이 보이는 콘셉트 계정은 리그램만을 하는 계정들이 많이 보여지고 있다. 실시간으로 고객들이 생성해주는 콘텐츠를 리그램하여 계정의 콘텐츠를 채워 넣는 것이다. 오피셜 계정에서까지 리그램을 하기엔 브랜드 소식과 더불어 하루에도 너무 많은 콘텐츠를 업로드하는 것이기 때문에 리그램 전용 계정을 따로 만드는 것이다. 이 외에도 다양한 상품을 판매하고 있는 쇼핑몰에서는 @Brand_Bag, @Brand_shoe 처럼 가방이나 슈즈 만을 보여주는 계정의 활용 등 콘셉트 계정의 활용 방법은 무궁무진하다.

콘셉트 계정에서는 주로 오피셜 계정에서 올리기 어려운, 가벼운 특정 주제나, 오피셜 계정에서 업로드할 콘텐츠가 많아 이를 콘텐츠의 주제에 따라 세분화시켜 콘셉트 계정 별로 나누어 업로드하는 역할을 한다.

그 다음으로 개인 계정이 있다. 개인 계정에서는 아주 사소한 것까지도 콘텐츠를 활용할 수 있어 세 가지 종류의 계정 중 가장 활용하기 쉽고 간편하다. 인스타그램 이라는 플랫폼이 사람 대 사람간의 소통을 이어주는 플랫폼 이라는 점을 생각하면 인스타그램에서 활용하기에 가장 이상적인 계정이 바로 개인 계정이다. 유저들에게 거부감 없이 다가갈 수 있어 세 가지의 계정 종류 중 가장 팔로워를 모으기 쉽다. 그로 인해 고객들과 커뮤니케이션 하기에도 가장 적합한 계정이다. 우리 브랜드를 열렬히 사랑하는 개인이 콘텐츠를 꾸민 것처럼 우리 브랜드를 자연스럽게 어필할 수 있으며, 인스타그램을 활용하는 잠재 고객들과 꾸준한 소통도 할 수 있다. 그렇기 때문에 필자는 인스타그램 마케팅에 있어 개인 계정을 적극적으로 활용하라고 이야기하곤 한다. 단순히 오피셜 계정, 콘셉트 계정을 잘 활용하는 것 만으로는 인스타그램 이라는 플랫폼을 완전히 활용하기 어렵다.

생각해보면 브랜드에서 운영하고 있는 오피셜 계정과 콘셉트 계정 모두 퍼스널 계정을 운영하는(혹은 할 수 있는) 개인이 운영하는 계정이다. 하지만 개인 계정과 비교했을 때 제한적인 부분이 너무 많기 때문에 고객들에게 친근하게 다가가기 어렵다는 단점이 있다. 필자는 이러한 단점을 극복하기 위해 개인 계정을 활용하라는 것을 강조하는 것이다.

인스타그램에서 위의 그림처럼 계정을 나누게 될 경우 인스타그램을 이용하는 유저의 입장에서 좋은 점은 브랜드의 소식과 관련하여 필요한 정보만을 취사선택할 수 있다는 점이다. 예를 들어, 쇼핑몰의 소식을 주로 받아볼 수 있는 쇼핑몰 오피셜 계정 1과 쇼핑몰 모델들의 착용샷만을 볼 수 있는 콘셉트 계정2, 그리고 신상품의 디테일 컷만 볼 수 있는 콘셉트 계정3이 있다면 유저들은 이 3개의 계정 중 자신이 관심 있는 종류의 콘텐츠만이 올라오는 계정을 팔로우할 수 있다는 점이다.

인스타그램 해시태그 마케팅을 성공하고 싶다면, 위의 구조대로 계정 운영 기획안을 짜는 것이 좋다. 오피셜 계정에서는 어느 범위 정도까지의 가벼운 콘텐츠를 다룰 것인지, 어떠한 콘셉트 계정을 운영할 것인지, 브랜드에서 발행하는 콘텐츠의 종류는 어떤 것들이 있는지, 그리고 이 콘텐츠에 대한 고객들의 반응은 어떠한지, 개인 계정은 어떠한 역할을 할 것이며 오피셜 계정과 콘셉트 계정을 어떻게 서포트 할 것인지 등 수많은 고려사항들을 잘 생각해야한다. 필자의 경험상 무턱대고 콘셉트 계정을 생성하는 것보다는 오피셜 계정과 개인 계정에서 콘텐츠를 발행하면서 차후 유저들의 필요에 의해 콘셉트 계정을 만드는 것이 운영에 있어 훨씬 많은 이점을 얻을 수 있었다.

PART 10

가벼운 해시태그
마케팅 사례

- 뉴욕타임즈의 #MyNytimes
- #PrayForParis #PourtOuverte

뉴욕타임즈의 #MyNytimes

"My"라는 단어는 단순히 "나의" 가 아닌 Own의 "나만의"라는 의미로, 유저들의 라이프스타일이 같이 담겨있다.

　국내에서는 잘 활용하지 않는 방법이긴 하지만, 해외에서는 "My"라는 단어를 사용하여 해시태그를 만들어 해시태그 마케팅을 진행하는 업체들을 찾아볼 수 있다. 해외에서 사용하는 My라는 의미는 "나의"라는 의미보다는 Own의 "나만의"라는 의미가 더욱 강하다. 업체명이나 상품명 앞에 My 라는 단어가 들어가면서 누구나 구할 수 있는 제품이지만 내가(유저가) 사용하면 더욱 특별하다 라는 것을 어필하기 위해 사용하는 단어로, 상품에 나만의 라이프스타일을 입혀 인스타그램에 콘텐츠를 업로드하는 셈이다. My라는 단어만을 추가한 이 전략은 유저들끼리의 소소한 경쟁심이나 자랑을 유도하는 방법으로, 똑같은 상품이라는 근본적인 콘텐츠는 같지만 유저들이 자신들만의 시선과 라이프스타일을 입혀줌으로서 새로운 콘텐츠가 생성되는 효과가 있다.

　이 방법은 우리나라에서는 잘 활용되지 않는데, 이는 언어와 문화 차이 때문인 것으로 보여진다. 예를 들어, 해외에서는 "MyShoes"라는 해시태그를 많이 활용하는데 한국어로 번역하면 "나의 신발" "나만의 신발"이라는 의미가 된다. 은근히 자랑하는 것이 아닌 대놓고 자랑하는 듯한 느낌이 들기 때문에 국내의 인스타그램 유저들은 "나의"라는 단어 자체를 잘 활용하지 않는 것으로 보여진다.

　인스타그램에 #MyShoes 검색 시 게시물 22만개 이상, #나의신발 40개 의 게시물이 보여지며, 해시태그는 언어적, 문화적 차이에 의해서 같은 의미이지만 다르게 사용되는 경우를 쉽게 찾아볼 수 있다.

@MyNytimes 계정을 통해 유저들이 올린 콘텐츠를 적극적으로 리그램하여 활용하고 있는 뉴욕타임즈.

　이를 잘 활용하고 있는 곳 중 하나가 바로 NYtimes이다. 뉴욕타임즈는 @Nytimes 라는 오피셜 계정과 함께 @MyNytimes 라는 공식 계정을 하나 더 운영하고 있다. @nytimes 라는 계정에서는 뉴욕타임즈 일간지에 소개된 내용 중 일부를 인스타그램에 업로드하여 인스타그램을 통한 새로운 구독자를 모집함과 동시에, @MyNytimes 계정에서는 유저들의 콘텐츠를 리그램하는 전략을 취하고 있다. 뉴욕타임즈를 보는 유저들이 인스타그램에 #NYtimes 나 #MyNytimes 라는 해시태그를 입력하면 @

MyNytimes 계정에서 이를 리그램하면서 동시에 #MyNytimes 라는 해시태그를 같이 입력하여 리그램한 콘텐츠를 접한 유저들이 자발적으로 #MyNytimes 라는 해시태그를 사용할 수 있도록 유도하고 있다. #MyNytimes 라는 해시태그 사례는 근본적으로 똑 같은 콘텐츠(뉴욕타임즈 일간지)일지라도 유저들 개개인의 시선마다, 그들의 라이프스타일에 따라 인스타그램 내에서 콘텐츠가 다르게 보여질 수도 있음을 나타내는 아주 좋은 사례이다. #NYtimes 라는 해시태그를 검색하여 콘텐츠들을 살펴보면 마치 유저들끼리 뉴욕타임즈 일간지를 통해 누가 더 멋진 라이프스타일을 즐기는지 경쟁하는 듯한 모습을 보이고 있다.

프랑스 파리 테러 사건을 애도하는 #PrayForPairs 해시태그와 파리 국민들에게 안전한 장소를 알리는 데에 사용된 #PortOuverte 해시태그.

#PrayFor 라는 해시태그는 한 국가에서 재난이나 테러 등의 좋지 않은 상황이 발생해 인명에 피해가 생겼을 때 사용하는 해시태그로, #PrayFor국가명 해시태그를 통해 그 나라의 사람들을 위로하는 전 세계의 공용 해시태그이다.

2015년 11월 13일 프랑스 파리에서는 발생하지 말았어야할 테러 사건이 발생했다. 이슬람 수니파 무장단체 이슬람국가(IS)가 벌인 폭탄, 총격 테러로 인해 130명 이상의 사망자와 300명 이상의 부상자가 속출하는 안타까운 사건이 일어났었다. 이 소식은 전 세계에 빠르게 알려졌으며, 페이스북에서는 프로필 이미지 위에 파리의 국기를 덧입힐 수 있는 기능을 추가하여 애도했다. 인스타그램을 비롯한 트위터, 페이스북 등의 해시태그를 사용할 수 있는 SNS에서는 #PrayForParis 라는 해시태그를 사용하여 이를 애도하였다. 국경과 언어는 서로 다르지만 전 세계의 모든 사람들이 이 해시태그로 하나되어 프랑스 파리 국민들을 위한 애도의 뜻을 전했다. 또한 파리 테러 당시에 #PrayForParis 와 함께 새로 만들어진 해시태그로 #PortOuverte 라는 해시태그가 있는데, 이 해시태그는 "문이 열려있다"라는 뜻을 담은 해시태그로, 파리에서 테러로부터 안전한 장소를 공유하기 위해 만들어진 해시태그이다. #PortOuverte 라는 해시태그는 인스타그램이 아닌 확산성이 가장 빠른 SNS인 트위터에서 가장 활발하게 공유되어 실시간으로 파리 국민들에게 정보를 제공해주는 역할을 해줌과 동시에 전 세계에서 애도를 표하는 역할을 충실히 수행했다. #PrayForParis 와 #PortOuverte 라는 해시태그는 인스타그램 해시태그 마케팅의 성공사례 라기보다는 해시태그의 확산성과 결속의 순기능을 보여주는 아주 좋은 사례이지만, 두 번 다시 이러한 해시태그를 소개하는 일이 발생하지 않았으면 하는 예시이다.

국내에서도 정치적 사회적 이슈를 한 단어나 문장으로 함축하여 #을 활용해 해시태그로 만들어 자신들의 목소리를 높이고 있다.

　해시태그는 정치적 사회적인 이슈를 짧은 텍스트로 압축하여 자주 활용되는 것을 보이는데, 국내에서는 위안부 피해자나 지난 역사를 기억하자는 취지로 만들어진 해시태그인 #역사를잊은민족에게미래는없다, 위안부 기림일인 1991년 8월 14일을 기억하고 이 날을 더 많이 알리자는 취지의 #기억하자행동하자함께하자, 세월호 사건의 애도를 표하고 세월호 사건을 기억하자는 취지의 #세월호잊지마세요 #세월호잊지않겠습니다 등의 해시태그는 물론 정치적인 입장을 표현하는 #10월29일 #그런데 국내에서도 정치적 사회적 이슈를 한 단어나 문장으로 함축하여 #을 활용해 해시태그로 만들어 자신들의 목소리를 높이고 있다.

　국내에서 정치적, 사회적 이슈와 관련하여 활용되는 해시태그는 대부분 최근에 만들어진 것이 대부분이며, 우리나라는 아직까지 해시태그를 통해 목소리를 내는 등의 사례는 좀처럼 찾아보기 힘들지만 최근 점점 다양한 해시태그가 나타나고, 활용되고 있다.

정치/사회적 이슈에 활용되는 해시태그

해시태그는 "확장"의 의미를 넘어 "결속"이라는 의미도 담고 있다.

해시태그를 의미하는, 해시태그를 만들어주는 #은 "확장"이라는 의미를 담고 있다. 이 해시태그를 제일 처음 도입한 것은 인스타그램이 아닌 트위터였다. 트위터의 전성기였던 2013년 이전까지 국내에서 트위터를 이용했던 유저는 그리 많지 않았다. 그렇기 때문에 국내에서는 트위터와 해시태그 자체가 익숙하지 않았음은 물론, 많이 알려지지도 않았고 단순히 여러 개의 단어를 나열하는 정도의 해시태그만이 주로 사용되어 왔다. 이는 현재의 인스타그램도 마찬가지다. 해시태그를 활용할 때 #A #B #C 처럼 단어만을 나열하여 사용하는 경우가 대부분이다. 짧은 메시지를 담은 문장 앞에 #을 붙이는 경우는 거의 찾아보기 어렵다. 이로 인해 사실상 해시태그와 함께 의미 있는 메시지의 전달은 거의 불가능하거나 메시지의 전달력이 약해질 수밖에 없다.

일단 이러한 첫 번째 이유는 우리는 #단어 를 나열하는 것이 익숙하기 때문이다. #문장 은 잘 사용되지 않는다. 문장은 누군가 쓰는 사람이 없음은 물론, 검색도 잘 하지 않는다. 하나의 메시지를 짧은 문장으로 함축하는 게 매우 어색하고 어렵게 느껴지기 때문이다.

두 번째 이유는 바로 한글이다. 주어 + 동사 만으로 완벽한 문장이 잘 만들어지지 않는 한글은 단어 하나 하나 마다 조사가 붙는다. 그리고 단어마다 띄어쓰기를 하지 않으면 매우 어색해진다. 해외에서는 해시태그를 사용할 때 띄어쓰기와 관련된 하나의 약속이 있다. 바로 띄어쓰기가 되어야할 자리는 띄어쓰기를 하는 대신 소문자를 대문자로 사용하는 것이다. 예를들어, #BlackLivesMatter과 같이 말이다. 원래라면 #Black_lives_matter가 맞지만 해외에서는 소문자를 대문자로 바꾸어 쓰는 데에 더 익숙하다.

또한, 한글은 매우 큰 한계점을 가지고 있는데 바로 한국에서만 사용하는 언어라는 점이다. 영어는 전 세계인의 공용어이기 때문에 하나의 해시태그가 만들어지면 세계적으로 퍼져 전 세계인이 사용할 수 있다. #BlackLivesMatter 이라는 해시태그처럼 미국에서 처음 사용된 해시태그가 확장되어 다른 나라에서도 사용하는 모습을 통해 이를 확인할 수 있다.

세 번째로 다양한 단어를 사용할 수 있다는 점도 해시태그의 확장의 측면에서는 한계적일 수 있다. #시위 #집회 등 (분명 뜻은 다르지만) 같은 목적을 가지고 사용하는 해시태그이지만 하나로 합쳐지지 않는 경우가 있다. 해시태그는 하나로 통일되어 모두가 공통의 뜻을 알리는 데에 사용해야 그 파급력이 더 강하지만, 한글의 이러한 특징으로 인해 아직까지 국내에서는 정치, 사회적 이슈와 관련된 해시태그 중 크게 알려진 해시태그가 없다.

해외에서는 시위 중 피켓을 만들 때 해시태그를 활용하여 만드는 경우가 많다. 이 피켓을 본 사람들이 사진을 찍고 SNS에 사진을 올려 더 많은 사람들에게 시위의 현장과 함께 #뒤에 있는 시위의 메시지를 알리기 위해서이다. 뿐만 아니라 자신이 시위에 참여하고 있다는 것을 알리기 위해 자신의 SNS에 직접 시위 현장을 올리기도 하여 더 많은 사람들이 시위에 참여할 수 있도록 하고 있다. 해시태그는 "확장"의 기능을 넘어 "결속"의 기능도 가지고 있는데, 만약 시위에 참여하지 못한 사람들은 시위에서 사용되는 해시태그를 자신의 SNS에 입력하여 시위 참여자들에게 힘이 되어주기도 한다.

이외에도 #(해시태그)의 확산성을 활용한 예시로 #LoveWins, #OccupyWallStreet, #SummerInSyria, #ProfileForPeace 등의 해시태그를 찾아볼 수 있으며 이와 관련한 내용은 지식채널e 에서 만든 5분 27초짜리 영상을 참조하면 좋으며, 해시태그 마케팅을 진행하고 싶은 사람이라면 꼭 한 번쯤은 보면 큰 도움이 되는 영상이다. (링크 http://www.ebs.co.kr/tv/show?courseId=BP0PAPB0000000009&stepId=01BP0PAPB0000000009&lectId=10357910)

PART 11

동영상 콘텐츠
활용 방법

SNS와 콘텐츠의 트렌드

인스타그램 동영상 콘텐츠 활용 사례

Instagram

Log in to see photos and videos
from your friends.

SIGN UP   LOG IN

                                    Forgot?

f Log In with Facebook

SNS와 콘텐츠의 트렌드

최근 콘텐츠의 트렌드는 동영상이다. 유튜브는 페이스북 보다 동영상 조회 시간이 더 길다 라는 것으로, 페이스북은 유튜브 보다 동영상 재생 수가 더 많다는 것으로 서로 자존심 싸움을 할 정도로 앞으로 SNS의 트렌드는 동영상 콘텐츠에 의해 좌지우지 될 가능성이 높다. 인스타그램도 마찬가지로 동영상 콘텐츠에 수요와 유저들로부터 생성되는 동영상 콘텐츠가 더욱 많아질 수 있도록 변화를 꾀하고 있는 모습을 보이고 있다. 대표적으로 인스타그램의 둘러보기 섹션에는 "회원님이 좋아할 만한 동영상"을 가장 상단 부분에 배치하여 인스타그램을 이용하는 유저들이 더 많은 동영상을 시청할 수 있도록 하였다.

인스타그램 동영상 추천 인스타그램 둘러보기 섹션에 크게 자리 잡고 있는 "회원님이 좋아할 만한 동영상"

동영상 콘텐츠는 유저들의 시선을 사로잡는 데 매우 효과적이다. 특히 잘 만들어진 동영상 콘텐츠는 높은 전환율을 가지고 올 수도 있다는 아주 큰 장점을 가지고 있다. 하지만, 유저들의 사고 싶은 욕구를 제대로 자극하지 못하면 동영상 시청 시간과 조회수는 적지 않은데 전환율은 바닥을 치는 경우가 굉장히 많다. 동영상 콘텐츠를 활용할 때 가장 먼저 고려해야할 점은 "어떻게 동영상을 제작해야 전환율을 높일 수 있을까?"이다. 특히나 1분 이내의 영상만이 업로드 되는 인스타그램에서는 이를 어떻게 활용해야할 지에 대해서 고민하지 않고 무턱대고 접근하면 동영상 콘텐츠를 만든 정성에 비해 좋지 않은 성과를 기록할 수밖에 없다.

동영상 콘텐츠를 통해 전환율을 높이는 첫 번째 방법은 시선을 끌어야한다는 것이다. 인스타그램에는 자동 재생 기능이 있기 때문에 동영상을 시청하는 유저들에게 실제로 노출되는 맨 처음의 1~2초는 제대로 보여지지 않는다. 또한, 동영상의 특성상 한 번 재생되면 무언가가 계속 움직이는데, 이 때 재미있는 요소가 주기적으로 나타나지 않으면 유저들은 동영상을 길게 시청하지 않는다. 유튜브에서 인기 많은 영상이 페이스북이나 다른 SNS에서 크게 인기를 끌지 못하는 경우의 이유가 바로 여기에 있다. 편집을 잘해서 주기적으로 관심을 이끌만한 포인트가 나온다면 유저들은 끝까지 영상을 시청하지만, 그렇지 못할 경우 지루하게 느끼기 때문에 동영상을 끝까지 시청하지 않는다. 영상 속의 "재미" 요소를 넣어야 하는 이유이다.

두 번째 방법은 자연스러운 광고여야 한다는 것이다. 최근의 광고 트렌드는 대놓고 "우리 상품 좋아요" "이런 특징이 있어요"가 아닌, 광고 같지 않은 광고가 트렌드이다. 재미있는 영상 속에 상품을 노출시키거나, 잠재 고객이 좋아할 만한 정보를 다루는 내용에 자연스럽게 판매하고자 하는 상품을 노출시키는 네이티브-애드(Native Ad)나 브랜디드 콘텐츠가 동영상 콘텐츠로서 적합하다.

세 번째 방법은 짧게 만드는 것이다. 인스타그램에서는 1분 이내의 콘텐츠만 업로드 되기 때문에 큰 해당사항은 없지만 다른 SNS에 업로드할 것을 고려하여 영상을 제작한다면 동영상의 길이는 가능하면 3분을 넘기지 않는 것이 좋다. 유튜브의 TOP50 영상의 평균 길이는 3분이 채 되지 않는다. 동영상을 시청하기 위한 플랫폼인 유튜브에서의 영상 길이가 3분이 되지 않는다는 것은 페이스북이나 인스타그램과 같은 뉴스피드 형태의 SNS에서는 더 짧아야한다는 것을 의미한다.

CHAPTER·02
인스타그램 동영상 콘텐츠 활용 사례

✎ 뷰티 브랜드라면 꼭 벤치마킹 해야하는 에뛰드 하우스 ✎

　동영상 콘텐츠가 트렌드가 되자 다양한 브랜드에서 다양한 시도를 하고 있다. 아직까지 "정답은 이 방법이다"라고 할만한 노하우가 쏟아져 나오고 있지 않지만 찾아보면 인스타그램에서 동영상 콘텐츠를 잘 활용하고 있는 사례들을 찾아볼 수 있다. 인스타그램에서는 동영상이 최대 1분까지밖에 업로드 되지 않기 때문에 최대한 1분 이내에 영상을 통해서 전달하고자 하는 메시지를 분명하게 전해야만 한다. 그리고 거기에 유저들이 끝까지 영상을 시청할 수 있도록 재미있는 요소까지 고려해야하기 때문에 인스타그램에서 동영상 콘텐츠를 활용한다는 것은 쉽지 않은 일임은 분명하다.

에뛰드하우스 특유의 느낌과 판매하는 제품, 그리고 제품을 사용한 모습을 동영상으로 잘 표현한 에뛰드하우스

　필자가 아는 뷰티 브랜드 중 인스타그램을 가장 잘 운영하고 있다고 생각하는 이니스프리와 에뛰드하우스는 동영상 콘텐츠도 정말 잘 활용하고 있다. 특히 에뛰드하우스에서 판매하는 제품을 활용해 메이크업이나 네일을 하고 이를 동영상 콘텐츠로 잘 표현하고 있으며, 에뛰드 특유의 공주풍 느낌도 잘 살려내고 있다. 동영상 콘텐츠를 활용한 예시로 블링미프리즘 네일 제품이 있다. 블링미프리즘 제품을 활용한 네일의 동영상을 이어붙여 마치 하나의 큰 이미지를 잘라내 업로드한 것처럼 보인다. 이미지를 3 · 6 · 9법칙대로 배열하는 방법은 앞서 필자가 소개한 방법대로 포토스케이프를 활용하면 되지만 인스타그램의 동영상 콘텐츠를 어떻게 저렇게 잘라내어 마치 하나의 이미지처럼 배열할 수 있었을까?

　비밀은 인스타그램에 업로드 되는 동영상의 규칙에 있다. 기본적으로 인스타그램에 업로드 되는 동영상에 나타나는 대표 이미지는 동영상의 가장 처음 시작되는 화면이 대표 이미지로서 나타나게 된다. 즉, 동영상을 편집할 때 대표 이미지로 나타내고 싶은 이미지를 0.1초~1초 정도를 동영상의 앞 부분에 삽입한 것이다. Daum 팟인코더 나 윈도우 무비 메이커등의 동영상 편집 툴을 활용하면 간단하게 동영상 앞 부분에 이미지를 삽입할 수 있다.

콘텐츠 자체의 신선함을 잘 보여준 빵다무르

유저들이 좋아하는 동영상 콘텐츠는 꾸밈없는 실시간 콘텐츠이다. 이를 잘 활용하고 있는 빵다무르(@painadmour)는 갓 만든 빵을 반으로 쪼개어 빵 속에 들어 있는 꽉 찬 초코나 생크림 등을 보여주는 동영상을 찍어서 올리고 있다. 아무런 편집 과정을 거치지 않은 동영상이기 때문에 유저들은 @paindamour 계정에 올라오는 동영상 콘텐츠들을 신뢰하고 있으며, 예쁜 빵 안에 맛스러운 속이 들어가 있어 동영상을 보면 군침이 돌게 된다.

빵다무르의 동영상은 페이스북의 초대형 페이지인 '오늘 뭐 먹지?'에도 소개가 되었을 정도로 유저들에게 인기가 많았다.

비포어&애프터를 동영상으로 잘 풀어낸 로스트가든

신발 수선의 과정을 동영상으로 짧게 편집하여 확실한 비포어&애프터를 보여준 로스트가든.

로스트가든에서는 오피셜 계정 외에 여러 개의 계정을 운영하고, 각 계정마다 콘셉트를 달리하고 있다. 지금은 운영하고 있지 않지만, 로스트가든에서 운영했던 계정 중 @lostgarden_shoecare 계정은 동영상 콘텐츠를 아주 잘 활용했던 계정이다.

아쉽게도 @lostgarden_shoecare 계정이 사라져 이를 예시로 보여주지는 못하지만, 다행히도 @lostgarden_shoecare에서 활용했던 콘텐츠의 일부를 @basquiat83 계정을 통해서 소개할 수 있다. 이 계정에서 올린 동영상 콘텐츠의 앞 부분은 신발을 수선하기 이전의 전체적인 신발의 모습, 집중 케어를 진행한 부분, 신발의 정면과 양옆, 그리고 뒷 모습을 담았으며 중간 부분에 로스트가든 슈케어를 상징하는 워터마크를 노출시키고 신발이 수선된 후의 정면과 양옆, 뒷부분, 그리고 집중적으로 케어한 부분을 나타내었다. 또한, Before&After가 확실하게 나타나는 이미지를 삽입해 신발 수선의 결과를 한 눈에 볼 수 있도록 콘텐츠를 구성하였다.

이러한 콘텐츠는 #슈사인 이라는 해시태그를 검색하면 확인할 수 있다.

인스타그램에서 가볍게 소비하기 좋은 콘텐츠를 발행한 혼자가맛있다

짧은 동영상 콘텐츠로 간단한 레시피를 소개하는 @singlefoodlife

　혼자가 맛있다 계정에서는 짧은 동영상 콘텐츠를 활용하여 아주 간단한 레시피를 소개하고 있다. 동영상을 올리기 이전에는 잘 만들어진 레시피의 요리를 사진으로도 올려 계정에 방문한 유저들이 혼자가맛있다 계정에 올라온 동영상이 어떠한 레시피를 소개하는지 직관적으로 알 수 있도록 콘텐츠를 구성하였다.

　자막을 활용하여 소리가 없이도 콘텐츠를 보는데 어려움이 없는 동영상 콘텐츠를 주로 활용하고 있으며, 이러한 동영상 콘텐츠는 인스타그램의 자동 재생기능에 활용하기 아주 좋은 콘텐츠이다. 인스타그램에서 영상이 자동으로 재생될 경우 뮤트(소리 해제) 상태로 동영상이 재생되기 때문에 소리를 듣지 않고 동영상을 소비하는 유저들도 있어 인스타그램에 업로드할 영상을 만들 때에는 가능하면 소리가 없이도 동영상을 이해할 수 있는 콘텐츠로 제작해야만 한다. @singlefoodlife 계정에서는 브랜드의 소식과 이벤트부터 가벼운 콘텐츠까지 모두 하나의 오피셜 계정에서 활용하고 있다.

　동영상 콘텐츠는 처음 접근하는 것이 매우 어렵다. 편집에 대해서 따로 공부해야할 것 같고, 어떻게 촬영해야 하는지 조차 막연하지만 동영상 콘텐츠를 처음 활용해보고자 한다면 꾸밈 없는 그대로의 자연스러운 모습을 카메라에 담아 인스타그램에 옮겨보길 바란다. 어설프게 꾸민 동영상 콘텐츠보다는 있는 그대로의 꾸밈없는, 자연스러운 동영상 콘텐츠에 유저들이 열광할지도 모른다.

특히 음식을 판매하는 업종의 경우엔 꾸밈 없는 동영상 콘텐츠가 반응이 생각보다 좋은데, 이 때는 평범한 음식보다는 빵다무르의 사례처럼 고객들이 좋아하는 초코나 녹차, 생크림 등이 가득 들어 있는 빵, 치즈가 주욱 늘어나는 닭갈비, 불쇼를 해주는 삼겹살 등 사진보다는 현장의 생동감을 담아낼 수 있는 소재를 적극적으로 활용하여 내가 동영상을 촬영하여 보여주기도 하고, 유저들이 동영상을 촬영할 수 있도록 만드는 것 또한 좋은 방법이다

업종별 인스타그램
활용 방법

CHAPTER·01
퍼스널브랜딩과 인스타그램

/ 로스트가든 대표의 가치관을 엿볼 수 있는 @loga_c /

로스트가든이라는 브랜드와 함께 로스트가든 대표의 퍼스널 브랜딩을 위해 운영하는 @loga_c 계정

앞서 이야기한 대로 인스타그램은 상품 판매보다는 브랜딩에 훨씬 적합한 플랫폼
이다. 마찬가지로 브랜드의 브랜딩 만이 아니라 퍼스널 브랜딩 또한 인스타그램이라
는 플랫폼을 활용하여 만들어나갈 수 있다. 인스타그램에 퍼스널 브랜딩이 적합한 이
유로는 인스타그램에서 가장 인기가 많으면서 동시에 가장 반응이 좋은 콘텐츠가 바
로 '사람'이라는 데에 있다. 단언컨대 SNS에서의 계정을 운영하는 주체인 '나'라는 콘
텐츠가 바로 최고의 콘텐츠이다.

로스트가든 대표의 일상과 가치관을 볼 수 있는 @loga_c 계정.

　인스타그램에서 퍼스널 브랜딩을 하는 방법은 평소 나의 가치관을 담은 캡션과 일상을 팔로워들에게 전하고 내 일상을 공유하여 내 직업과 나를 충분히 어필하는 것이다. 로스트가든의 대표가 운영하고 있는 @loga_c 라는 계정은 이를 잘 활용하고 있는 아주 좋은 예시이다. 실제로 @lostgarden_official 계정의 팔로워가 1.3만인 데에 비해 @loga_c 계정의 팔로워는 2.9만 명으로 로스트가든 브랜드의 대표 계정 보다 로스트가든 대표의 개인 계정이 약 2배 이상 많다. @lostgarden_officla 계정이 로스트가든의 브랜딩을 위해 운영되는 계정이라면 @loga_c 계정은 로스트가든 브랜드 브랜딩과 동시에 대표 자신의 브랜딩을 위해 운영하는 계정이다. 언제든지 자신의 브랜드인 로스트가든을 알릴 수 있음은 물론 대표의 멋진 일상과 가치관도 공유할 수 있는 개인 계정을 적극적으로 활용하고 있다.

　최근 로스트가든은 인기 가수의 앨범 자켓 화보에 참여했고, 이 소식을 로스트가든이 운영하고 있는 모든 계정에 소개했음은 물론 @loga_c 계정에도 소개하였다. 다소 딱딱하게 소식을 전할 수밖에 없는 오피셜 계정에 비해 대표가 운영하는 개인 계정에는 팔로워들과 더 소통하기 편한 캡션을 달 수 있어 유저들과 훨씬 가벼운 소통을 할 수 있다. 또한, 이번 소식을 개인 계정에서 알리면서 #제가만들어요 라는 해시태그를 통해 자신이 직접 디자인한 수제화라는 사실을 어필했다. @loga_c 계정에는 이 외에도 평소 남다른 패션 스타일과 일상을 엿볼 수 있으며, 사진 1장도 대충 찍어서 올리는 것이 아닌 자신만의 보정 방법을 통해 콘텐츠를 업로드하고, 오피셜 계정에서는 좀처럼 보기 힘든 가벼운 콘텐츠와 가치관을 볼 수 있다.

✎ 웨딩플래너의 퍼스널 브랜딩과 아이니웨딩의 브랜딩 ✎

인스타그램에 아이니웨딩을 검색하면 수많은 아이니웨딩의 웨딩플래너 계정을 볼 수 있다. 그녀들의 일상적인 콘텐츠는 물론, 플래너로서의 기록과 함께 고객 후기 캡쳐를 콘텐츠로 활용하여 팔로워들에게 신뢰도를 높여주고 있다.

　대표의 퍼스널 브랜딩을 통해 브랜드의 이미지를 잡아나가는 방법과 함께 전 직원이 퍼스널 브랜딩을 잡아가는 브랜드도 있다. 아이니웨딩이라는 업체는 전 직원(플래너)이 블로그와 인스타그램 등의 SNS를 모두 운영하고 있다. 아이니웨딩의 웨딩플래너는 모두 인스타그램에 콘텐츠를 업로드할 때 #아이니웨딩 이라는 브랜드명 해시태그와 함께 #아이니웨딩+본인 이름 이라는 해시태그로 자신의 퍼스널 브랜드를 나타내고 있다. 이들은 주기적으로 SNS 교육을 받는 것으로 보여지며, 모두 수준급 이상으로 인스타그램을 잘 운영하고 있어 개인 퍼스널브랜딩을 목표로 인스타그램을 운영하고자 한다면 이들의 사례를 잘 분석하고 활용하면 큰 도움이 된다.

　아이니웨딩의 웨딩플래너들의 계정에 들어가보면 그녀들의 일상적인 콘텐츠도 쉽게 찾아볼 수 있다. 대부분 웨딩과 관련된 콘텐츠로, 그들이 기획하고 구성한 결혼식의 기록을 사진으로 남겨 콘텐츠로 활용하고 있으며, 고객에게 받은 카카오톡 내용(후기)의 일부를 공개하여 팔로워들의 신뢰도를 더욱 높이고 있다. 플래너들의 계정을 운영하는 방법을 자세히 들여다보면 아이니웨딩의 웨딩플래너들은 인스타그램을 통해 어떻게 잠재 고객과 소통하는지는 물론 신규 고객을 충성 고객으로 만드는지에 대해 알고 있는 듯 보인다.

CHAPTER 02

뷰티업계와 인스타그램

✎ 잠재 고객의 분석을 통해 그들의 관심사를 찾아낸 @celkin_date ✎

잠재 고객의 관심사를 찾아내어 콘셉트 계정을 운영하고 있는 셀킨

    셀킨이라는 뷰티 사이언스 코스메틱 브랜드는 마스크팩을 판매하고 있다. 원래 OEM 방식으로 상품을 생산하던 업체에서 자체적으로 셀킨이라는 브랜드를 만들어 내어 우수한 상품력을 자랑하지만 아직 런칭한지 얼마 되지 않아 셀킨의 자체 상품은 많지 않다. 이미지가 중요한 인스타그램에서의 마케팅을 위해 상품을 예쁘게 촬영하거나 모델을 내세워 상품을 어필해야 상품에 대한 반응이 좋지만, 아직까지 셀킨이라는 브랜드의 자체 상품이 많지 않다보니 인스타그램을 통해서 자체 상품을 어필하는

잠재 고객의 공통된 관심사를 소재로 꾸준히 소통함과 동시에 셀킨의 소식도 전하는 중이다.

데에는 한계가 분명했다.

셀킨은 주로 20~30대 여성이 구매를 한다는 데이터를 통해 인스타그램 내의 잠재 고객의 접점을 찾아 Official 계정이 아닌 콘셉트 계정을 운영하기로 했다. 셀킨의 잠재 고객들이 공통적으로 좋아하는 것이 무엇일까? 라는 고민을 통해 20대와 30대 여성들의 공통 관심사인 데이트를 찾아내어 @celkin_date 라는 콘셉트 계정을 만들었다. 이 계정에서는 운영자가 직접 경험한 데이트 코스를 소개하며 잠재 고객과 꾸준히 소통함과 동시에 중간 중간 셀킨의 브랜드 소식이나 셀킨의 제품을 알리는 콘텐츠를 제작하여 셀킨의 브랜드와 상품에 대하여 어필하는 중이다.

또한, 인플루언서 마케팅을 진행하면서 @celkin_date 계정만으로는 부족한 도달을 채우고, 이를 다시 @celkin_care 라는 계정에서 리그램하면서 다시 한번 셀킨과 관련한 콘텐츠를 인스타그램에 쌓아나가고 있다.

✏ '어서오세요 공주님'의 콘셉트를 그대로 담은 @etude_official

에뛰드의 시그니쳐 컬러를 잘 활용하여 콘텐츠를 제작하는 에뛰드하우스

　　인스타그램 마케팅의 성공사례로 빠지지 않는 브랜드가 바로 에뛰드하우스이다. 에뛰드하우스는 공주풍 콘셉트의 뷰티 브랜드로, 고객이 매장에 방문하면 "어서오세요 공주님"이라는 인사말로 고객을 맞이하고 있다. 고객을 공주처럼 모시는 에뛰드하우스는 인스타그램에서도 고객을 공주처럼 대접하며 꾸준한 소통을 하고 있는 브랜드로, #오늘더스윗 #스윗샷 의 해시태그 마케팅도 진행하고 있는 브랜드이다. 뷰티 업계 중 가장 인스타그램을 잘 활용하고 있는 브랜드로, 에뛰드하우스의 해시태그 마케팅은 물론, 콘텐츠 활용과 콘셉트, 브랜드와 잘 어울리는 색감, 고객들과의 소통 등 많은 것을 벤치마킹하고 배우기 좋은 아주 훌륭한 사례이다.

에뛰드하우스에서는 콘텐츠 하나 하나 신경써서 업로드하고 있으며, '이번주 스윗샷'과 #스윗샷 #오늘더스윗 이라는 해시태그를 활용해 해시태그 마케팅도 진행하고 있는 중이다.

에뛰드하우스는 콘텐츠를 올릴 때 이 전에 올린 게시물과 다음에 올릴 게시물의 조화를 생각하여 콘텐츠를 업로드한다. @etude_official 공식 계정에 들어갔을 때 콘텐츠들이 유기적으로 잘 어울리게끔 콘텐츠를 구성하여 피드를 방문한 유저들의 호감도를 높임은 물론, 이미지와 동영상 콘텐츠를 적절히 활용하여 에뛰드하우스의 상품과 브랜드 소식을 효율적으로 전달하고 있다.

또한, '이번주 스윗샷'을 주제로 해시태그 마케팅을 진행하고 있으며, 유저들 중 #스윗샷 #오늘더스윗 이라는 해시태그를 입력해 에뛰드하우스에서 추구하는 브랜드 이미지와 잘 어울리는 콘텐츠를 업로드해준 유저를 주 단위로 1명씩 선발하여 에뛰드하우스의 상품을 제공해주는 등 유저들이 에뛰드하우스를 알릴 수 있는 콘텐츠를 꾸준히 생산할 수 있도록 장려하고 있다.

꾸밈없는 콘텐츠로 잠재 고객에게 진정성을 전달하는 @ground_plan

꾸밈없는 콘텐츠로 고객에게 다가가는 그라운드플랜

이미지 보정과 동영상 편집을 통해 화장품 자체를 예쁘게 꾸며내는 뷰티 브랜드들과는 달리 그라운드 플랜이라는 뷰티 브랜드에서는 꾸밈 없는 정직한 콘텐츠로 잠재 고객을 모으고, 팔로워들과 소통하며 인스타그램 계정을 운영하고 있다. 다양한 콘텐츠를 일정한 규칙 없이 투박하게 올리고 있으며, 간혹 이미지 보다 텍스트가 더 많이 보이는 콘텐츠도 꾸밈 없이 올리고 있다. 그라운드플랜의 상품에 대한 자부심을 느낄 수 있는 부분이며, @ground_plan 계정을 살펴보면 official 공식 계정이 아닌 마치 그라운드플랜의 대표의 개인 계정으로 운영하는 느낌이다.

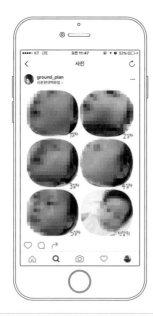

비포어/애프터와 실제 구매고객의 후기를 사용하여 브랜드와 상품에 대한 신뢰도를 높이고 있다.

@ground_plan 계정에서 또 주목할 점은 유저들의 후기를 적극적으로 활용하고 있다는 점이다. 비포어/애프터의 사진을 여과없이 보여주어 상품을 사용하기 전의 모습과 상품을 사용한 이후의 변화된 모습을 어필하면서, 실제 유저들의 사용후기(상품평)를 인스타그램의 캡션에 그대로 보여주어 그라운드플랜의 상품에 대한 기존 사용자의 평가를 알리고 보여주고 있다. 또한, #그라운드플랜 이라는 해시태그를 사용한 유저의 게시물을 찾아 리그램하여 고객의 콘텐츠를 다시 한번 활용하여 더 많은 잠재고객에게 콘텐츠를 노출시키는 전략을 취하고 있다.

CHAPTER 03

패션업계와 인스타그램

고객들과 친근하게 소통하는 육육걸즈

캡션과 덧글을 통해서 꾸준히 고객들과 소통하고 있는 육육걸즈

육육걸즈의 공식계정 @66girls 는 고객들의 눈높이에 맞추어 고객들과 꾸준히 소통을 하고 있다. 아직 신상 업데이트 되지 않은 제품에 대한 문의가 많이 올라오자 인스타그램에 빠르게 사진과 함께 캡션을 통해서 상품의 업로드 소식을 알리고, 문의나 코멘트를 남긴 유저들에게 성의껏 답글을 달아 유저들이 계속해서 @66girls 계정에 방문할 수 있도록 하고 있다. 육육걸즈에서는 단순히 상품에 대한 소개를 캡션에 입력하는 것이 아닌, 유저들에게 새로운 상품의 피드백을 유도하기 위해 질문을 하고, 이모지를 활용하는 등 친근한 톤앤매너와 덧글로 고객들과 소통하고 있는 중이다.

팔로워들을 대상으로한 이벤트, 상품 업데이트 소식 외 다양한 브랜드 소식을 전하며 고객들과 소통하고 있다.

육육걸즈에서는 인스타그램 팔로워를 대상으로 한 이벤트를 항시 진행하고 있다. 소정의 선물을 아주 짧은 기간 동안 진행하는 대신, 1주일에 2번 정도 여러 번 불시에 진행하면서 추가적인 팔로워 모집과 함께 기존 팔로워들이 계속된 이벤트에 참여할 수 있도록 유도하고 있다. 또한, 육육걸즈의 공식 인스타그램 계정 @66girls 에서는 단순히 브랜드(쇼핑몰)의 새로운 상품과 브랜드 소식을 전하는 것만이 아닌 배송이 늦어지는 이유, 촬영 스케치, 가벼운 일상 소식도 전하는데 이 때의 화자는 1명이 아닌, 여러 명의 MD와 모델이 번갈아가며 유저들과 소통하고 있어 더욱 다양한 콘텐츠와 소식을 전달해주고 있다.

육육걸즈에서는 @66girls_daily 라는 콘셉트 계정을 만들어 데일리룩을 소개하는 형태로 서브 계정을 운영하고 있는 중이다. @66girls 의 본 계정과 비슷한 형태로 콘텐츠를 발행하고 있지만, 본 계정보다는 조금 더 가벼운, 일상적인 요소를 더하여 계정을 추가적으로 운영하고 있다.

고객들이 콘텐츠를 자발적으로 생산할 수 있도록 유도한 Free People

　미국의 청바지 쇼핑몰 프리피플은 제품을 구매한 고객들을 대상으로 한 프로모션을 진행했다. 고객들에게 제품을 발송할 때 상품과 함께 #MyFPDenim 이라는 해시태그를 사용하여 트위터나 인스타그램에 콘텐츠를 올려달라는 메시지를 담은 카드를 함께 발송했다. 이후 구매 고객들이 이러한 해시태그를 사용하여 콘텐츠를 업로드하면 프리피플 사이트에 이들이 업로드한 콘텐츠를 사이트에 방문한 유저들이 볼 수 있도록 하였다.

#freepeople, #MyFPDenim #상품명 등의 해시태그를 이용한 유저의 콘텐츠를 리그램하여 활용하고 있는 @freepeople

　또한, #freepeople #MyFPDenim #상품명 등 프리피플을 나타내는 해시태그를 유저들이 사용할 경우 이러한 콘텐츠를 리그램하여 계정에 다시 한 번 사용했다. 프리피플에서는 무엇보다 고객의 꾸밈없는 착용컷을 중요하게 여겨 고객들의 착용컷을 사이트에서 한 눈에 볼 수 있도록 설정해 놓았으며, 인스타그램도 고객들의 착용컷을 리그램하여 프리피플에서 구매하고자 하는 고객들에게 더욱 신뢰성 있는 정보를 제공해주는 역할을 하였다.

다양한 플랫폼을 활용하여 인스타 마켓을 홍보하고 있는 프레소 마켓

잠재 고객들과 단순히 판매자와 구매자와의 관계가 아닌 지인의 관계로까지 발전시키고 있는 @presso_mk

　인스타그램에서 마켓을 운영중인 프레소마켓(@presso_mk)에서는 커플티를 구매할 잠재 고객들이 사용하는 해시태그를 우선적으로 분석하여 #럽스타그램 #남자친구 #커플코디 등의 해시태그를 게시물에 적절히 활용하여 노출시키고 있다. 또한, 상품을 구매할 가능성이 높은 잠재 고객들과 꾸준히 소통하면서 팔로워를 늘리고, 그들과 단순히 판매자와 구매자가 아닌 지인의 관계까지 발전시켜 잠재 고객들이 상품을 구매하지 않더라도 계속해서 친분을 이어나갈 수 있도록 노력하는 모습을 보이고 있다. 지금 당장은 구매율이 높은 편은 아니지만, 잠재 고객들과 꾸준히 소통하면서 좋은 상품들을 소개하고 있어 앞으로의 발전을 기대하게 만든다.

인스타그램 뿐만 아니라 블로그, 페이스북도 잘 활용하는 모습을 보여주고 있다.

　프레소 마켓의 김민정 대표는 인스타그램 뿐만 아니라 상품을 자세하게 설명할 수 있는 블로그는 물론, 확산력을 기반으로한 불특정 다수에게 콘텐츠를 노출시키기 좋은 페이스북도 잘 활용하고 있는 모습을 보이고 있다. 페이스북의 개인 계정을 활용하여 인스타그램에서와 마찬가지로 잠재 고객을 모으기 위해 다양한 활동을 하고 있으며, 그녀의 말에 따르면 마켓을 통해 상품을 구매한 유저가 자신의 인스타그램 개인 계정에 콘텐츠를 업로드하여 마켓을 홍보해주었고, 페이스북 개인 계정에도 콘텐츠를 업로드하여 프레소마켓의 상품을 알리는 데 큰 힘이 되어주었다고 한다.

CHAPTER · 04
미용업계와 인스타그램

✏ 짜임새 있는 콘텐츠 구성을 보여주는 라라요상 ✏

콘텐츠 제작 능력이 다소 아쉽지만, 인스타그램 이라는 플랫폼을 잘 활용하고 있는 라라요상.

압구정에 위치한 미용실 라라요상에서는 인스타그램을 통해 고객을 찾고 있는 중이다. 라라요상의 공식 계정 @rah_rah_yosang 에서 돋보이는 점은 콘텐츠의 구성에 있다. 3 · 6 · 9법칙을 잘 활용하고 있음은 물론, 콘텐츠를 올릴 때 일정한 규칙에 따라서 콘텐츠를 올리는 모습을 보이고 있다. 고객들의 콘텐츠를 리그램할 때에는 3~6장 정도를 연달아 고객들의 콘텐츠를 리그램하거나, 정면의 사진을 촬영한 이미지를 3장, 그 다음에는 옆모습의 이미지를 3장을 연달아 올리는 등 짜임새 있는 콘텐츠 구성을 보여주고 있다. 라라요상에서는 콘텐츠 제작 능력이 조금 부족하여 인스타그램 운

영에 있어 크게 돋보이는 점은 없지만, 다양한 시도를 통해서 점점 발전하는 모습을 보이고 있다.

예전에는 동영상 콘텐츠를 업로드할 때 단순히 촬영한 동영상을 그대로 올리거나, 속도만 빠르게 하여 올렸다면 최근에는 동영상 속에 자막을 넣어 고객이 어떠한 이유 때문에 시술을 받는지와 시술 과정, 그리고 그 결과에 대해서 설명해주고 있다. 또한, 라라요상에서는 오피셜 계정만을 운영하는 것이 아닌 라라요상의 직원들이 개인 계정을 따로 운영하고 있어 라라요상 스타일리스트들의 일상과 라라요상의 소식을 같이 전달하고 있다. 뿐만 아니라, 블로그도 같이 운영하고 있어 인스타그램에 넣기 어려운 상세 정보는 블로그를 통해서 정보를 제공하고 있다.

고객들이 해시태그를 입력해주는
#굿데이정윤 #머리하는정윤

고객들이 자발적으로 입력해주는 #머리하는정윤 #굿데이정윤 해시태그

압구정에 위치한 굿데이헤어살롱 역시 마찬가지로 헤어 스타일리스트들이 각자의 개인 계정을 운영하고 있다. 그 중에서도 인스타그램을 가장 잘 활용하고 있는 @gooddaycjy 계정은 무려 1만명에 가까운 팔로워를 가지고 있다. 재미있는 것은 현재이 계정에서 활용하고 있는 #굿데이정윤 #머리하는정윤 이라는 해시태그를 검색해보면, @gooddaycjy 계정에서 올린 게시물이 아닌 고객들이 올린 게시물들이 점차 늘어나고 있다는 것이다. 앞으로 이러한 해시태그를 올려주는 고객들이 점점 많아진다면 인스타그램에서 자연스레 입소문이 생겨 인스타그램을 통해 고객이 스타일리스트 정윤을 찾아가는 경우가 점차 많아질 것으로 보인다.

고객들과 가볍게 소통하면서 고객들의 콘텐츠를 리그램하여 올리는 @goodday.cjy

　그가 운영하는 계정에 들어가보면 대부분 일상과 관련된 콘텐츠를 올리며 고객들과 소통하고 있으며, 종종 헤어 스타일과 관련된 콘텐츠로 자신을 PR하고 있다. 더불어 고객이 그를 나타내주는 해시태그인 #굿데이정윤 #머리하는정윤 이라는 해시태그를 사용하여 콘텐츠를 업로드하면 이를 자신의 계정으로 리그램하여 새로운 콘텐츠로 다시 한번 활용하고 있다.

CHAPTER · 05

오프라인과 인스타그램

/ **#놀아보고서 라는 새로운 해시태그를 만들어낸 야놀자** /

그들은 맛있다면
천리 길도 마다 않는다
야놀자가 있으니까

야시장에서 #놀아보고서

야놀자의 새로운 캠페인의 핵심 메시지가 된 #놀아보고서

　야놀자에서 브랜드 캠페인의 일환으로 만든 해시태그인 #놀아보고서는 여행을 가거나 놀러가는 사람들이 재미있게 즐기는 이미지와 함께 사용할 수 있는 해시태그이다. "여행지에서 놀아보고서 보고서를 작성한다"는 매력적인 의미는 놀러간 사람들이 여행지에서 사진을 촬영한 후 #놀아보고서 라는 해시태그를 사용하게 만들기 충분했다. 덕분에 야놀자에서 #놀아보고서 라는 해시태그를 입력해달라고 부탁하지 않아도 유저들이 자발적으로 해시태그를 입력하는 모습을 보이고 있다. 지금처럼 계속해서 유저들이 이 해시태그를 활용한다면 #여행에미치다 와 같은 해시태그처럼 여행을 즐기는 사람들이 대표적으로 사용하는 해시태그가 될 것으로 보인다.

'찍게 만들어라!'를 잘 활용한 연애의 온도 전시

연인들이 지나칠 수 없도록 구성하고, 텍스트 앞에 #을 붙여넣어 인스타그램에 업로드하도록 유도한 연애의 온도 전시.

　연인들을 타겟으로한 전시인 "연애의 온도" 전시에서는 다양한 볼거리와 함께 벽, 바닥에 해시태그를 사용한 작품들을 만들어 놓았다. '가끔밉지만, 고마워'처럼 연인들 사이에서 공감이 될만한 문구를 단순히 써놓는 것이 아닌 #을 붙여넣음으로서 해시태그, 인스타그램이 생각나도록 만들었다.

　인스타그램에 #잘지내자우리 해시태그를 검색하면 오른쪽의 사진처럼 연인들이 발을 마주하고 찍은 수많은 사진들을 볼 수 있다. 연애의 온도 전시에서는 고객들에게 "사진을 촬영한 후 인스타그램에 업로드 해주세요~"라고 한 적은 없지만, 이러한 요소를 전시 곳곳에 장치함으로서 고객들이 자발적으로 연애의 온도 전시를 알리는 마케터로서의 역할을 할 수 있도록 만들었다.

PART 13

페이스북/
인스타그램 스폰서
광고 설정 및 노하우

CHAPTER 01

페이스북/인스타그램 스폰서 광고 설명

노출 위치
광고로 원하는 사람들에게 도달할 위치를 선택하세요.

○ **자동 노출 위치(권장)**

가장 성과가 좋을 것으로 예상되는 위치에 자동으로 광고가 게재됩니다. 이 목표의 경우 사용 가능한 노출 위치는
다음과 같습니다: Facebook, Instagram, Audience Network. 더 알아보기.

● **노출 위치 수정**

노출 위치를 삭제하면 도달하는 사람 수가 줄어들 수 있으며 목표 달성이 어려워질 수 있습니다. 더 알아보기.

기기 유형 **모든 기기(권장)** ▼

플랫폼 ▶ Facebook ☐

Instagram ☑

Audience Network ☐

세부 옵션

특정 모바일 기기 및 운영 체계

Audience Network 및 인스턴트 아티클의 경우 카테고리 제외

Audience Network에 차단 리스트 적용

광고 세트 영역에서 "노출 위치" 설정을 통해 인스타그램에도 광고를 노출시킬 수 있다.

    페이스북과 인스타그램 스폰서 광고 설정 모두 페이스북 광고 관리자나 페이스북 파워 에디터에서 설정해야만 한다. 그러다 보니 페이스북/인스타그램 광고의 설정 방법은 99%가 동일하다. 광고 세트 부분에서의 노출 위치에서 인스타그램을 체크 하느냐 하지 않느냐의 차이만이 있을 뿐이다.

하지만, 페이스북과 인스타그램 스폰서 광고의 활용 방법은 엄연히 다르다. 페이스북과 인스타그램이라는 플랫폼 자체가 다르기 때문에, 광고가 노출이 되는 방식이 다르기 때문에 똑 같은 설정값과 광고 크리에이티브를 활용한다면 인스타그램에서는 광고의 효과를 보기가 매우 어렵다. 페이스북에서 광고할 콘텐츠를 복사 붙여넣기 하여 인스타그램에 노출시키는 것밖엔 되지 않기 때문이다. 기본적으로 페이스북은 텍스트가 우선적으로 보이고 텍스트 하단 부분에 콘텐츠가 노출이 되지만, 인스타그램에는 콘텐츠가 노출이 되고 하단 부분에 캡션이 노출된다는 차이도 있으며, 이 차이가 유저들에겐 매우 크다. 페이스북에선 먼저 보이는 텍스트 메시지를 통해서 유저들의 시선을 사로잡을 수 있지만, 인스타그램에서는 콘텐츠를 통해 유저들의 시선을 사로잡아야만 하단 부분의 캡션까지 읽도록 만들 수 있다. 페이스북과 인스타그램을 통해 효율적인 스폰서 광고를 집행하기 원한다면 페이스북과 인스타그램이라는 플랫폼 자체를 먼저 이해하는 것이 좋다.

CHAPTER·02
인스타그램 비즈니스 계정 연동

최근 페이스북 페이지와 같은 역할을 해주는 인스타그램 비즈니스 계정이 등장했다. 이미 해외에서는 비즈니스 계정이 사용되고 있는 중이었으며, 국내에서는 해외보다 조금 늦게 비즈니스 계정이 출시되었다. 인스타그램 비즈니스 계정은 일반 개인 계정과는 크게 다른점은 없지만, '연락하기'라는 CTA(Call To Action) 버튼이 생겼으며, 인스타그램 비즈니스 계정의 전체적인 인사이트와 개별 콘텐츠에 대한 간단한 인사이트를 확인하여, 평소 내 프로필에는 어떤 계층의 유저들이 몇시에 들어오는지, 어떠한 콘텐츠가 도달이 좋고 반응이 좋은지에 대한 간단한 분석이 가능하다.

왼쪽은 일반적인 개인 계정의 모습이며, 오른쪽은 개인 계정을 비즈니스 계정으로

전환시킨 이후의 모습이다. 스폰서 광고를 진행할 수 있는 페이스북 페이지와 인스타 그램 계정을 연동해 놓으면 개인 계정에서 비즈니스 계정으로, 비즈니스 계정에서 개 인 계정으로의 전환이 쉽고 빠르다.

  오른쪽의 비즈니스 계정을 살펴보면 왼쪽의 개인 계정에서는 볼 수 없는 요소들이 몇 가지 추가된 것을 확인할 수 있다. 프로필 설명 바로 윗부분에 카테고리(Personal Blog)가 노출이 되며, 프로필 편집 부분이 작아지고 연락하기 라는 CTA 버튼이 생긴 다. 그리고 오른쪽 상단 부분 설정 메뉴 옆에 통계 그래프 모양의 인사이트 버튼, 위의 사진에는 나타나지 않았지만 사이트 URL 바로 아래 주소도 함께 노출이 되게 설정할 수 있어 오프라인 매장을 가지고 있는 사업자라면 매장의 위치도 프로필에서 나타낼 수 있다.

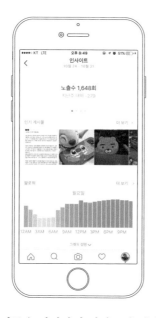

  인사이트 버튼을 터치하여 넘어오면 위와 같은 아주 간단한 통계들을 확인할 수 있 다. 1주일 간의 노출수, 도달수, 프로필 조회수, 웹사이트 클릭수를 맨 처음 확인할 수 있으며, 1주 간의 인기 게시물과 팔로워들이 주로 활동하는 시간대를 알 수 있어 하루 일과 중 몇시에 콘텐츠를 올려야 반응이 좋을지에 대해 알 수 있다. 더 보기를 통해서 팔로워들의 성비와 연령대를 확인할 수 있으며,

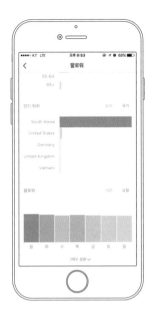

 팔로워들이 위치하고 있는 도시와 국가, 그리고 주로 인스타그램에 접속하는 시간
과 요일을 확인할 수 있다. 오른쪽의 그래프 설명을 통해 〈성별 및 연령대〉〈위치〉〈
팔로워 – 시간〉〈팔로워 – 요일〉에 대한 개념을 정확히 숙지할 수 있다.

 인스타그램 비즈니스 계정에 프로필에서의 인사이트 메뉴를 통해 전반적인 통계
를 살펴볼 수 있으며, 인스타그램 비즈니스 계정으로의 전환 이후 업로드한 콘텐츠에

대한 개별 인사이트도 살펴볼 수 있다. 아직은 노출수, 도달, 참여 정도밖에 확인할 수 없지만 이번 인사이트 통계를 통해서 기존 페이스북/인스타그램의 알고리즘이 도달을 우선시 하던 알고리즘에서 노출 위주의 알고리즘으로 개편하고 있다는 것을 엿볼 수 있다.

인스타그램 비즈니스 계정을 통해 생겨난 홍보하기 버튼은 페이스북 페이지를 통해서 간단하게 스폰서 광고를 설정할 수 있는 〈게시물 홍보하기〉와 같은 개념으로, 기본적으로 링크 클릭을 목표로 광고하는 "웹사이트 클릭" 캠페인 형태를 갖추고 있으며, 이 홍보하기를 통해서 CTA 행동유도 버튼, 간단한 타겟, 예산, 광고 기간을 설정할 수 있다. 이에 대한 자세한 내용은 뒷 부분의 페이스북/인스타그램 스폰서 광고 활용에 대한 부분을 참고하길 바란다.

이 인스타그램 비즈니스 계정을 활용하기 위해선 페이스북 페이지와 인스타그램 계정간의 연동이 필요하다. 인스타그램을 통해서 계정을 연동하는 방법과, 페이스북 페이지의 설정을 통해서 인스타그램 계정을 연동하는 방법이 있지만 이 책에선 페이스북 페이지의 설정을 통해 인스타그램 계정을 연동하는 방법에 대해서 설명하는 방법을 알려주고자 한다.

01

PC로 페이스북 페이지에 접속한 후 오른쪽 상단 부분의 설정 메뉴를 눌러 설정 화면에 들어가 왼쪽 메뉴탭에 있는 Instagram 광고를 클릭한다.

02

계정 추가 버튼을 누른다.

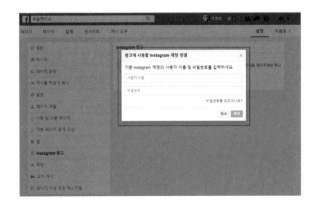

03

인스타그램 계정의 아이디와 비밀번호를 입력한 뒤 확인 버튼을 누른다.

05

아이디와 비밀번호를 입력하면 자동으로 인스타그램과 페이스북 페이지의 연동이 이루어진다.

06

페이스북 페이지에서 인스타그램 계정 연동 설정을 다 끝냈다면 이번엔 모바일로 인스타그램에 접속한 후 프로필 영역에서 오른쪽 상단에 있는 설정 버튼을 누르고, 화면을 아래로 살짝 내리면 〈비즈니스 프로필로 전환〉이라는 메뉴가 있다. 이를 터치한 후 〈계속〉 버튼을 눌러 비즈니스 프로필로의 전환을 설정한다.

07

인스타그램의 계정이 페이스북 페이지를 소유한 페이스북 계정과 연동이 되어 있지 않다면 〈Facebook으로 로그인〉을 통해 페이스북 계정과의 연동이 가능하다.

08

인스타그램에서의 페이스북 앱 승인을 하면 비즈니스 프로필을 설정할 수 있는 화면이 나오는데, 이 때 이메일과 전화, 주소까지 모두 연동을 하는 것이 좋다. 비즈니스 프로필에서 〈연락하기〉 메뉴를 통해 이메일이나 전화로 연락을 할 수 있으며, 주소를 설정할 시에는 설정한 주소가 인스타그램 프로필 최하단 부분에 나타나 우리 업체의 위치를 나타낼 수 있다.

이렇게 간단하게 인스타그램과 페이스북 페이지의 연동을 할 수 있으며, 이를 통해 인스타그램에서 간단한 스폰서 광고를 집행할 수 있으며, 페이스북의 "광고 관리자" 나 "파워에디터"를 통해서 디테일한 타겟팅을 통한 스폰서 광고를 만들 수 있다.

또한, 인스타그램에서의 비즈니스 프로필 → 개인 계정으로의 전환도 매우 간단하다. 인스타그램의 프로필 영역의 오른쪽 상단 설정 버튼을 통해서〈개인 계정으로 돌아가기〉 메뉴를 통해 언제든지 원할 때 개인 계정으로 바꿀 수 있으며, 다시 비즈니스 프로필로 바꾸는 것 또한 가능하다.

CHAPTER 03

스폰서 광고 이해

이 책에서는 사실 스폰서 광고에 대한 내용은 언급하지 않으려 했다. 스폰서 광고는 페이스북에 비용을 지불하고 도달을 인위적으로 구매하는 것이기 때문에 이번 책에서 소개하는 내용의 취지와는 맞지 않기 때문이다. 하지만, 인스타그램 해시태그 마케팅을 진행하면서 스폰서 광고도 같이 진행하여 효율을 높일 수도 있기 때문에 아주 간단한 매뉴얼적인 부분과 함께 약간의 노하우를 알려주고자 한다.

우선, 페이스북/인스타그램의 광고 형태에 대한 설명부터 하고자 한다. 기본적으로 페이스북의 스폰서 광고던 인스타그램 스폰서 광고던 둘 다 설정은 페이스북의 "광고 관리자"나 "파워 에디터"를 통해서 진행해야 한다. 인스타그램 스폰서 광고가 처음 나왔던 2015년 10월에는 인스타그램 스폰서 광고 설정을 하기 위해서는 오직 "파워 에디터"를 통해야만 가능했으며, 당시에 가능했던 캠페인 역시 〈게시물 참여〉〈웹사이트 방문 수 높이기〉〈웹사이트 전환 늘리기〉〈동영상 조회수 늘리기〉의 4가지 캠페인만 진행할 수 있었다. 현재에는 진행할 수 있는 캠페인이 조금씩 늘어 2016년 11월 1일 기준 〈페이지 홍보하기〉〈이벤트 참여도 늘리기〉〈비즈니스에 맞는 잠재 고객 확보〉〈앱 참여 늘리기〉〈쿠폰 발급 수 높이기〉〈매장 방문수 늘리기〉는 인스타그램 광고를 집행할 수 없지만 시간이 지나면서 활용할 수 있는 캠페인으로 바뀔 것으로 보인다. 하지만 앞으로 어떻게 설정이 바뀔지에 대해서는 어림 짐작만 가능할 뿐 앞으로의 변경 사항에 대한 확신은 할 수 없다.

페이스북과 인스타그램의 스폰서 광고는 크게 캠페인, 광고 세트, 광고 크리에이티브로 구분이 되어지는데, 하나의 캠페인에 여러 개의 광고 세트를 둘 수 있고, 하나의 광고 세트에 여러 개의 광고 크리에이티브를 생성할 수 있는 구조이다. 캠페인, 광고 세트, 광고 크리에이티브는 각각의 역할을 맡아서 진행한다. 캠페인은 광고의 목적,

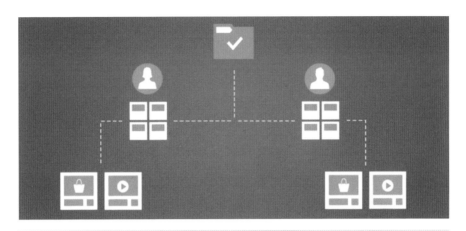

페이스북/인스타그램 스폰서 광고는 크게 캠페인, 광고세트, 광고 크리에이티브로 나뉘어진다.

즉 내가 페이스북/인스타그램 스폰서 광고에 돈을 지불하는 이유를 설정하는 부분이다. 광고세트는 광고가 노출이 되기 위한 조건 및 광고 크리에이티브를 볼 타겟을 설정하는 부분이다. 페이스북/인스타그램이 자랑하는 아주 디테일한 타겟팅 설정이 바로 광고 세트 부분에서 이뤄진다. 마지막으로 광고 크리에이티브는 스폰서 광고를 통해 보이는 광고 콘텐츠 자체를 의미한다. 광고를 설정하기 위해 필요한 가장 기본적인 필수 요소라고 할 수 있다.

하나의 광고 캠페인, 예를 들면 "웹사이트 방문 수 높이기"를 설정했다면, 그 하위영역인 광고 세트 영역에서 광고 타겟, 예산, 시간대 등 광고를 노출시킬 조건을 설정하고, 광고 크리에이티브에서 노출시킬 광고 콘텐츠를 설정할 수 있다. 이 때, 같은 캠페인이지만 다른 광고 세트 설정이나 같은 광고세트지만 다른 광고 크리에이티브 설정을 통해서 A/B테스트가 가능하다. 페이스북/인스타그램 스폰서 광고는 다양한 타겟 조합 및 다양한 크리에이티브를 시도하면서 우리 브랜드에 적합한 타겟군과 광고 콘텐츠를 찾는 것이 좋다. 처음부터 무리하게 광고를 집행하기보다는 다양한 시도들을 통해서 어떠한 타겟군이 우리 브랜드의 잠재 고객으로서 적합한지, 이미지나 동영상의 광고 형태 중 어떠한 광고 형태에 대한 반응이 좋은지 등을 체크해 광고의 성과를 높이는 기반을 쌓는 것이 좋다.

A/B테스트 A라는 광고 캠페인과 B라는 광고 캠페인을 놓고 광고의 성과를 비교해보는 테스트를 의미한다. 페이스북/인스타그램에서는 주로 캠페인과 광고 크리에이티브는 같지만, 다른 광고 세트(타겟)를 달리하여 광고를 집행해본 후 어떠한 광고 타겟에게 광고를 노출시키는 지에 대해 분석하기 위해 주로 사용한다.

페이스북/인스타그램에서 제공해주는 정보만 보아도 스폰서 광고에 대한 기본적인 이해를 할 수 있다.

또한, Facebook For Business(https://www.facebook.com/business)나 Facebook ad-guide(https://www.facebook.com/business/ads-guide), 페이스북 고객센터 (https://www.facebook.com/business/help/)를 통해서 많은 정보를 얻을 수 있으니 페이스북/인스타그램 스폰서 광고를 집행하기 이전에 위의 3가지 사이트에서 꼭 기본적인 단어부터, 스폰서 광고에 대한 노하우까지 확실하게 익히는 것을 추천한다. 필자가 위의 사이트에서 제공해주는 자료를 직접 정독해본 결과 8시간 정도가 소요되었으며, 정말 많은 인사이트를 얻을 수 있었기에 광고를 집행하기 이전에 꼭 페이스북에서 제공해주는 기본적인 자료를 참고하길 바란다.

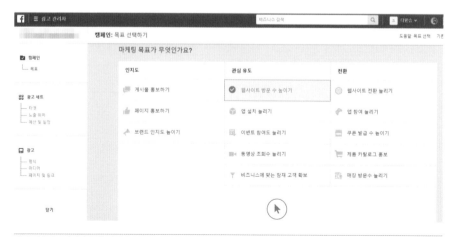

페이스북 광고관리자를 통해서 광고를 생성하는 모습.

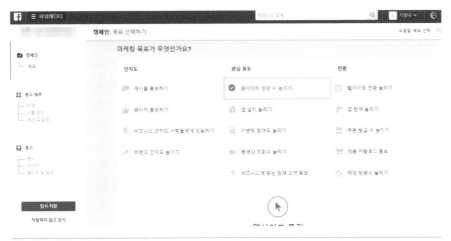

페이스북 파워에디터를 통해서 광고를 생성하는 모습

　현재 페이스북 광고관리자와 파워 에디터 화면에 보이는 캠페인의 개수는 다르다 (사실 거의 항상 다르다). 페이스북의 광고는 광고 관리자보다는 파워 에디터에서 더 많은 것을 활용할 수 있도록 구조가 되어있지만 최근 계속 UI의 개편과 더불어 광고 관리자의 기능을 계속적으로 추가하는 모습을 보인다. 인스타그램 스폰서 광고가 처음 나왔던 초기(2015년 10월~12월) 파워 에디터에서만 인스타그램 스폰서 광고를 설정할 수 있었음은 물론, 소수의 캠페인은 파워에디터에서만 설정이 가능했다. 지금도 여전히 〈비즈니스 근처의 사람들에게 도달하기〉 라는 캠페인은 파워 에디터에서만 설정이 가능하다. 아직까지 매 달 바뀌는 UI와 소수의 기능에서는 파워에디터에서 먼저 바뀐 후 광고 관리자에서 적용이 되는 모습을 보이고 있다.

새로운 캠페인이 생겼다가 사라졌다가를 반복하고 있는 중이다.

추가로, 필자가 2016년 10월 28일에 캡처해 놓은 캠페인에는 〈도달 범위 늘리기〉라는 캠페인이 있고, 〈비즈니스 근처의 사람들에게 도달하기〉라는 캠페인이 사라졌다. 하지만 다음날인 10월 29일 다시 모니터링을 해본 결과 〈비즈니스 근처의 사람들에게 도달하기〉 캠페인이 다시 생겼고, 〈도달 범위 늘리기〉라는 캠페인이 사라졌다. 최근 페이스북에서는 광고 관리자와 파워에디터의 UI를 1달 주기로 계속해서 변경하고 있는 중이다. 하루 하루 광고 캠페인에 대한 일부 변경이 이루어지고 있는 것으로 보인다. 지금 당장은 〈도달 범위 늘리기〉라는 캠페인을 활용하기는 어렵지만 조만간 새로운 형태의 캠페인으로 광고를 집행할 수 있을 것으로 보여진다.

2016년 11월 11일 캠페인 설정 화면의 모습

2016년 11월 1일 현재 설정할 수 있는 캠페인의 개수는 14개로, 이 책에서는 광고주들이 가장 많이 활용하는 캠페인인 〈게시물 홍보하기〉 〈웹사이트 방문 수/전환 높이기〉 〈동영상 조회수 늘리기〉의 간단한 설명을 하고자 한다.

2016년 11월 11일 캠페인 설정 화면의 모습 필자가 원고를 마감하는 날인 2016년 11월 01일. 캠페인의 설정 UI가 다시 한 번 바뀐 것을 확인하였다. 필자가 주로 활용하는 "웹사이트 클릭" 캠페인이 "트래픽" 으로, "게시물 참여"/ "페이지 좋아요"/ "이벤트 응답"/ "쿠폰 발급" 캠페인은 "참여" 캠페인을 통해서 설정할 수 있게 바뀌었다. 현재 이 캠페인은 유저들에게 서서히 적용이 되고 있으며, 앞으로 이 캠페인과 UI가 얼마나 유지가 될지도 알 수 없다.

페이스북 게시물 홍보하기 캠페인 매뉴얼

　다음의 두 이미지는 〈게시물 홍보하기〉(현재 "게시물 참여" 캠페인) 캠페인에서의
페이스북 광고 관련 안내 내용이다. 왼쪽에 있는 이미지가 이미지를 활용한 광고를
만들 때의 안내이며, 오른쪽 있는 이미지는 동영상을 활용한 광고를 만들 때의 안내
이다.

　게시물 참여 캠페인에 사용할 이미지 사이즈 권장 비율은 4:3이며, 1,200X900픽셀
을 권장하고 있다. 1장 또는 여러 장의 이미지를 사용할 수 있으며, 페이스북에서 기
본적으로 제공 되는 텍스트 + 이미지 형태의 광고 외에 동영상, 슬라이드쇼, 캔버스
형태의 광고 크리에이티브도 광고에 사용할 수 있다. 만일 동영상 콘텐츠를 게시물
참여 캠페인으로 활용하고자 한다면, 16:9의 화면 비율, 600x315 픽셀 이상 해상도의
동영상을 활용하는 것을 권장하고 있다. 동영상 콘텐츠는 기본적으로 자동 재생이 되
기 때문에 고화질 영상으로 진행을 해야 광고를 보는 유저들이 조금이라도 더 관심을
가지고 편하게 광고를 볼 수 있다.

게시물 참여 캠페인은 페이스북의 스폰서 광고 중 가장 기본적인 광고 캠페인으로, 가장 많이 활용 되고 있는 캠페인이이다. 과금 방식은 크게 게시물참여와 CPM(1,000회 노출) 두 가지로 나뉘는데, 페이스북에서 권장하는 과금방식은 게시물참여 과금방식이다. 게시물참여 과금이란, 광고를 본 유저들이 광고를 클릭(Click)하거나 보거나(View), 좋아요/덧글/공유(Action)를 하는 등 노출된 광고를 통해서 취할 수 있는 모든 행위를 의미한다. 페이스북/인스타그램의 캠페인 중 가장 단가가 저렴한 편이다. 페이스북의 좋아요, 덧글, 공유를 통한 확산성을 이용하기에 가장 좋은 캠페인으로, 가장 설정이 쉽고 간편하다. 운영하고 있는 페이지에서 게시물 하단에 〈게시물 홍보하기〉라는 버튼을 통해 설정하는 광고가 바로 게시물 참여 캠페인에 해당된다. 가장 접하기 쉽고 다른 캠페인에 비해 설정이 간편하기 때문에 스폰서 광고를 처음 해보는 유저라면 게시물 참여 캠페인을 우선적으로 진행해보는 것을 추천한다(가능하다면 광고 관리자나 파워에디터를 통해서 설정하는 것이 효율적이다.)

디자인 권장 사항

Facebook 어디에나 보기 좋게 표시되는 광고를 디자인하려면 이 가이드라인을 따르세요. 아래 이미지 크기를 사용하면 광고 이미지를 항상 좋은 화질로 표시할 수 있으며, 아래 텍스트 길이를 유지하면 화면이 작은 기기에서도 문구를 모두 표시할 수 있습니다.

- 권장 뉴스피드 이미지 크기: 1,200 x 900픽셀
- 뉴스피드 이미지 비율: 4:3
- 오른쪽 칼럼 이미지 크기: 254 x 133픽셀
- 오른쪽 칼럼 이미지 비율: 1.9:1
- 문구: 90자(초과 시 작은 화면에서 글자가 잘릴 수 있습니다.)
- 이미지에는 최소한의 텍스트만 포함해야 합니다. 광고 이미지의 **텍스트 비율**이 광고 도달에 어떤 영향을 미치는지 확인해보세요.

게시물 참여 캠페인에서의 이미지를 활용한 페이스북 광고 생성 시 안내 (출처 https://www.facebook.com/business/ads-guide/post-engagement/photo/)

디자인 권장 사항

Facebook 어디에나 보기 좋게 표시되는 광고를 디자인하려면 이 가이드라인을 따르세요. 아래 동영상 및 썸네일 이미지 크기를 사용하면 광고를 항상 좋은 화질로 표시할 수 있으며, 아래 텍스트 길이를 유지하면 화면이 작은 기기에서도 문구를 모두 표시할 수 있습니다. 길이가 30초 이하의 동영상은 Facebook에서 최대 90초가량 반복 재생됩니다. 반복 재생에 대해 자세히 알아보세요.

- 문구: 90자
- 화면 비율: 16:9 또는 1:1
- 동영상: H.264 동영상 압축, 하이 프로파일 선호, 정사각형 픽셀, 고정 프레임 속도, 프로그레시브 스캔
- 형식: .mp4 컨테이너, 선행 moov atom이 있고 편집 리스트가 없는 것이 가장 좋습니다.
- 오디오: 스테레오 AAC 오디오 압축, 128kbps 이상 선호

기술 요구 사항

- 문구 텍스트 길이: 텍스트만, 최대 2,200자
- 권장 화면 비율: 1:1 / 1.33:1 / 4:3 / SDTV, 1.375:1 / 필름, 1.77:1 / 16:9 HDTV, 1.85:1 / 필름, 2:39:1 또는 2:40:1 / 와이드스크린 / 필러 박싱(pillar boxing), 레터 박싱(letter boxing) 등 가장자리에 빈 공간이 없는 9:16 비율
- 길이: 최대 120분
- 썸네일 이미지 비율: 동영상 화면 비율과 같아야 하며, 이미지에는 최소한의 텍스트만 포함해야 합니다. 광고 이미지의 **텍스트 비율**이 광고 도달에 어떤 영향을 미치는지 확인해보세요.
- 최소 해상도: 600 x 315픽셀(1.9:1 가로 방향) / 600 x 600픽셀(정사각형)
- 파일 크기: 최대 4GB
- 프레임: 최대 30fps
- 형식: 여기에서 지원되는 파일 형식의 전체 리스트를 확인하세요.
- 비트 전송률: 파일이 1GB 이하인 경우 2 패스 인코딩을 사용할 때 비트 전송률에 제한이 없습니다. 그 외의 경우 1080p는 초당 8mb, 720p는 초당 4mb로 제한됩니다.

슬라이드쇼 디자인 가이드라인

일반 이미지로 만든 동영상인 슬라이드쇼를 디자인하려면 이 가이드라인을 따르세요.

- 권장 뉴스피드 이미지 크기: 1,280 x 720픽셀
- 뉴스피드 이미지 비율: 16:9(최대 4:3) 또는 1:1
- 문구: 90자(초과 시 작은 화면에서 글자가 잘릴 수 있습니다.)
- 이미지가 잘리지 않도록 크기와 화면 비율이 동일한 이미지로 구성하는 것이 좋습니다.
- 이미지에는 최소한의 텍스트만 포함해야 합니다. 광고 이미지의 **텍스트 비율**이 광고 도달에 어떤 영향을 미치는지 확인해보세요.

게시물 참여 캠페인에서의 동영상을 활용한 페이스북 광고 생성 시 안내 (출처 https://www.facebook.com/business/ads-guide/post-engagement/video/)

✎ 페이스북 게시물 홍보하기 캠페인 사례 ✎

이미지 비율에 따라서 보이는 광고가 달라 이를 잘 활용하여 가독성을 높일 수 있다.

　페이스북 게시물 홍보하기 캠페인에서는 단일/다수의 이미지, 또는 동영상을 활용할 수 있으며, 링크 박스가 따로 있는 게시물이나, 슬라이드 형태의 게시물 등 모든 게시물에 게시물 참여 캠페인을 적용시킬 수 있다. 설정이 매우 간단하며 유저들의 게시물에 대한 참여를 목적으로 하는 캠페인이이다. 눈에 가장 잘 띄는 좋아요 덧글 공유가 가장 활발히 이뤄질 수 있는 캠페인이기 때문에 페이스북이 자랑하는 소셜 도달에 의한 확산성의 활용이 다른 캠페인 보다 뛰어나 초보자가 쉽게 광고를 설정하고 관리하기 좋은 캠페인이다. 정사각형 비율의 이미지를 나열하여 4장의 이미지가 딱딱 나열되게끔 설정하는 방법 외에도 가로 혹은 세로를 길게 하여 직사각형의 이미지 1장과 아래 정사각형 이미지 3장을 나열시키는 등 이미지의 가로 세로 비율에 따라서 보이는 형태를 달리 할 수 있다. 이는 동영상도 마찬가지이다. 타임라인에 노출이 되는 스폰서 광고 게시물은 캠페인에 상관 없이 전부 페이지명 아래에 "Sponsored"라는 문구가 적혀 있으며 보통 10개의 게시물 중 1번 꼴로 무작위 방식으로 스폰서 게시물이 다른 게시물과 함께 섞여서 노출이 된다. 그렇기 때문에 광고 같지 않은 광고 (네이티브 애드)를 만들어서 활용하면 광고 성과를 더욱 높일 수 있다.

최근에는 이미지와 텍스트가 한 눈에 보이는 카드뉴스 형태의 게시물을 제작하여 정보를 제공해주는 형식으로 브랜디드 콘텐츠를 광고 크리에이티브로 활용한 페이지가 많이 늘어났다. 상업성이 짙은 게시물은 유저들의 광고에 대한 반응이 좋지 않기 때문에 최근의 광고 게시물의 트렌드는 브랜드나 상품을 어필하면서도 유익한 정보나 재미를 제공해주는 브랜디드 콘텐츠 형태의 게시물이 많이 보인다.

게시물 홍보하기 캠페인을 활용할 때는 소셜 도달이 활발하게 이루어질 수 있는 크리에이티브를 활용하는 것이 바람직하다. 공유는 소셜 도달과 상당히 밀접한 관계가 있는데, 공유를 통한 소셜 도달이 많이 발생할 수도, 전혀 발생하지 않을 수도 있다. 간혹 페이스북을 하다보면 게시물 중 좋아요와 덧글에 비해 공유 수가 눈에 띄게 높은 게시물을 확인할 수 있다. 이러한 게시물들의 특징은 대부분 정보성 콘텐츠이며, 유저들이 "나만 보기" 공유를 한 경우가 많다. "나만 보기" 공유를 할 경우 공유를 한 유저의 친구들에게 콘텐츠가 노출이 되지 않기 때문에 소셜 도달을 통한 2차적인 확산이 발생하지 않게 된다.

페이스북 스폰서 게시물을 모니터링 할 때 게시물 홍보하기 캠페인으로 설정된 게시물의 경우 동영상 콘텐츠를 활용했을 때 동영상 조회 캠페인과 크게 구분이 되지 않는다는 단점이 있다. Sponsored 라는 문구는 확인할 수 있지만 정확히 내가 보고 있는 광고가 게시물 홍보하기 캠페인으로 설정한 광고인지, 동영상 조회 캠페인으로 설정한 광고인지 알기가 쉽지 않다. 다만, 스폰서 게시물 중 일부는 페이지명 위에 "추천 게시물"이나 "추천 동영상"이라는 문구가 노출되어 어떠한 캠페인을 설정한 광고인지 추측할 수는 있다.

✏ 인스타그램 게시물 홍보하기 캠페인 매뉴얼 ✏

디자인 권장 사항

- 이미지 비율: 1:1
- 이미지 크기: 1080 x 1080픽셀
- 문구: 텍스트만, 125자 권장

기술 요구 사항

- 이미지 비율: 1.9:1~1:1
- 최소 해상도: 600 x 315픽셀(1.9:1 가로 방향) / 600 x 600픽셀(정사각형)
- 최대 해상도: 1936 x 1936픽셀
- 파일 형식: .jpg 또는 .png
- 최대 크기: 30MB
- 이미지에는 최소한의 텍스트만 포함해야 합니다. 광고 이미지의 **텍스트 비율**이 광고 도달에 어떤 영향을 미치는지 확인해보세요.
- 문구: 텍스트만, 최대 2,200자

게시물 참여 캠페인에서의 이미지를 활용한 인스타그램 광고 생성 시 안내 (출처https://www.facebook.com/business/ads-guide/post-engagement/instagram/?toggle0=%EC%82%AC%EC%A7%84)

디자인 권장 사항

- 화면 비율: 1:1
- 동영상: H.264 동영상 압축, 하이 프로파일 선호, 정사각형 픽셀, 고정 프레임 속도, 프로그레시브 스캔
- 형식: .mp4 컨테이너, 선행 mov atom이 있고 편집 리스트가 없는 것이 가장 좋습니다.
- 오디오: 스테레오 AAC 오디오 압축, 128kbps 이상 선호
- 문구: 텍스트만, 125자 권장

기술 요구 사항

- 문구 텍스트 길이: 최대 2,200자
- 동영상 화면 비율: 1.9:1~1:1
- 최소 해상도: 600 x 315픽셀(1.9:1 가로 방향) / 600 x 600픽셀(정사각형)
- 최단: 3초
- 최장: 60초
- 파일 형식: 지원되는 파일 형식의 전체 리스트
- 지원되는 동영상 코덱: H.264, VP8
- 지원되는 오디오 코덱: AAC, Vorbis
- 최대 크기: 4GB
- 프레임 속도: 최대 30fps
- 비트 전송률: 파일이 1GB 이하인 경우 2 패스 인코딩을 사용할 때 비트 전송률에 제한이 없습니다. 그 외의 경우 1080p는 초당 8mb, 720p는 초당 4mb로 제한됩니다.
- 썸네일 이미지 비율: 동영상 화면 비율과 같아야 하며, 이미지에는 최소한의 텍스트만 포함해야 합니다. 광고 이미지의 **텍스트 비율**이 광고 도달에 어떤 영향을 미치는지 확인해보세요.

게시물 참여 캠페인에서의 동영상을 활용한 인스타그램 광고 생성 시 안내 (출처 https://www.facebook.com/business/ads-guide/post-engagement/instagram/?toggle0=%EC%82%AC%EC%A7%84)

앞의 이미지는 인스타그램에서 게시물 홍보하기 캠페인을 진행했을 때 이미지 콘텐츠를 활용할 경우의 안내이며, 아래의 이미지는 동영상 콘텐츠를 활용할 경우의 안내이다. 게시물 홍보하기 캠페인의 경우 페이스북과 크게 다른 것은 없지만 이미지 비율이 1.9:1~1:1의 이라는 점, 125자 내의 문구를 권장하고 있다. 인스타그램 스폰서 광고를 활용할 때 캡션(문구) 부분은 #해시태그도 입력할 수 있고, 링크도 입력할 수 있지만 정작 인스타그램에서 해시태그를 검색했을 때 스폰서 광고 게시물은 노출되지 않으며, 링크도 입력은 되지만 클릭을 할 수 없어 사용할 필요가 전혀 없다.

동영상 콘텐츠도 마찬가지로 페이스북과의 큰 차이점은 없지만 동영상이 3초~60초 동영상만이 활용된다는 점이 돋보인다. 페이스북 스폰서 광고에서는 최대 120분의 동영상을 업로드할 수 있지만 인스타그램에서는 최대 1분까지 밖에 동영상이 업로드 되지 않기 때문에 페이스북에서 동영상 콘텐츠를 활용하는 것보다 훨씬 제한적이다.

필자는 인스타그램에서의 게시물 홍보하기 캠페인은 추천하지 않는 편이다. 일단 과금 방식 자체가 페이스북과 마찬가지로 게시물 참여 또는 CPM(노출)인데, 인스타그램을 이용하는 유저들의 특성상 게시물 참여로 과금을 설정할 경우 쓸데 없는 게시물 참여에 비용이 과금이 되는 경우가 많아 추천하지 않고 있다. 최근 어떠한 이유에서인지 인스타그램에서의 태그 기능이 페이스북처럼 간단하지 않고 어려워져 인스타그램 스폰서 광고를 진행할 때 게시물 홍보하기 캠페인은 추천하지 않고 있다.

11월 11일 수정 태그 기능이 계속해서 잘 되었다가 잘 되지 않았다가를 반복하고 있다. 기존에는 태그를 활용할 수 있는 기능인 @ 이후 태그할 친구의 ID의 앞 글자만 입력해도 태그가 가능한 친구들의 리스트나, 게시물에 덧글을 남긴 유저의 ID 리스트가 주욱 나열되어 태그가 쉬웠지만, 언제부터인가 이 기능이 어려워지기 시작했다. 조만간 수정될 사항으로 보여진다.

인스타그램 게시물 홍보하기 캠페인 사례

　인스타그램 게시물 홍보하기 캠페인의 경우 여러 개의 이미지와 동영상을 활용할 수 있지만 아직까지는 1장의 이미지를 활용하여 광고를 집행하는 모습을 많이 보이고 있다. 가장 일반적인 형태의 게시물이면서, 가장 네이티브(자연스러운) 애드(광고)이기 때문인 것으로 보여진다. 인스타그램 게시물 홍보하기 캠페인에서 아쉬운 점은 오직 이미지 혹은 동영상 콘텐츠와 함께 짧은 캡션으로 광고를 승부해야한다는 것이다. 이미지 기반의 소통 플랫폼이기 때문에 광고를 잘 활용하면 페이스북 보다 훨씬 광고 같지 않은 광고 크리에이티브로 광고 캠페인의 성과를 높일 수 있다는 장점이 있다. 하지만 유저들의 시선, 광고 세트에서 설정한 타겟들의 시선을 확 사로잡을 만한 광고가 아니라면 외면 당할 가능성이 높다.

　또한, 이벤트를 위한 게시물의 경우 단순히 캡션에만 이벤트 내용을 알리는 것 보다 콘텐츠에 이벤트를 알릴 수 있는 문구를 삽입해야 이벤트 참여도가 높아진다. 하지만 스폰서 광고 규정상 이미지 내에 텍스트(20% 이상)가 들어가게 되면 광고의 도달 자체가 떨어져 결과적으로 광고의 단가가 높아진다는 단점이 있다. 이 때 광고 관리자는 딜레마에 빠지게 된다. 참여율을 높이기 위해 텍스트를 넣자니 광고 자체의 도달이 떨어져버리게 되고, 도달을 고려하여 캡션에만 이벤트 내용을 넣자니 콘텐츠를 접한 유저들이 참여를 하지 않는다. 필자는 이벤트임을 알리고, 참여율을 높이기 위해 약간의 텍스트를 콘텐츠에 넣는 쪽이 훨씬 광고의 성과가 좋았다. 하지만 다른 이들은 텍스트를 넣지 않는 것이 광고의 효율이 좋아져 결과적으로 참여도도 높아진 다고 주장하기도 한다. 필자는 이에 대한 정답은 없다고 생각한다. 이는 어떻게 광고 를 설정하느냐에 따라서 달라지기 때문에 만약 인스타그램을 통한 이벤트를 진행하 고자 한다면 꼭 A/B테스트를 해본 후 진행하는 것을 추천한다.

인스타그램에 꾸준히 게시물 참여 광고를 집행하는 C쇼핑몰의 계정은 C쇼핑몰을 대표하는 캐릭터를 내세워 잠재 고객과 소통하기 위해 스폰서 광고를 집행하고 있다. 계정을 운영하는 운영자는 인턴 사원이다. 이 계정에서는 제품을 대놓고 홍보하는 게 시물을 올리기도 하지만, 대부분의 콘텐츠는 자사몰에 대해 살짝 언급하는 정도의 게 시물을 올리고 있어 광고를 통해 유입된 팔로워들의 거부감 없이 소통하고 있는 중이 다.

인스타그램 스폰서 광고는 팔로워를 늘리는데에 적합하지 않다. 하지만 C쇼핑몰의 사례처럼 꾸준히 스폰서 광고를 통해서 팔로워를 모으고 이들과 유입된 팔로워들과 소통하여 계속해서 콘텐츠를 도달하는 전략을 취할 수도 있다. 광고 같지 않은 광고 콘텐츠 덕분에 유저들에게 거부감 없이 다가가 잠재 고객과 소통하는 전략이다. 동시 에 유저들의 브랜드에 대한 호감도와 친밀도가 높아져 잠재 고객이 신규 고객으로 전 환이 됨과 동시에 단골 고객이 될 가능성이 높다.

인스타그램의 광고 단가는 기본적으로 페이스북 보다 비싸다. 계속해서 광고의 자 리가 바뀌는 페이스북과는 달리 인스타그램에서는 광고의 자리가 고정이 되어 있기 때문에 사람들은 아직까지 인스타그램 스폰서 광고를 활용하는 것보다는 페이스북 스폰서 광고를 더 많이 활용하려는 것 같다. 필자의 경험상 인스타그램의 스폰서 광 고가 페이스북 스폰서 광고보다 평균적으로 3배 이상 비쌌다. 하지만, 페이스북 보다 인스타그램 스폰서 광고가 더 저렴하게 광고가 집행이 되었던 적도 있으며, 페이스 북의 스폰서 광고보다는 인스타그램의 스폰서 광고를 활용했을 때의 전환율이 평균 적으로 더 높았다. 필자는 어느 정도의 노하우와 매일 매일 페이스북과 인스타그램을 이용하며 스폰서 광고의 모니터링을 해왔기 때문에 인스타그램에서 광고를 통해 좋 은 결과를 얻을 수 있었다. 하지만 처음 인스타그램 스폰서 광고를 접한 사람들은 대 부분 좋은 결과를 얻지 못하는 경우가 많다. 이는 기본적으로 인스타그램의 광고 단가가 더 비싼 이유도 있지만, 페이스북과 인스타그램의 플랫폼 차이를 완전히 이해하지 못한 채 광고를 집행했기 때문에 그러한 이유가 더 크다고 생각한다.

또한, 인스타그램 스폰서 광고는 페이스북 스폰서 광고와는 달리 광고를 집행한 게시물이 남아 있지 않고, 광고가 끝나는 시점에 같이 사라져버린다는 단점이 있다. 광고 집행 이후 꾸준한 광고의 성과를 이어나가고 싶다면, 단순히 상품을 홍보하는 콘텐츠를 사용해선 안 된다. 앞서 필자가 이야기 했던 해시태그 마케팅을 잘 활용하여, 광고 게시물을 본 유저들이 내가 원하는 해시태그를 입력할 수 있도록 유도하는 것이 좋다.

간혹 스폰서 광고 게시물 중 닉네임이 영어가 아닌 한글(페이지명)이 노출되는 경우도 있다. 필자가 강의할 때 이러한 사례를 예시로 보여주면 영어가 아닌 한글이 나와 오히려 스폰서 광고를 잘 활용하고 있는 것이 아니냐는 질문을 받지만 이는 인스타그램 스폰서 광고를 잘 활용하지못한 사례이다. 우선 기본적으로 인스타그램은 한글 닉네임을 활용하지 못한다. 하지만 스폰서 광고 게시물은 한글로 활용이 가능한데, 한글로 활용하는 방법은 인스타그램과 페이지의 계정을 연동하지 않으면 가능하다. 스폰서 광고를 설정할 때 〈노출 위치〉에 인스타그램을 체크하고, 인스타그램 계정 연동을 하지 않으면 한글 닉네임이 노출이 된다. 이 때 보이는 한글 닉네임은 페이스북 페이지명이다. 인스타그램 계정을 연동했을 경우 닉네임을 터치하면 인스타그램 프로필 화면으로 넘어가지만, 연동이 되지 않을 경우엔 터치해도 프로필 화면이나 페이스북 페이지 화면으로 넘어가지 않는다. 스폰서 광고를 통해 얻을 수 있는 팔로워를 놓치는 것이다. 최근 이러한 게시물이 많이 보이는 이유는 광고 관리자나 파워에디터 설정 시 "노출 위치"의 설정이 자동으로 잡혀있기 때문에 페이스북과 인스타그램에 노출이 되는 것이다.

CHAPTER 05

트래픽 캠페인 매뉴얼 및 사례

페이스북 웹사이트 방문 수 높이기 캠페인 매뉴얼

웹사이트 방문 수 높이기(트래픽) 캠페인의 경우 사이트(랜딩페이지)로의 트래픽을 높이기 위해서 활용하는 캠페인이며, 광고를 본 유저가 우리 사이트로 넘어올 수 있도록 광고 콘텐츠를 잘 만드는 것도 중요하지만, 광고 콘텐츠를 본 이후 사이트로 넘어왔을 때 구매로 이어질 수 있도록 랜딩페이지를 잘 갖춰 놓는 것이 매우 중요하다. 그렇기 때문에 유저들이 광고를 클릭하고 원하는 상품을 빨리 찾을 수 있게끔 하는 것은 물론 모바일 환경에서도 사이트의 이용이 불편하지 않도록 상품이나 서비스를 구매할 수 있게 해주어야만 한다.

기본적인 웹사이트 방문 수 높이기 캠페인은 CTA 버튼과 함께 링크 박스를 활용하여 광고를 본 유저가 설정해 놓은 랜딩페이지로 들어올 수 있도록 유도할 수 있다는 장점이 있다. 캠페인의 광고 단가 자체가 게시물 참여 캠페인보다는 비싸기 때문에 게시물의 도달 자체는 게시물 홍보하기 캠페인에 비해 떨어진다. 하지만, 우리 사이트로의 실질적인 트래픽이 많아져 구매 전환을 높이기에는 아주 좋은 캠페인이다.

페이스북 링크 박스에 사용할 수 있는 이미지의 권장 비율은 1.9:1의 비율로, 볼드체의 제목과, 링크를 설명하는 작은 텍스트를 함께 노출시킬 수 있다. 동영상의 권장 비율은 16:9로 링크 박스에 들어가는 이미지나 동영상 콘텐츠는 주로 직사각형을 많이 활용하며, 링크 박스에 들어가는 비율에 맞추어 광고를 생성했을 때 그렇지 않은 경우보다 가독성이 높아져 광고의 효율이 좋아진다.

슬라이드 형태의 광고도 제작할 수 있어 여러 개의 이미지와 동영상을 활용하여 다양한 상품과 그 상품에 대한 랜딩페이지를 따로 설정할 수 있다는 장점이 있지만, 일반적인 콘텐츠와는 확연히 다른 모습을 하고 있다. 자연스러운 콘텐츠 크리에이티브 노출이라기보다는 배너 형태의 광고라고 보는 것이 더 적합해 보인다. 필자는 개인적으로 슬라이드 형태의 광고를 활용하기보다는 일반적인 링크 박스가 노출이 되는 웹사이트 방문 수 높이기 캠페인을 즐겨 사용하는 편이며, 효율도 슬라이드 형태의 광고 보다 일반적인 링크 박스 형태의 게시물이 성과도 좋았다. 하지만 슬라이드 형태의 광고가 훨씬 더 효율이 좋게 나오는 경우도 보았으며, 대체적으로 슬라이드 형태의 광고를 통해 좋은 성과를 얻은 업체들의 분야가 어느 정도 정해져 있는 것으로 보인다. 또한, 페이스북에서 자랑하는 다이내믹 프로덕트 광고는 슬라이드 광고 형태로서 대부분의 광고 크리에이티브가 설정이 되기 때문에 어느 정도 노하우를 익혀 놓으면 추후 다이내믹 프로덕트 광고 집행 시 높은 광고 성과를 기대할 수 있다.

광고에 사용할 미디어. • 사진   동영상

디자인 권장 사항

Facebook 어디에나 보기 좋게 표시되는 광고를 디자인하려면 이 가이드라인을 따르세요. 아래 이미지 크기를 사용하면 광고 이미지를 항상 좋은 화질로 표시할 수 있으며, 아래 텍스트 길이를 유지하면 화면이 작은 기기에서도 문구를 모두 표시할 수 있습니다.

- 권장 이미지 크기: 1,200 x 628픽셀
- 이미지 비율: 1.9:1
- 문구: 90자
- 제목: 25자
- 링크 설명: 30자
- 이미지에는 최소한의 텍스트만 포함해야 합니다. 광고 이미지의 텍스트 비율이 광고 도달에 어떤 영향을 미치는지 확인해보세요.

웹사이트 방문 수 높이기 캠페인에서의 이미지를 활용한 페이스북 광고 생성 시 안내 (출처 https://www.facebook.com/business/ads-guide/clicks-to-weblste/links/?toggle0=%EC%82%AC%EC%A7%84)

디자인 권장 사항

Facebook 어디에나 보기 좋게 표시되는 광고를 디자인하려면 이 가이드라인을 따르세요. 아래 동영상 및 썸네일 이미지 크기를 사용하면 광고를 항상 좋은 화질로 표시할 수 있으며, 아래 텍스트 길이를 유지하면 화면이 작은 기기에서도 문구를 모두 표시할 수 있습니다. 길이가 30초 이하인 동영상은 Facebook에서 최대 90회가량 반복 재생됩니다. 반복 재생에 대해 자세히 알아보세요.

- 문구: 90자
- 제목: 25자
- 뉴스피드 설명: 30자
- 화면 비율: 16:9 또는 1:1
- 동영상: H.264 동영상 압축, 하이 프로파일 선호, 정사각형 픽셀, 고정 프레임 속도, 프로그레시브 스캔
- 형식: .mp4 컨테이너, 선행 moov atom이 있고 편집 리스트가 없는 것이 가장 좋습니다.
- 오디오: 스테레오 AAC 오디오 압축, 128kbps 이상 선호

기술 요구 사항

- 문구 텍스트 길이: 텍스트만, 최대 2,200자
- 권장 화면 비율: 1:1 / 1.33:1 / 4:3 / SDTV, 1.375:1 / 필름, 1.77:1 / HDTV, 1.85:1 / 필름, 2.39:1 또는 와이드스크린 / 필터 박싱(pillar boxing), 레터 박싱(letter boxing) 등 가장자리에 빈 공간이 없는 9:16 비율
- 길이: 최대 120분
- 썸네일 이미지 비율: 동영상 화면 비율과 같아야 하며, 썸네일 이미지에 텍스트를 20% 이상 포함할 수 없습니다. 이미지 내 텍스트 비율을 확인하세요.
- 최소 해상도: 600 x 315픽셀(1.9:1 가로 방향) / 600 x 600픽셀(정사각형)
- 파일 크기: 최대 4GB
- 프레임: 최대 30fps
- 형식: 여기에서 지원되는 파일 형식의 전체 리스트를 확인하세요
- 비트 전송률: 파일이 1GB 이하인 경우 2 패스 인코딩을 사용할 때 비트 전송률에 제한이 없습니다. 그 외의 경우 1080p는 초당 8mb, 720p는 초당 4mb로 제한합니다.

슬라이드쇼 디자인 가이드라인

일반 이미지로 만든 동영상인 슬라이드쇼를 디자인하려면 이 가이드라인을 따르세요.

- 권장 뉴스피드 이미지 크기: 1,280 x 720픽셀
- 뉴스피드 이미지 비율: 16:9(최대 4:3) 또는 1:1
- 문구: 90자(초과 시 작은 화면에서 글자가 잘릴 수 있습니다.)
- 이미지가 잘리지 않도록 크기와 화면 비율이 동일한 이미지로 구성하는 것이 좋습니다.
- 이미지에는 최소한의 텍스트만 포함해야 합니다. 광고 이미지의 텍스트 비율이 광고 도달에 어떤 영향을 미치는지 확인해보세요.

웹사이트 방문 수 높이기 캠페인에서의 동영상을 활용한 페이스북 광고 생성 시 안내 (출처 https://www.facebook.com/business/ads-guide/clicks-to-weblste/links/?toggle0=%EB%8F%99%EC%98%81%EC%83%81)

페이스북 트래픽 높이기 캠페인 사례

웹사이트 방문 수 높이기 캠페인은 게시물 홍보하기 캠페인 보다 비교적 광고 단가 (클릭당 단가)도 비싸면서, 겉으로 보이는 좋아요/덧글/공유는 상대적으로 적지만, 랜딩페이지로의 유입을 늘리는 데에 가장 좋은 캠페인이다. 장점이자 단점이 되는 링크 박스는 최근에는 광고의 성과를 높이는 데 큰 도움이 되는 것으로 보여진다. 링크 박스의 단점을 들자면 게시물 형태가 웹사이트로의 유입을 유도하는 광고 형태이기 때문에 페이스북을 이용하는 유저가 좋아하지 않는 형태이긴 하지만, 최근에는 수많은 언론사들이 링크 박스를 활용한 링크 게시물을 많이 사용하기 때문에 이러한 링크 박스 콘텐츠에 대한 거부감이 많이 사라졌다.

링크 박스의 장점은 이미지 썸네일 하단 부분에 볼드처리가 된 제목 영역과 함께 링크 소개 영역을 이용할 수 있다는 것이다. 이 부분을 활용해서 링크 클릭율을 높일 수 있으며, 전달하고자 하는 메시지를 강조할 수 있어 사용하는 썸네일이나 이미지 콘텐츠에 큰 힘을 실어줄 수 있다.

광고관리자나 파워에디터를 활용하면 "더 알아보기"나 "지금 신청하기" 등의 CTA

버튼을 사용할 수 있어 직접적인 행동을 유도할 수 있지만 더욱 광고라는 느낌이 든다는 단점과 함께 제목과 링크 소개 영역이 약간 축소된다는 단점이 있다.

웹사이트 방문 수 높이기 캠페인에서의 CTA버튼은 사용해도 되고 위의 이미지처럼 사용하지 않아도 되는 선택 요소이다. 한 장의 썸네일이나 하나의 동영상만을 활용한 광고를 생성할 수도 있지만, 여러 개의 이미지나 동영상을 활용하여 슬라이드 형태의 광고 게시물을 만들 수도 있다.

슬라이드 형태의 장점은 여러 상품을 각각의 랜딩페이지로 연동할 수 있어 하나의 광고로 여러 개의 상품을 보여줄 수 있다는 장점이 있으며, 게시물에 대한 좋아요, 덧글, 공유는 상대적으로 약하나 평균적으로 광고에 대한 클릭율은 다른 광고에 비해서 높은 편이다.

최근 페이스북 광고의 알고리즘이 개편되면서 도달보다는 광고 게시물에 대한 반응이 높은 유저들에게 우선적으로 노출이 되는 형태이다보니 링크에 대한 클릭율도 많이 올라 예전보다 랜딩 사이트로의 유입이 많이 늘어난 것으로 보여진다. 덕분에 확실한 트래픽을 가져와 광고의 전환율 자체가 높아져 필자는 상품을 판매하기 위한 광고를 진행할 때는 게시물 홍보하기(게시물 참여) 캠페인보다는 웹사이트 방문 수 높이기(트래픽) 캠페인을 주로 진행하고 있다.

페이스북에서 웹사이트 방문 수 높이기 캠페인을 효율적으로 활용하기 위해선 우선적으로 썸네일을 잘 디자인하여야 한다. 가능하면 1.9:1(1200x628 px 권장)의 직사각형 비율을 맞추어 광고에 사용할 이미지나 동영상을 준비하고 유저들이 주의깊게 이미지나 동영상을 확인할 수 있도록 제목과 링크 소개 영역을 작성하여 광고에 노출된 유저들이 조금이라도 더 클릭하고 주의깊게 볼 수 있도록 유도하는 것이 중요하다.

인스타그램 트래픽 캠페인 매뉴얼

디자인 권장 사항

- 이미지 비율: 1:1
- 이미지 크기: 1080 x 1080픽셀
- 문구: 텍스트만, 125자 권장

기술 요구 사항

- 이미지 비율: 1.9:1~1:1
- 최소 해상도: 600 x 315픽셀(1.9:1 가로 방향) / 600 x 600픽셀(정사각형)
- 문구: 텍스트만, 최대 2,200자
- 가로 형식 일부 지원
- 최대 해상도: 1936 x 1936픽셀
- 파일 형식: .jpg 또는 .png
- 최대 크기: 30MB
- 이미지에 텍스트를 20% 이상 포함할 수 없습니다. 이미지 내 텍스트 비율을 확인하세요.

행동 유도

광고의 이미지나 동영상 아래에 전체 화면 너비의 행동 유도가 표시됩니다. 행동 유도를 클릭하면 즉시 오프사이트로 연결됩니다. 광고 이미지를 클릭하면 행동 유도가 파란색으로 강조되고 오프사이트로 이동할지 확인합니다. 행동 유도를 선택하지 않으면 웹사이트로 연결되는 더 알아보기 행동 유도가 자동으로 선택되어 광고 아래에 표시됩니다.

선택할 수 있는 행동 유도 버튼은 다음과 같습니다.

- 지금 예약하기
- 문의하기
- 다운로드
- 더 알아보기
- 지금 구매하기
- 가입하기
- 동영상 더 보기
- 지금 신청하기

웹사이트 방문 수 높이기 캠페인에서의 이미지를 활용한 인스타그램 광고 생성 시 안내 (출처 https://www.facebook.com/business/ads-guide/clicks-to-webslte/instagram-links/?toggle0=%EC%82%AC%EC%A7%84)

디자인 권장 사항

- 화면 비율: 1:1
- 파일 형식: .mp4 컨테이너, 선행 mov atom이 있고 편집 리스트가 없는 것이 가장 좋습니다.
- 동영상: H.264 동영상 압축, 하이 프로파일 선호, 정사각형 픽셀, 고정 프레임 속도, 프로그레시브 스캔
- 오디오: 스테레오 AAC 오디오 압축, 128kbps 이상 선호
- 문구: 텍스트만, 125자 권장

기술 요구 사항

- 문구 텍스트 길이: 최대 2,200자
- 동영상 화면 비율: 1.9:1~1:1
- 최소 해상도: 600 x 315픽셀(1.9:1 가로 방향) / 600 x 600픽셀(정사각형)
- 최단: 3초
- 최장: 60초
- 파일 형식: 지원되는 파일 형식의 전체 리스트
- 지원되는 동영상 코덱: H.264, VP8
- 지원되는 오디오 코덱: AAC, Vorbis
- 최대 크기: 4 GB
- 프레임 속도: 최대 30fps
- 비트 전송률: 파일이 1GB 이하인 경우 2 패스 인코딩을 사용할 때 비트 전송률에 제한이 없습니다. 그 외의 경우 1080p는 초당 8mb, 720p는 초당 4mb로 제한됩니다.
- 썸네일 이미지 비율: 동영상 화면 비율과 같아야 하며, 이미지에는 최소한의 텍스트만 포함해야 합니다. 광고 이미지의 텍스트 비율이 광고 도달에 어떤 영향을 미치는지 확인해보세요.

웹사이트 방문 수 높이기 캠페인에서의 동영상을 활용한 인스타그램 광고 생성 시 안내 (출처 https://www.facebook.com/business/ads-guide/clicks-to-webslte/instagram-links/?toggle0=%EB%8F%99%EC%98%81%EC%83%81)

인스타그램에서의 웹사이트 방문 수 높이기 캠페인은 게시물 홍보하기 캠페인과 큰 차이가 없다. 다만, "지금 예약하기" "문의하기" "다운로드" "더 알아보기" "지금 구매하기" "가입하기" "동영상 더 보기" "지금 신청하기"의 행동유도(CTA) 버튼을 꼭 삽입하도록 되어 있어 광고 콘텐츠를 제작할 때 이를 적절히 활용하면 좋은 광고 성과

를 기대할 수 있다. 이미지 권장 사이즈는 1:1로, 이미지 대신 동영상이 활용 가능하지만 동영상은 최대 1분까지의 짧은 동영상만을 지원한다.

필자는 인스타그램에서 가장 추천하는 광고 캠페인으로 웹사이트 방문 수 높이기 캠페인을 추천하고 있다. 인스타그램의 유저들은 페이스북에 비해 광고 콘텐츠에 대한 참여도가 낮은 편이며, 페이스북의 확산성을 인스타그램은 가지고 있지 않기 때문에 게시물에 대한 좋아요가 큰 의미가 없다. 또한, 광고 단가가 페이스북 보다 비싸긴 하지만 페이스북 광고를 통해 들어온 이용자 보다 이탈율이 적고, 전환이 높은 편이다. 그렇기 때문에 인스타그램 스폰서 광고를 진행할 때에는 직접적인 상품을 판매할 수 있는 링크나 해시태그 마케팅 참여 안내에 대한 랜딩페이지 링크를 넣는 것을 추천하고 있다.

과금은 CPC Cost Per Click 방식으로 링크 클릭당 과금이 되는 방식과 CPM 노출 방식이 있으며 CPM 노출 방식으로 설정할 경우 과금은 1,000회당 노출이 될 때마다 과금이 된다. 광고의 노출이 되는 타겟의 기준은 평소 링크를 자주 누르는 유저들에게 우선순위로 광고가 노출이 된다. 광고 관리자나 파워에디터 에서는 CPC 과금 방식을 권장하고 있지만, 경우에 따라서는 CPM 방식의 과금 방식이 한정된 예산으로 광고의 성과를 높이는 데 도움이 될 수 있다.

✎ 인스타그램 웹사이트 방문 수 높이기 캠페인 사례 ✎

위의 2장의 이미지는 같은 광고를 캡쳐한 것으로, 이미지를 여러장 이어붙인 슬라이드쇼 형식의 광고를 사용한 것으로 보여진다. Auto CAD라는 상품을 홍보하는 게시물로, 상품과 손의 이미지는 그대로 이지만 슬라이드를 통해 장소가 계속적으로 바뀌는 것을 보여주며, 언제 어디서나 자유롭게 캐드 작업을 할 수 있다는 것을 직관적으로 보여주는 광고 게시물이다. 인스타그램이 이미지나 동영상의 콘텐츠 기반 소통 플랫폼이라는 점을 아주 잘 활용한 사례이다. 이 광고 게시물에서 어필하고 있는 상품이 궁금한 유저들은 "더 알아보기"라는 CTA 버튼을 통해 상품의 랜딩페이지로 넘어가 상품의 자세한 정보를 확인하고 구매를 했을 것으로 보여진다.

위의 Auto Cad 사례에서 한 가지 아쉬운 점이 있다면 인스타그램 스폰서 광고에서의 해시태그는 검색에 걸리지 않기 때문에 위의 사례처럼 해시태그를 나열하기보다는 강조를 하기 위해서 사용하는 정도로 활용하는 것이 좋다.

인스타그램 스폰서 광고는 대체적으로 이미지 1장 혹은 동영상 1장만을 사용하는 것이 광고의 효율이 좋은 편이다. 아직까지 인스타그램 유저들이 여러 개의 이미지 나열이 가능한 슬라이드 형태의 게시물에 익숙하지 않기 때문인 것으로 보인다. 그렇기 때문에 인스타그램 스폰서 광고를 진행할 때에는 하나의 이미지나 동영상에 광고를 통해 알리고자 하는 상품이나 브랜드에 대한 정보나 셀링 포인트를 직관적으로 전달할 수 있도록 콘텐츠를 기획하고 제작해야지만 광고의 성과를 높일 수 있다.

위 직방에서 보여주는 사례는 인스타그램이라는 플랫폼 자체와 인스타그램 스폰서 광고의 성격을 가장 잘 활용한 사례라고 생각한다. 각 이미지 마다 랜딩 페이지가 이미지와 관련된 방(매물)을 볼 수 있는 랜딩페이지로 된 설정으로 넘어가지도록 되어 있으며, 인스타그램에서 보이는 이미지의 방 가격이 얼마인지 나와 있으며, 돼지 꼬리 모양의 화살표를 사용하여 방에 대해 관심이 있는 유저에게 "더 알아보기"라는 CTA 버튼을 클릭할 수 있도록 유도하고 있다. 스폰서 광고에서 제한하고 있는 텍스트 비율 20%에 어긋나지 않는 게시물로, 최소한의 텍스트와 이미지로 아주 직관전인 메시지를 전달한 훌륭한 사례이다.

스폰서 광고에서는 텍스트를 제한하고 있다. 20% 내의 텍스트까지는 도달에 큰 변화가 없지만 이미지 내의 텍스트 비율이 20%이상 넘어가게될 경우부터는 도달률이 감소한다. 페널티가 부과되어 이미지 내의 텍스트 양에 따라서 "페널티 낮음" "페널티 중간" "페널티 높음"이 부과되어 광고 도달률이 낮아져 광고의 단가가 높아지는 비극을 맞이할 수 있다. 하지만 이미지만으로는 직관적인 메시지를 전달하는 게 쉽지 않아 전달하고자 하는 메시지를 텍스트로 나타내는 경우가 많다. 어쩔 수 없이 텍스트를 사용해야 하는 경우에는 텍스트를 한 곳으로 몰아 넣으면 텍스트에 대한 페널티 부과가 조금은 적어질 수 있다.

이미지 내의 텍스트에 대한 페널티는 페이스북에서 제공해주는 이미지 텍스트 확인 도구(https://www.facebook.com/ads/tools/text_overlay)를 통해 확인할 수 있다.

CHAPTER·06
동영상 조회수 늘리기 캠페인 매뉴얼 및 사례

✎ 페이스북 동영상 조회수 늘리기 캠페인 매뉴얼 ✎

최근 동영상 콘텐츠의 소비가 증가함에 따라 동영상 콘텐츠의 중요도가 매우 높아졌다. 페이스북/인스타그램도 이를 인지하여 빠르게 동영상 콘텐츠를 활용한 광고에 적합한 〈동영상 조회수 높이기〉 캠페인을 선보였다. 페이스북에서 권장하는 동영상 화면 비율은 16:9의 직사각형으로, 1080픽셀 이상의 고화질 동영상을 권장하고 있으며, HD급의 초고화질 동영상을 업로드할 경우 오른쪽 하단 부분에 HD버튼을 눌러야지만 HD 영상이 제공된다. 또한, 자동 재생 기능으로 인해 타임라인을 살펴보다가 동영상 콘텐츠가 노출되면 자동으로 재생이 되기 때문에 이를 어떻게 활용할 지 고민해보아야 한다.

동영상 조회수 높이기 캠페인에서는 링크를 사용하느냐, 사용하지 않느냐에 따라서 광고 게시물의 형태가 달라진다. 링크를 사용할 경우 링크 박스가 생겨 CTA 버튼을 활용할 수 있다는 장점이 있지만, 링크를 활용하지 않는 게시물 보다 광고스럽게 느껴진다는 단점이 있다. 과금 방식은 10초 동영상 조회(CPV)나 CPM 노출 방식 중 하나를 선택할 수 있다. 10초 동영상 조회 당 과금을 선택할 경우 10초 미만의 동영상 조회에 대한 과금이 부과되지 않아 영상을 통해 전달하고자 하는 메시지를 확실히 전달할 수 있다.

디자인 권장 사항

Facebook 어디에나 보기 좋게 표시되는 광고를 디자인하려면 이 가이드라인을 따르세요. 아래 동영상 및 썸네일 이미지 크기를 사용하면 광고를 항상 좋은 화질로 표시할 수 있으며, 아래 텍스트 길이를 유지하면 화면이 작은 기기에서도 문구를 모두 표시할 수 있습니다. **반복 재생에 대해 자세히 알아보세요.**

- 문구: 90자
- 화면 비율: 16:9 또는 1:1
- 동영상: H.264 동영상 압축, 하이 프로파일 선호, 정사각형 픽셀, 고정 프레임 속도, 프로그레시브 스캔
- 형식: .mp4 컨테이너, 선행 moov atom이 있고 편집 리스트가 없는 것이 가장 좋습니다.
- 오디오: 스테레오 AAC 오디오 압축, 128kbps 이상 선호

기술 요구 사항

- 문구 텍스트 길이: 텍스트만, 최대 2,200자
- 권장 화면 비율: 1:1 / 1.33:1 / 4:3 / SDTV, 1.375:1 / 필름, 1.77:1 / 16:9 / HDTV, 1.85:1 / 필름, 2:39:1 또는 2:40:1 / 와이드스크린 / 필러 박싱(pillar boxing), 레터 박싱(letter boxing) 등 가장자리에 빈 공간이 없는 9:16 비율
- 길이: 최대 120분
- 이미지에는 최소한의 텍스트만 포함해야 합니다. 광고 이미지의 텍스트 비율이 광고 도달에 어떤 영향을 미치는지 확인해보세요.
- 최소 해상도: 600 x 315픽셀(1.9:1 가로 방향) / 600 x 600픽셀(정사각형)
- 파일 크기: 최대 4GB
- 프레임: 최대 30fps
- 형식: 여기에서 지원되는 파일 형식의 전체 리스트를 확인하세요
- 비트 전송률: 파일이 1GB 이하인 경우 2 패스 인코딩을 사용할 때 비트 전송률에 제한이 없습니다. 그 외의 경우 1080p는 초당 8mb, 720p는 초당 4mb로 제한됩니다.

슬라이드쇼 디자인 가이드라인

일반 이미지로 만든 동영상인 슬라이드쇼를 디자인하려면 이 가이드라인을 따르세요.

- 권장 뉴스피드 이미지 크기: 1,280 x 720픽셀
- 뉴스피드 이미지 비율: 16:9(최대 4:3) 또는 1:1
- 문구: 90자(초과 시 작은 화면에서 글자가 잘릴 수 있습니다.)
- 이미지가 잘리지 않도록 크기와 화면 비율이 동일한 이미지로 구성하는 것이 좋습니다.
- 이미지에는 최소한의 텍스트만 포함해야 합니다. 광고 이미지의 텍스트 비율이 광고 도달에 어떤 영향을 미치는지 확인해보세요.

동영상 조회수 늘리기 캠페인에서의 링크를 활용하지 않는 페이스북 광고 생성 시 안내

디자인 권장 사항

Facebook 어디에나 보기 좋게 표시되는 광고를 디자인하려면 이 가이드라인을 따르세요. 아래 동영상 및 썸네일 이미지 크기를 사용하면 광고를 항상 좋은 화질로 표시할 수 있으며, 아래 텍스트 길이를 유지하면 화면이 작은 기기에서도 문구를 모두 표시할 수 있습니다. **반복 재생에 대해 자세히 알아보세요.**

- 문구: 90자
- 제목: 25자
- 뉴스피드 설명: 30자
- 화면 비율: 16:9
- 동영상: H.264 동영상 압축, 하이 프로파일 선호, 정사각형 픽셀, 고정 프레임 속도, 프로그레시브 스캔
- 형식: .mp4 컨테이너, 선행 moov atom이 있고 편집 리스트가 없는 것이 가장 좋습니다.
- 오디오: 스테레오 AAC 오디오 압축, 128kbps 이상 선호

기술 요구 사항

- 문구 텍스트 길이: 텍스트만, 최대 2,200자
- 권장 화면 비율: 1.33:1 / 4:3 / SDTV, 1.375:1 / 필름, 1.77:1 / 16:9 / HDTV, 1.85:1 / 필름, 2:39:1 또는 2:40:1 / 와이드스크린 / 필러 박싱(pillar boxing), 레터 박싱(letter boxing) 등 가장자리에 빈 공간이 없는 9:16 비율
- 길이: 최대 120분
- 이미지에는 최소한의 텍스트만 포함해야 합니다. 광고 이미지의 텍스트 비율이 광고 도달에 어떤 영향을 미치는지 확인해보세요.
- 최소 해상도: 600 x 315픽셀(1.9:1 가로 방향) / 600 x 600픽셀(정사각형)
- 파일 크기: 최대 4GB
- 프레임: 최대 30fps
- 형식: 여기에서 지원되는 파일 형식의 전체 리스트를 확인하세요
- 비트 전송률: 파일이 1GB 이하인 경우 2 패스 인코딩을 사용할 때 비트 전송률에 제한이 없습니다. 그 외의 경우 1080p는 초당 8mb, 720p는 초당 4mb로 제한됩니다.

슬라이드쇼 디자인 가이드라인

일반 이미지로 만든 동영상인 슬라이드쇼를 디자인하려면 이 가이드라인을 따르세요.

- 권장 뉴스피드 이미지 크기: 1,280 x 720픽셀
- 뉴스피드 이미지 비율: 16:9(최대 4:3) 또는 1:1
- 문구: 90자(초과 시 작은 화면에서 글자가 잘릴 수 있습니다.)
- 이미지가 잘리지 않도록 크기와 화면 비율이 동일한 이미지로 구성하는 것이 좋습니다.
- 이미지에는 최소한의 텍스트만 포함해야 합니다. 광고 이미지의 텍스트 비율이 광고 도달에 어떤 영향을 미치는지 확인해보세요.

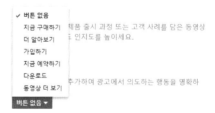

동영상 조회수 늘리기 캠페인에서의 링크를 활용하는 페이스북 광고 생성 시 안내

페이스북에서 동영상 콘텐츠들을 살펴보면 대부분의 동영상 콘텐츠의 조회수가 굉장히 높은 것을 확인할 수 있는데, 이는 페이스북/인스타그램에서는 동영상을 3초 이상 재생했을 시 1조회수로 체크하기 때문이다. 아주 잠깐 동영상을 보는 것이 아닌, 자동 재생으로 인해 스쳐지나가기만 해도 1조회수로 찍히기 때문에, 동영상 조회 캠페인의 경우 조회수는 굉장히 많은데에 비해 참여율은 저조한 경우가 많다. 또한, 한 사람이 여러 번 3초 이상 재생할 경우 재생한 횟수만큼 조회수가 발생하기 때문에, 〈페이스북/인스타그램 동영상 조회〉에 관해서는 "허수에 가깝다"는 이야기가 많다.

동영상 조회수 늘리기 캠페인은 약간의 노하우만 있다면 이미지를 활용한 광고 콘텐츠 보다 훨씬 더 높은 광고 성과를 누릴 수 있다. 필자는 동영상 콘텐츠를 통해서 인스타그램에서 10원대의 광고, 페이스북에서는 1원대의 광고를 진행했던 적이 있으며, 동영상 조회수는 굉장히 높은데에 반해 전환율은 굉장히 낮았던 적이 있을 정도로 동영상 조회수 늘리기 캠페인은 콘텐츠 활용도에 따라서 광고 단가뿐만 아니라 전환율도 많이 좌지우지 된다.

✏ 페이스북 동영상 조회수 늘리기 캠페인 사례 ✏

　동영상을 가지고 광고 콘텐츠를 만드는 건 일종의 도박이라고 생각한다. 정말 신기하게도 동영상 콘텐츠로 광고를 만들면 이미지나 링크를 활용한 광고 콘텐츠보다 높은 도달을 보인다. 최근의 트렌드 콘텐츠가 동영상이다 보니 어느정도의 핸디캡이 있는 듯 하다. 하지만, 광고에 대한 피드백이나 참여율, 전환은 오히려 떨어지는 경우가 많다. 하지만 제대로 만든 광고 크리에이티브라면 도달도 높고 참여율, 전환도 굉장히 높은 광고도 분명 존재한다.

　일단 페이스북에서 하나의 동영상을 소비하는 평균 시청 시간은 짧은 편이다. 유저들은 동영상이 재생되었을 때 시선을 확 사로잡는 무언가가 없거나 재미가 없다면 영상 속의 핵심 메시지가 나오기도 전에 동영상을 꺼버린다. 그렇기 때문에 동영상 콘텐츠를 활용하고자 한다면 이러한 유저들의 행동 패턴을 잘 생각해야만 광고의 성과를 높일 수 있다.

페이스북에서는 최대 120분까지의 영상을 업로드할 수 있지만, 실제로 광고로 활용되는 콘텐츠의 대부분은 3분 이내의 동영상 콘텐츠이다. 페이스북 유저들도 3분 이상의 동영상은 부담스러워하는 경향이 있기 때문에 가능하면 3분 이내의 짧은 영상을 활용하는 것이 현명하다. 그리고, 오른쪽의 #프레시해GENIE 의 바이럴 영상처럼 자동 재생 기능과 반복 재생 기능을 활용하여 아주 짧은 영상을 만들어 영상이 계속해서 반복적으로 재생이 될 수 있도록 만드는 것도 좋은 전략이 될 수 있다. 페이스북에서는 30초 이하의 모든 동영상은 최대 90초까지 반복(루핑) 재생이 되도록 하여 반복되는 영상을 통해 유저들의 시선을 사로잡을 수 있도록 만들어 주었다. 실제로 이러한 짤막한 영상들을 업로드해 반복적으로 노출시켜 유저들의 시선을 사로잡아 광고의 성과를 높이는 페이지도 쉽게 찾아볼 수 있다.

페이스북에서 동영상 조회수 늘리기 캠페인을 활용할 때에는 크게 링크를 활용하느냐와 링크를 활용하지 않느냐의 차이로 기능이 조금씩 달라진다. 겉으로 보았을 때는 링크가 없는 형태의 광고는 게시물 홍보하기 캠페인과 흡사하며, 링크가 있는 형태의 광고는 웹사이트 방문 수 높이기 캠페인의 모습과 흡사하다. 동영상 조회수 늘리기 캠페인에서 링크를 활용할 경우 링크 박스와 CTA 버튼을 추가할 수 있다는 차이점이 있다. 페이스북 유저들의 링크 이동을 유도할 수는 있지만, 보이는 게시물이 링크가 없는 형태의 광고 보다 더 광고처럼 보여진다는 단점이 있다. 이 링크 박스는 유난히 이미지 보다 동영상 콘텐츠를 활용했을 때 더 부자연스러운(광고 같은) 느낌이 든다.

인스타그램 동영상 조회수 늘리기 캠페인 매뉴얼

디자인 권장 사항

- 화면 비율: 1:1
- 동영상: H.264 동영상 압축, 하이 프로파일 선호, 정사각형 픽셀, 고정 프레임 속도, 프로그레시브 스캔
- 형식: .mp4 컨테이너, 선행 mov atom이 있고 편집 리스트가 없는 것이 가장 좋습니다.
- 오디오: 스테레오 AAC 오디오 압축, 128kbps 이상 선호
- 문구: 텍스트만, 125자 권장

기술 요구 사항

- 문구 텍스트 길이: 최대 2,200자
- 동영상 화면 비율: 1.9:1~1:1
- 최소 해상도: 600 x 315픽셀(1.9:1 가로 방향) / 600 x 600픽셀(정사각형)
- 최단: 3초
- 최장: 60초
- 파일 형식: 지원되는 파일 형식의 전체 리스트
- 지원되는 동영상 코덱: H.264, VP8
- 지원되는 오디오 코덱: AAC, Vorbis
- 최대 크기: 4GB
- 프레임 속도: 최대 30fps
- 비트 전송률: 파일이 1GB 이하인 경우 2 패스 인코딩을 사용할 때 비트 전송률에 제한이 없습니다. 그 외의 경우 1080p는 초당 8mb, 720p는 초당 4mb로 제한됩니다.
- 썸네일 이미지 비율: 동영상 화면 비율과 같아야 하며, 이미지에는 최소한의 텍스트만 포함해야 합니다. 광고 이미지의 **텍스트 비율**이 광고 도달에 어떤 영향을 미치는지 확인해보세요.

행동 유도

광고의 동영상 아래에 전체 화면 너비의 행동 유도가 표시됩니다. 행동 유도를 클릭하면 즉시 오프사이트로 연결됩니다. 행동 유도를 선택하지 않으면 웹사이트로 연결되는 더 알아보기 행동 유도가 자동으로 선택되어 광고 아래에 표시됩니다.

선택할 수 있는 행동 유도 버튼은 다음과 같습니다.

- 동영상 더 보기
- 지금 예약하기
- 문의하기
- 다운로드
- 더 알아보기
- 지금 구매하기
- 가입하기
- 지금 신청하기

동영상 조회수 높이기 캠페인에서의 링크를 활용하는 페이스북 광고 생성 시 안내
(출처 https://www.facebook.com/business/ads-guide/video-views/instagram-video-views/)

인스타그램의 동영상 조회수 높이기 캠페인은 동영상 콘텐츠를 활용한 게시물 홍보하기 캠페인에 CTA 버튼이 추가된 형태와 흡사하다. 다만, 인스타그램에 업로드할 수 있는 동영상은 아직까지 최대 1분이라는 점이 다르다.

1분 내에 동영상을 통해 전달하고자 하는 내용을 전달해야하기 때문에 동영상 콘텐츠를 정말 잘 활용할 수 있는 사람이 아니라면 쉽게 접근하기 어려우며, 아직까지 인스타그램에서는 동영상보다는 이미지 콘텐츠가 반응이 더 좋다 보니 동영상 조회수 높이기 캠페인을 활용한 사례는 그리 많이 보이지 않고 있다(최근 한 업체의 조사에 따르면 인스타그램에 업로드 되는 콘텐츠의 92%가 이미지 형태라고 한다). 하지만, 동영상 콘텐츠가 중요시 됨에 따라 페이스북/인스타그램에서도 자체적으로 동영상 조회수 높이기 캠페인의 광고 단가를 낮게 설정해주어 부담스럽지 않은 비용으로 동영상 광고를 테스트해볼 수 있다. 또한, 잘 만들어진 동영상만 있다면 많은 유저들에게 영상을 통해 메시지를 전달할 수 있음은 물론 랜딩페이지로의 트래픽도 유도할 수 있어 성공적인 광고를 생성하고자 한다면 지금부터라도 동영상을 공부하는 것을

추천한다.

　페이스북의 동영상 조회수 높이기 캠페인과 마찬가지로 CPV 과금 방식과 CPM 방식이 있다. 필자는 개인적으로 동영상 조회수 높이기 캠페인에 CPM 과금 방식은 추천하지 않는다. 10초 이상 동영상을 본 유저에게만 과금을 하는 방식의 CPV가 불필요한 노출에 의해 재생이 되는 경우에 발생하는 비용을 줄일 수 있기 때문이다.

인스타그램 동영상 조회수 늘리기 캠페인 사례

    페이스북과 인스타그램 게시물에 사용된 동영상은 모두 자동 재생이 되고, 영상을 터치하지 않으면 소리가 나지 않기 때문에 동영상 콘텐츠를 활용할 때에는 이 점을 꼭 생각해야만 한다. 자동으로 재생되는 동영상을 통해서 유저들의 시선을 사로잡을 수 있어야 함은 물론, 굳이 소리를 듣지 않아도 동영상에서 전달하고자 하는 메시지를 확실하게 진달할 수 있어야만 한다. 이를 위해서는 아주 직관적인 내용을 담은 동영상을 활용하거나, 자막을 활용하는 것이 좋다.

    "?"가 들어간 질문은 유저들에게 궁금증을 유발하여 관심을 끌기 좋은 아이템으로 수많은 마케터가 자주 활용하고 있는 방법이다. 동영상 콘텐츠에서도 마찬가지로 동영상 시작 부분에 질문을 노출시킴으로서 유저들의 시선을 사로잡아 동영상을 시청할 수 있도록 유도하는 것이 좋다. 이 때 주의할 점은, 동영상 콘텐츠는 자동 재생이 되기 때문에 유저가 콘텐츠를 내려보다가 동영상이 자동 재생이 되어 맨 처음 궁금증을 유발한 문구가 그냥 지나가 버릴 수도 있기 때문에 유저들의 시선을 사로잡을 수 있는 요소를 동영상의 초입 부분에 넣고자 한다면 동영상의 2~3초 즈음에 넣는 것이 좋다.

왼쪽의 사례는 쥬디메르 화장품을 체험해 본 일반인의 변화 모습을 동영상으로 담은 내용이다. 2주 동안 매일 상품을 사용한 동영상을 촬영하여 편집해 만든 콘텐츠로, 매일 매일의 변화를 모두 담고 있다. 동영상 콘텐츠를 접한 유저들에게 신뢰도를 높여줌과 동시에 비포어, 애프터 모습도 함께 담고 있어 여드름이 고민인 남성들이 한 번쯤 구매하고 싶다는 생각이 들도록 콘텐츠를 잘 만들었다.

다만, 아쉬운 점이 있다면 캡션 부분에 눌리지 않는 링크가 삽입이 된 점, 〈더 알아보기〉 CTA 버튼을 누르면 상품 상세정보 랜딩 페이지가 아닌 사이트의 메인 홈페이지로 접속이 된다는 점이 조금은 아쉽다. 광고 담당자가 광고를 설정할 때 페이스북과 인스타그램에 동시에 콘텐츠가 노출이 될 수 있도록 설정(노출위치 → 자동)하여, 인스타그램이 아닌 페이스북에 적합한 게시물의 형태로 광고를 설정한 것이 아닌가 하는 생각이 든다.

※현재 쥬디메르에서는 노출위치를 달리 설정하여 인스타그램에 적합한 게시물과 링크로연결되는 랜딩 페이지의 설정으로 변경하였다고 한다. 점점 발전하는 모습으로, 앞으로의 성장이 기대되는 브랜드이다.

오른쪽의 사례는 원피스 스크래치 아트 상품을 판매하는 곳에서 제작한 콘텐츠로, 원피스 스크래치 아트 제품을 직접 사용하는 모습을 동영상으로 촬영하여 약 7초 정도 되는 동영상 콘텐츠로 편집하여 사용한 동영상 게시물로, 동영상의 길이가 짧기 때문에 반복 재생이 되어 계속해서 제품을 사용하는 모습이 반복 노출되는 기능을 활용한 사례이다. 제품의 특징을 잘 담아서 편집한 사례로, 그저 제품을 사용하는 모습을 촬영하고 동영상의 속도를 빠르게 올려 동영상 게시물의 전체 시간을 짧게 압축 편집한 것으로 보인다.

광고관리자로 페이스북/인스타그램 광고 만들기 매뉴얼

페이스북 인스타그램 스폰서 광고의 설정은 생각보다 간단하지만, 네이버 검색광고나 다음 클릭스에서 사용하고 있는 UI와는 형태가 매우 다르다. 익숙하지 않기 때문에 초보자들은 스폰서 광고를 설정할 때 어떻게 해야할 지 난감해 하는 경우가 많다. 하지만, 손에 익으면 스폰서 광고 설정이 매우 쉽고, UI도 매우 간편하다는 것을 알 수 있을 것이다.

01

구글 크롬을 활용하여 페이스북 혹은 페이스북 페이지에 접속한다. 비즈니스 관리자를 생성하여 페이지와 연동하면 더 편하게 광고관리자 화면으로 넘어갈 수 있다.

02

광고 만들기 혹은 광고 관리 탭을 눌러 페이스북 광고 관리자 화면으로 이동한다. 페이스북 광고를 생성한 기록이 없는 계정의 경우엔 광고 관리를 누르면 자동으로 광고 만들기 탭으로 이동한다.

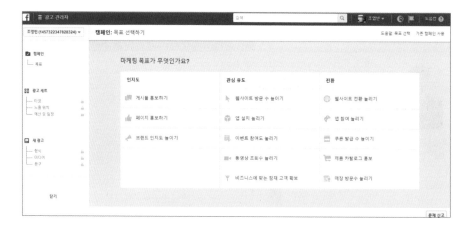

03

광고관리자 첫 화면. 광고의 목표, 광고를 집행하는 데에 돈을 쓰는 "이유" 인 캠페인을 설정하는 화면이다. 필자는 예시로 〈웹사이트 방문 수 높이기〉 캠페인을 선택하였다. 캠페인을 선택하면 캠페인 이름을 입력할 수 있다.

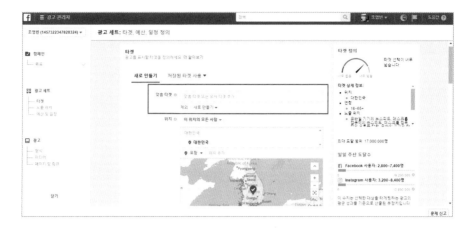

04

캠페인을 설정하면 광고 세트 섹션으로 넘어올 수 있다.

※맞춤타겟, 유사타겟을 활용할 수 있다면 적극 활용하여 최대한 광고에 긍정적인 피드백을 보낼 수 있는 유저들을 대상으로 광고를 집행하는 것이 좋다.

05

페이스북 광고 관리자를 통해 간단하게 연령/성별/언어/상세타게팅(관심사)/연결관계 를 설정할 수 있다. 이를 잘 활용하여 광고를 노출시킬 타겟을 선택할 수 있다.

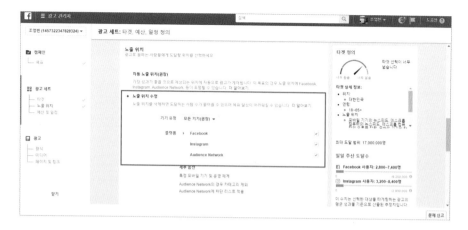

06

노출 위치에서는 크게 페이스북/인스타그램/오디언스 네트워크를 설정할 수 있으며, 광고가 노출

이 되어지는 플랫폼을 설정하는 영역이다.

※ 캠페인을 설정한 이후 광고세트에서 광고 콘텐츠를 노출시킬 "타겟", 페이스북/인스타그램의 스폰서 영역 위
치를 설정할 수 있는 "노출 위치", 광고 비용과 일정을 설정할 수 있는 "예산 및 일정"을 선택할 수 있다. 페이스
북/인스타그램 스폰서 광고의 꽃인 정밀한 타겟팅이 가능하기 때문에, 광고세트 영역을 설정할 때에는 항상 A/
B테스트를 진행함은 물론, 다양하게 타겟군을 설정해보는 테스트가 필요하다.

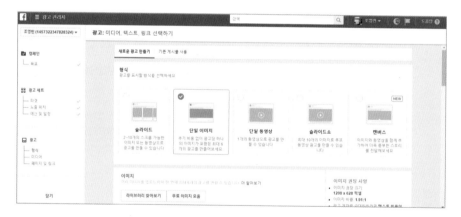

07

광고 크리에이티브의 〈형식〉 섹션에서는 기존의 게시물을 활용하여 광고를 생성할 수도 있으며,

광고 관리자 영역에서 광고 크리에이티브를 생성할 수도 있다. 〈미디어〉 섹션에서는 광고에 직접

적으로 보여지는 이미지나 동영상을 선택할 수 있다.

08

〈페이지 및 링크〉섹션에서는 광고를 노출할 페이지, 인스타그램 계정의 설정과 랜딩페이지 설정, 페이스북/인스타그램에 보여지는 텍스트 또는 캡션, CTA 버튼 등을 설정할 수 있다.

※광고 크리에이티브에서는 스폰서 게시물로 보여지는 광고 콘텐츠를 설정하는 부분이다. 가장 중요하다기 보다는 가장 기본적인 요소로서, 스폰서 광고를 설정할 때에는 어떠한 타겟에게 광고를 노출시킬 것인지와 함께 광고 콘텐츠를 미리 준비해두는 것이 좋다.

CHAPTER·08

스폰서 광고 노하우

파워에디터에서도 광고 관리자와 비슷하게 광고를 설정할 수 있다. UI가 약간 차이가 난다는 점과, 진행할 수 있는 캠페인의 개수가 서로 다른 것만 제외하면 다를 게 거의 없다. 하지만, 항상 업데이트 시에 광고 관리자 보다는 파워에디터에서 먼저 바뀌고 나서 광고 관리자에 적용되는 경우가 많기 때문에 가능하면 광고 관리자 보다는 파워에디터에서 광고를 설정하고 관리하는 것에 익숙해져야만 한다.

소소한 팁을 몇가지 이야기 하자면, 페이스북 스폰서 광고를 설정할 때는 캠페인 ▶ 광고세트 ▶ 광고 크리에이티브 순으로 설정을 하는 것이 좋다. 스폰서 광고를 잘 활용하지 못하는 초보자들은 보통 광고 크리에이티브를 먼저 준비하고, 광고를 노출시킬 타겟을 광고 크리에이티브에 따라서 설정하며, 광고의 캠페인을 가장 마지막에 설정한다. 이는 매우 비효율적인 방법으로, 우선 광고의 목적을 캠페인에서 설정하여 우리 사이트의 방문을 높일 것인지, 이벤트나 매장 소식을 유저들에게 많이 알릴 것인지, 앱 설치를 유도할 것인지 등을 우선적으로 고민한 후 광고 크리에이티브를 볼 타겟을 설정하고, 타겟에게 광고가 노출이 되었을 때 긍정적인 피드백을 보일 수 있을만한 광고 크리에이티브를 설정하는 것이 광고의 성과를 높일 수 있는 효율적인 방법이다.

또한, 같은 설정값으로 페이스북 광고와 인스타그램 광고를 동시에 진행하는 것은 추천하지 않는다. 이는 페이스북과 인스타그램에 대한 플랫폼의 차이를 전혀 이해하지 못한 것이다. 만약 페이스북과 인스타그램의 플랫폼 차이를 완벽히 이해하고 있다면 절대로 광고세트 ▶ 노출위치 에서 페이스북과 인스타그램 광고를 동시에 설정하는 경우는 없을 것이라 생각한다.

필자가 강의나 컨설팅 중 가장 많이 받는 질문으로 "광고 예산은 어떻게 설정하나요?"가 있다. 이에 대한 대답은, "광고 설정시 나타나는 최대 도달 범위(모수)에 따라 적당한 예산이 달라져야 합니다"이다. 일반적으로 모수가 높을수록 광고 비용은 저렴해지고 모수가 낮을수록 광고 비용은 높아진다. 그렇기 때문에 최대 도달 범위의 정도에 따라서 광고 예산은 달라져야 한다. 만약에 최대 도달 범위가 1만밖에 되지 않는데, 여기에 비싼 비용을 지불하여 광고를 한다는 것은 비싼 단가의 광고를 1만 이라는 한정적인 도달에 광고를 집행하겠다는 의미가 된다.

/ #1. 광고 설정 순서 /

스폰서 광고를 설정하기 위해서는 캠페인 ▶ 광고 세트 ▶ 광고 크리에이티브 순으로 광고를 설정해야만 한다. 가장 효율적인 광고 또한 캠페인 ▶ 광고 세트 ▶ 광고 크리에이티브 순으로 설정할 때 가장 좋다. 하지만, 많은 관리자가 실수하는 부분이 광고 크리에이티브 ▶ 광고 세트 순서로 설정을 하면서 캠페인의 중요성은 인지하지 않고 아무 캠페인이나 설정한다는 것이다. 광고를 집행하기 이전에 광고의 목표(KPI)를 설정하는 것은 당연한 일이며, 스폰서 광고에서는 캠페인 설정 부분에서 광고의 목표를 설정하는 것이다. 어떠한 캠페인을 선택하는 것이 좋을지에 대한 내용은 아무리 강조 해도 부족하다. 필자는 강의를 할 때 마다 "광고의 효율을 극대화 시키기 위해선 페이스북 광고 관리자에서 제공하는 캠페인의 종류와 차이를 완벽히 이해해야만 합니다" 라고 이야기 한다.

광고 세트를 설정하기 이전에 광고 크리에이티브를 설정하는 것은 광고를 볼 유저들을 고려하지 않고 광고 콘텐츠부터 제작한다는 뜻이다. 어떤 유저들에게 광고를 노출시킬지에 대한 부분을 생각한 후 그들의 성향에 맞추어 광고 콘텐츠를 제작하는 것이 아닌, 광고 콘텐츠를 만들고 어떤 사람들에게 노출시킬지를 선택하는 것이다. 필자는 이러한 방법을 '끼워맞추기 타겟팅' 이라고 표현한다. 이러한 역순의 광고 설정은 관심사 타겟부터, CRM 타겟팅, 전환 타겟팅 등 다양한 타겟팅이 가능한 광고 시스템을 제대로 활용하지 못하는 것이다.

또한, 페이스북에 노출시킬 광고와 인스타그램에 노출시킬 광고를 따로 구분하여 제작하지 않고, 같이 제작하여 광고 세트 영역의 노출 위치에서 페이스북/인스타그램 설정만 달리하는 것도 매우 큰 오류이다. 페이스북과 인스타그램은 엄연히 다른 플랫폼이고, 각각의 플랫폼을 이용하는 유저들의 성향도 크게 다르기 때문에 효과적인 광고를 기대한다면 이에 대한 차이를 완벽히 이해하는 것에서부터 시작해야만 한다. 이도 마찬가지로 노출 위치에서 인스타그램 혹은 페이스북을 먼저 선택한 후 플랫폼에 맞추어 광고 크레에이티브를 설정했다면 광고의 성과가 훨씬 좋았을 것이다.

✎ #2. 스마트폰 화면에 적합한 화면 비율 ✎

우리는 16:9 사이즈의, 가로로 긴 화면 비율의 사이즈가 익숙하다. PC, 모니터 등 대부분의 전통 매체나 도구는 세로가 아닌 가로가 긴 사이즈 형태이기 때문이다. 하지만, 스마트폰은 손으로 잡기 편하게끔 구조가 되어 있기 때문에 세로가 긴 사이즈의 형태이다. PC를 통해서 광고 콘텐츠를 접하는 유저가 많던 때에는 가로로 긴 사이즈의 콘텐츠가 유저들이 보기에 편했지만, 스마트폰 에서는 세로 사이즈로 긴 형태의 콘텐츠가 눈에도 더 잘 띄고 가독성도 높다. 최근 유행하는 '세로 라이브' 콘텐츠 역시 모바일 환경에서 콘텐츠를 소비하기 좋은 형태의 게시물에 착안하여 등장했다.

위의 두 이미지는 각각 가로와 이미지가 긴 사이즈의 이미지이다. 인스타그램을 하다가 두 이미지가 노출이 되었다면 어느 이미지가 더 눈에 잘 띌까? 당연히 피드를 꽉 채운 세로 사이즈의 이미지가 가로 이미지 보다 훨씬 눈에 더 잘 띈다.

✏ #3. 타겟 조합 ✏

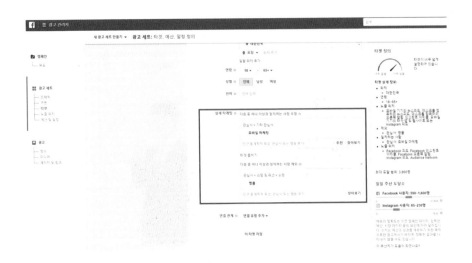

　페이스북 광고 관리자에서 제공하는 상세 타겟팅, CRM 데이터를 활용한 맞춤 타겟, 유사 타겟, 픽셀을 활용한 사이트 방문자 및 상세 페이지 조회자 등의 다양한 타겟은 타겟간 조합이 가능하다. 논타겟 광고가 효율이 더 좋을 수도 있지만, 대부분의 경우 광고 크리에이티브를 접할 유저들을 확실하게 설정한 광고가 효율이 좋다. 타겟팅을 할 때에는 "포함" 기능과 "제외" 기능을 적절히 활용하여 기존의 타겟군을 더욱 디테일하게 조절할 수 있다. 예를 들어, 사이트에 방문한 유저를 타겟으로 광고를 집행할 때 타겟 조합 기능으로 기존의 구매 고객에게는 광고를 노출시키지 않는 설정이 가능하다. 반대로, 기존의 구매자만을 대상으로 한 광고 또한 설정 가능하다. 이 타겟 조합은 일반 관심사 설정에서도 활용이 가능하기 때문에 CRM 데이터나 픽셀 데이터를 활용하기 이전에 관심시 타겟으로 연습을 해보는 것도 좋다.

✏️ #4. 〈열 맞춤 설정〉 으로 분석하기 ✏️

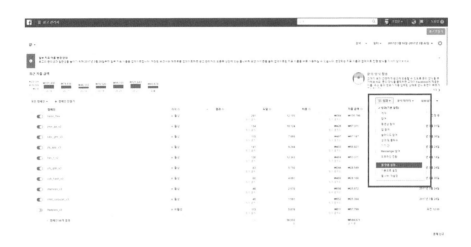

페이스북 광고 관리자에는 〈열 맞춤 설정〉이 있다. 이 열 맞춤 설정을 통해 엄청나게 많은 데이터를 확인할 수 있다. 페이스북/인스타그램 광고를 통해서 얻을 수 있는 거의 모든 데이터의 열람이 조건 별로 가능하기 때문에 적고 많은 예산에 상관 없이 이 열 맞춤 설정과 친해지기 위해 노력하는 것이 좋다. 아직 스폰서 광고를 많이 접해 보지 못한 초보자라면 앞서 이야기했던 페이스북에서 제공하는 공식 자료를 통해 스폰서 광고에 대한 기본적인 지식을 먼저 확인해야 이 기능을 무리 없이 활용할 수 있다.

인스타그램을 한다고 해서 모두가 대박나지 않는다.

근본적인 본질을 깨닫지 못한다면 절대 인스타그램을 통해 원하는 것을 얻지 못할 것이다. 글을 읽는 당신도 한 편으로는 소비자이지 않은가? 어떤 광고를 볼 때 구매의 욕구를 불러일으키며 환호하고 마음이 가는가? 이 책을 통해 냉정하게 판단할 수 있는 기회가 되었으면 한다.

인스타그램을 포함해서 마케팅에 대한 니즈가 있는 사람들은 가장 중요한 것을 깨닫지 못하고 있다. 그저 주변에서 효과만 보았다고 하면 인스타그램, 페이스북 등 어떻게든 막연한 마케팅 방안으로 활용해 매출/문의를 유도할지만 생각한다는 뜻이다. 결국 그로 인한 결과는 처참하다. 일반적인 오류를 범하고 있기 때문인데 그 일반적인 오류는 주변에서 성공사례를 듣고 보거나 지인을 통해 효과가 좋다는 말만 믿고 SNS 채널을 쉽게 보고 접근한다는 것이다.

물론 "시작이 반이다"라는 속담도 있듯이 비용들이지 않는 선에 SNS 광고를 진행해보는 것. 시작이라는 실행에 충분히 박수 받고 칭찬받을 일이다. 대부분 사람들은 시작도 못하고 바라만 보다가 트랜드의 흐름에 뒤쳐질 때 쯤 시작해서 아무런 효과를 못보고 포기하기 사람들이 태반이기는 때문이다.

마케팅을 시작해보기로 마음을 먹었다면 그 전에 우선적으로 생각하고 고민해야 할 사항들이 있다. 인스타그램을 포함한 다른 광고를 하기 이전에 나의 브랜드/제품/서비스에

1. 독자적인 콘셉 혹은 특장점이 있는지?
2. 부족한 단점이 있는지? 보완할 점은 있는지?
3. 경쟁시장에서 어느 정도의 위치에서 서비스를 제공하고 있는지?
4. 소비자에게 쉽게 전달될 수 있게 홈페이지 및 제품구성이 잘 되어 있는지?

등의 자사분석이 필요하다. 하지만 대부분의 광고주는 자사의 상품은 경쟁사보다 훨씬 더 좋은 이점을 가지고 있다고만 이야기한다. 현 시대의 소비자는 냉정하고 똑똑하다. 자사의 제품이 경쟁사보다 훨씬 좋은 이점이 많았다면 당연히 소비자들은 자사의 상품을 구매했을 것이다. 마케팅을 하기 이전에 왜 우리 브랜드를 소비자가 알아야 하는지, 왜 자사의 상품을 구매하고 문의를 해야 하는지, 경쟁사와 비교했을 때 경쟁력이 있는지에 대한 해답을 상품과 서비스, 콘텐츠를 통해 전달해야만 한다.

브랜드나 상품을 출시, 홍보하기 위해서 자사분석을 통해 냉정하게 판단하고 우선적으로 준비해야 하는 사항들이 생각보다 상당히 많다. 필자는 제품을 만들고 판매하기까지 크게 중요한 두 가지 숙제를 풀어야 한다고 생각한다. 첫 번째로 제품 및 서비스를 준비하고 생산함에 있어서 그 본질을 어떻게 만들고 표현할지에 대한 숙제와 두 번째는 출시 이후 서비스를 이용하는 소비자에게 어떻게 그 본질을 전달할지에 대한 숙제이다. 이 두 가지의 숙제를 풀지 못한다면 절대 내가 원하는 브랜드 이미지를 소비자에게 전달할 수 없을 것이다. 이 숙제를 풀기 위해선 컨셉, 네이밍, 컬러, 경쟁력, 기획, 고객관리가 필요하다.

/ 1. 브랜드 컨셉 /

컨셉의 Concept는 'Con-' 이라는 '여럿을 하나로' '-Cept' 라는 '잡다' 가 합쳐진 말로 있는 그대로 풀어보면 "여럿을 하나로 잡다" 를 의미한다. 마케팅적으로 더 디테일하게 풀어보면 그 만큼 많은 이들이 좋아하는 "공감 / 니즈를 잡아낸다" 이다. 컨셉(자신의 색깔/장점)을 사람들에게 각인화 시키지 못한다면 절대 기억 속에 남지 않는다는 말과 같다. 기억 속에 남지 않는 것들은 꾸준한 매출로 이어지기에는 한계가 있다. 자사의 상품에 다른 경쟁사들과의 차별성, 특장점을 명확하게 전달하고 보여주지 못한다면 마케팅 비용을 쏟아 붓는 브랜드 사이에서 주목을 받을 수 없다.

✎ 2. 브랜드 네이밍 ✎

브랜딩은 소비자들의 인식 속에서 어떻게 기억에 남고 각인이 되어 있는지가 중요하다. 브랜드 컨셉과 브랜드의 가치를 어떻게 전달할 것인가? 가장 우선적으로 고객들은 브랜드 네임을 듣고 빠르게 판단하게 된다. 순간 고객들에게 남겨지는 이미지가 얼마나 임팩트 있는지? 혹은 얼마만큼 기억 속에 남아있는지에 따라 마케팅 전략의 효과는 많은 차이가 발생할 수 있다. 사실상 원칙적으로 브랜드네임을 결정하는데 있어서 뜻과 의미, 상징적인 것들이 브랜드명에 대부분 포함되어 있는 경우가 많다. 물론 필자의 생각도 그 부분이 중요하다고 생각한다. 그치만 그보다 더 고려해야 할 것이 있다. 브랜드네임을 포털 사이트 검색시에 자사의 고유한 콘텐츠로서 얼마나 선점을 할 수 있는지에 대한 가능성을 판단하는 것 또한 중요하다. 이것이 차후에 포털 사이트에서 효과적으로 광고를 할 수 있는지 중요한 포인트가 될 수 있다.

✎ 3. 브랜드 컬러 ✎

컬러가 광고를 진행하는데 어떠한 연결점이 있느냐고 많은 사람들이 이야기 한다. 그렇지만 상당히 밀접하다. 특히 비주얼 마케팅 시대인 요즘에는 시각적인 효과가 크기 때문에 브랜드 컬러를 어떻게 가지고 가느냐에 따라서 사람들의 기억 속에 남아있느냐 남아있지 않느냐 차이가 생기게 된다. 개인마다의 컬러 선호도는 다를 수밖에 없다. 전반적인 것들을 고려하지 않고 본인의 주관적인 시각으로 브랜드 색상을 정한다면 홍보 요소로써 상당히 위험할 수 있다. 브랜드컬러는 홈페이지의 느낌, 포인트, 분위기, 제품방향성 등 다양한 것들을 좌지우지 한다. 브랜드 컬러는 브랜딩의 시작이다 라고 감히 이야기 할 정도로 중요하다고 생각한다. 홈페이지, 제품, 서비스 이 모든 것들에는 컬러적인 요소가 들어가야 하는데 처음에 브랜드 컬러를 잘 못 잡게 되면 소비자들에게 다시 바뀐 브랜드 컬러를 인식시키기에 어려움이 있다.

4. 경쟁력, 차별성

아무리 마케팅으로써 정평이 나있는 유명한 교수가 다양한 기술, 전략, 기획을 통해 직접 온라인 광고를 집행한다고 하더라도 제공하는 서비스의 차별성, 상품성 없이는 그 광고는 유입을 위한 거짓에 불과할 수 밖에 없다. 이젠 소비자가 판매자 보다 더 똑똑한 시대가 왔다. 소비자는 더 이상 광고를 있는 그대로 받아들이지 않으며 주변의 다양한 경로를 통해서 정보를 수집하고 판단할 수 있다.

물건을 구매하거나 서비스를 받을 때에도 충분히 이해하고 비교한 뒤 결정을 하는 것은 당연한 일이다. 소비자들이 예전처럼 온라인에서 허구성으로 보이는 블로그 글이나 카페 지식인 글들로 이젠 잘 현혹되지 않는다는 것이다. 이러한 소비자들의 눈높이에 맞추기 위해선 소비자들이 더 만족할만한 서비스나 제품을 만들어야 한다는 것이다. 소비자들은 소비자에게 필요한 상품인지, 브랜드에서 판매의 목적을 둔 수익이 우선인지 알고 있다. 매출에 우선적으로 신경을 쓰기보다는 자사의 근본적인 것에 더 신경을 써야 소비자들은 더 옳은 판단을 통해 재구매를 하는 결과가 나온다.

5. 기획

가장 중요한 요소이기도 하고 위 경우를 다 포함하는 말이기도 하다.

광고를 하기 전, 아니 제품과 서비스가 나오기 전부터 우선적으로 고민하고 준비해야 하는 사항이기도 하다. 브랜드를 브랜딩하기 위해서는 소재가 필요하다. 일반적이고 대중적인 이슈 혹은 장점만을 일반적으로 피알 하는 것은 아무 의미가 없다. 광고 또한 마찬가지이다. 그냥 "진행하고 보자"의 마인드로는 심각한 상황이 발생할 수 밖에 없다. 기획 없는 광고의 결과는 소 잃고 외양간 고치듯 이미 시간적인 손해와 금전적인 손해는 돌이킬 수 없는 결과물을 가지고 온다.

우선 벌려 놓고 기획, 분석을 한 뒤 개선하고 수습하는 형태의 운영방식은 우리나라에서 보편적으로 운영하는 기업들의 나쁜 사례이다. 문제원인을 파악하고 분석/기획 후에 프로젝트를 진행하는 것이 아닌 무작정 진행하는 것이다. 힘들게 수습을 한다고 하더라도 절대 칭찬받을 수 없다.

필자에게 브랜드광고 의뢰가 들어온 경우 중에 한가지 사례를 들어본다. 광고주는 제조업체이다. 이 업체는 제품을 먼저 생산하고 나서 제품의 대한 이미지 메이킹과 브랜딩을 생각한다. 정말 이런 경우는 난감하다. 브랜드를 홍보하기에는 위에도 이야기 했지만 브랜드 컬러, 브랜드 네이밍, 타겟, 가격, 상품구성, 차별화 포인트 등 다양한 준비가 필요하다. 그러기 위해서는 업체 내부적으로 충분한 회의를 통해 제품에 대한 컨셉 및 방향성을 기획한 후 제품을 생산하게 된다. 말 그대로 제조만해서 유통채널로 제품을 뿌릴 생각이 아니라면 위의 과정을 모두 거쳐야만 한다.

하지만 제대로 준비된 경쟁사는 다르다. 브랜드, 디자인, 네이밍, 타겟, 가격, 상품구성, 차별화 포인트 등을 먼저 오랫동안 준비, 파악하고 기획한 후에 제품을 생산한다. 그러다 보니 훨씬 더 완성도가 뛰어나고 중간에 나오게 될 변수 또한 적어지게 된다. 마케팅의 방향성 또한 잡고 진행하기 쉬워진다. 출시 전에 준비되어 나온 제품이기에 컨셉이 뚜렷하고 피알할 만한 장점 또한 명확하다. 이 이야기는 소비자들이 필요로 하고 원하는 제품을 분석하고 준비하며 만들어 내는 과정이 필요하다는 말과 같다. 그렇게 해서 만들어진 제품이 소비자들이 원하는 제품이지 않을까 생각한다.

로스트가든이 처음 인스타그램 마케팅을 했을 땐 국내의 성공 사례는 찾아볼 수 없어 외국 사례를 많이 참고했다. 만약 로스트가든이 마케팅을 하기 이전에도 이 책이 있었다면 지금보다 더 큰 퍼포먼스를 보여주었을 것 같다. 이 책은 국내외 사례를 잘 분석하여 국내의 시장 상황에 적합한 형태로 소개한 책이다. '0원'이라는 돈이 아닌 시간의 비용을 어떻게 사용해야 하는지, 고객과 함께 하는 인스타그램 마케팅 방법이 궁금하다면 이 책을 꼭 읽어보길 바란다.

＼ 로스트가든 김일형 대표

인스타그램을 SNS로 쓰는 것과 마케팅 툴로 활용하는 것은 완전히 다릅니다. 하지만 많은 책들이 SNS의 관점으로 서술되어 있어서 실무자들이 활용하기에는 어려움이 많습니다. 조영빈 작가는 SNS활용법이 아니라 '마케팅'관점에서 실무자들이 매출과 성과를 낼 수 있는 책을 만들기 위해서 노력했습니다. 그 결과, 어떤 인스타그램 책보다 마케팅에 활용하기 편하고, 매출 지향적인 책을 출간하게 되었습니다. 인스타그램으로 매출과 성과를 만들어내길 원하신다면 강력하게 추천합니다.

＼ 파인트리 오픈클래스 안덕진 대표

인스타그램은 우리 사회의 소비 트렌드를 이끄는 젊은이들이 가장 적극적으로 사용하고 있는 소셜 플랫폼이다. 책에 소개된 인스타그램과 해시태그 마케팅은 이렇게 트렌디 한 소비자를 공략할 수 있는 최선의 실행 전략과 사례가 담겨 있다. 조영빈 저자와 함께 업계를 선도할 수 있는 인스타그램 마케팅을 진행해보길 바란다.

＼ 유튜브마케팅 저자 임현재 강사

#습관성형 #G름샵 등 트렌드를 이끄는 해시태그는 쉽고 명확하다. 해시태그 안에는 소비자의 취향이 명확하게 담겨 있기 때문에 조금만 관심을 갖는다면, 변화무쌍한 소비자의 마음을 얻을 수 있다. 해시태그를 마케팅의 도구로 이해하고, 소비자가 사용하고 싶은 해시태그로 만들어야 한다. 이 책에 나오는 해시태그 마케팅의 6요소를 제대로 활용한다면, 0원으로도 인스타그램 마케팅을 충분히 해낼 수 있다. 주변에서 친숙하게 접할 수 있는 실제 마케팅 사례도 훌륭했지만, '최고의 콘텐츠는 사람'이라는 저자의 굳은 신념이 이 책을 더욱 믿음직스럽게 만들었다. #필독 #강추 ＼ 해시태그로 스토리를 디자인하라 저자 이현 작가

추천사

많은 마케팅서적을 보았지만 이 책만큼 기본기에 충실하고 다채로운 사례와 디테일한 해석은 여지껏 본 적 없다. 나에게 있어서 방향잡이가 되어준 감사한 책이다.

＼ **주식회사 더메인즈 마케팅사업부 차정민**

말이 돼? 이 책을 보기 전 설마 0원으로 광고를 어떻게 해? 가능하겠어? 이 책을 정독해본 결과 할 수 있는 것이 생깁니다. 나만 할 수 있는 마케팅, 구입을 망설이는 여러분의 사업이 대기업이 아니라면 이 책을 놓치고 가면 안 된다고 생각합니다. 엄청난 도움을 받았습니다.

＼ **23.65 구교민 대표**

마케팅을 하는 사람이라면 꼭 봐야 할 교과서이다! 인스타그램 마케팅 서적이 수없이 많지만 내용들이 대부분 기초적이고 인터넷에 흘러 다니는 이론적인 정보들의 모음집 수준인데, 조영빈 강사님의 '0원으로 하는 해시태그 마케팅'은 강사님께서 실전에 활용하면서 터득하신 노하우와 팁들을 아낌없이 담아냈다. 특히 마케팅 담당자를 따로 채용할 수 없는 1인 기업이나 자영업 하시는 분들께 아주 많은 도움이 될 것이다. 고객이 스스로 움직여서 내 사업장을 홍보해주는 방법 0원으로 정말 가능하다!

＼ **마마스 나규연 대표**

인스타그램의 모든 것을 쉽게 배우고 제대로 마케팅 할 사람들은 무조건 봐야되는 책. 한 권으로 인스타 마케팅은 끝!!

＼ **아키텍트 전상재 이사**

내 상품을 인스타그램을 통해 마케팅하고 싶다면 이 책을 추천해주고 싶다! 1인 기업이나 자영업자들의 교과서같은 책. 마케팅 비용이 부담된다면, 마케팅이 어렵다면 당신에게 꼭 필요한 책

＼ **터틀힙 조연정 대표**

이 책에는 고리타분한 매뉴얼이 없다. 그렇기 때문에 인스타그램의 초보자에겐 다소 이해하기 어려울 수 있는 책이지만, 다른 매뉴얼에 집중한 책에 비해 훨씬 더 많은 것을 배울 수 있는 책이다. 마케팅을 공부하는 학생들보다는 지금 당장 배워서 적용해야 하는 실무자들에게 이 책을 추천한다.

＼ **인비즈 소상공인 경영학교 우미옥 대표**

저자협의
인지생략

0원으로 하는 인스타그램

#해시태그 마케팅

1판 1쇄 인쇄 2017년 5월 10일   1판 1쇄 발행 2017년 5월 15일
1판 5쇄 인쇄 2020년 1월 10일   1판 5쇄 발행 2020년 1월 15일
—
지 은 이 조영빈 · 김수빈
발 행 인 이미옥
발 행 처 디지털북스
정   가 16,000원
등 록 일 1999년 9월 3일
등록번호 220-90-18139
주   소 (03979) 서울 마포구 성미산로 23길 72 (연남동)
전화번호 (02)447-3157~8
팩스번호 (02)447-3159
—
ISBN 978-89-6088-206-5 (03320)
D-17-12

DIGITAL BOOKS
디지털북스

Book · Character · Goods · Advertisement · Graphic · Marketing · Brand   consulting

D · J · I
BOOKS
DESIGN
STUDIO

D · J · I BOOKS DESIGN STUDIO

facebook.com/djidesign